JN074784

二重に差別される女たち

ないことにされているブラック・ウーマンのフェミニズム

ミッキ・ケンダル 著
川村まゆみ 訳

Translated by Mayumi Kawamura
Published in Japan
by Disk Union Co., Ltd.

わたしに目的を達成するための手段（ツール）を
与えてくれたフッド（＊Hood）に捧げる。
サウス・サイドのドレクスサイド（＊＊）よ……永遠に。

＊ Hood：低所得層地域
＊＊ Drexside：米シカゴのハイド・パーク地区にあるストリートの一角を占める、ギャング・グループの縄張りのこと

目次

※〔 〕内は訳註

序章　「フッド」のフェミニズムはすべての人のために

祖母は自分のことをフェミニストだとは言わなかっただろう。生まれたのは1924年。白人女性が選挙権を獲得〔1920年の憲法修正第19条発効による〕したあとだが、ジム・クロウ・アメリカ〔Jim Crow laws：米南部には1870年代から1960年代まで人種隔離を定める規則・条例があり、総じてジム・クロウ法と呼ばれた。ジム・クロウとは、顔を黒塗りにした白人が、黒人の仕草を面白おかしく強調して演じる大衆向けの「ミンストレル・ショー」のキャラクターのこと〕のさなかに育った彼女は、白人女性たちを同胞とも姉妹(シスター)とも考えていなかった。特定のジェンダー・ロールを固く信じ、女性は働くべきかという論争が第二次世界大戦後に起こっても、議論に参加する気はまったくなかった。わざわざ言われなくても、祖母はいつも働いていた。祖母の母も、その母も、ずっとそうしてきたように。外で働くのはやめてほしい、これからは俺が一家の稼ぎ手になる、と祖父に言われた時、そう、彼女にはそれが世界でいちばん理にかなったことのように思えた。祖母は疲れていたし、家事をして子どもたちの世話をするのは、彼女にとって外で働くのと何の違いもなかった。祖母の頭の中では、すべての女性は働くべきだった。問題は、どれだけたくさん、どこで働くかだけだ。それに、当時多くの女性がそうだったように、祖母は家でお金を稼ぐ独創的な方法、時には法律すれすれのやり方を身に付けていて、必要に迫られるとそういう技を総動員させた。

祖母は4人の娘に有無を言わさず教育を受けさせ、6人の孫に恵まれた。大勢の親戚、友人、近所の子どもたち、誰に対しても祖母は同じことを命じた。ほとんどすべてに対する彼女の答えは「学校へ行きなさい」だった。わたしたちの誰ひとり、学校を中退する道もあるなどと考えもしなかった。祖母の逆鱗（げきりん）に触れるのが怖かったせいもあるが、何より彼女の知恵にいつも敬意を払っていたからだ。ハイスクールへ行くのは義務で、いくつかの単科大学（カレッジ）も強く奨励された。性別はまったく関係なかった。働くことと同様、教育は誰にとっても必要だと祖母は信じていて、どうやって身に付けるか、どこまでやるかは、自分で自分の面倒さえ見られるかぎり、大して気にしなかった。

祖母は今でも――わたしをもっとレディらしくさせようと虚しい努力をしたにもかかわらず――これまでわたしが知り合った女性の中で、筋金入りのフェミニストのひとりだ。しかし彼女がそういうレッテルを貼られたことは決してなかっただろう。当時のフェミニストたちが言わざるを得なかった言葉は、祖母のような女性に対する人種差別と階級差別主義に基づく思い込みがほとんどだった。だから祖母は自分がコントロールできるものに集中し、フェミニストが振りかざす数々の美辞麗句に大っぴらに嫌悪を示した。しかし祖母は自分のフェミニズムを生きた。彼女が優先したのは、個人としてウーマニスト〔womanist：黒人女性のフェミニスト〕の視線に合わせること、そしてコミュニティーの健全性だった。

祖母はわたしに、生き延びられること、自分自身と自分が愛する人たちの面倒を見られることは、社会的地位に関心を持つより、ほぼ間違いなく大切だと教えた。白人女性の優先順位によって定義されたフェミニズムは、有色人種の女性を安い賃金で雇い、家事をさせることで成り立っていた。白人女性の家のキッチンに入ることは、ほかの黒人女性たちの助けにはまったくならない。そういう仕事の口はいつもあり、いつも給料は安く、いつも危険だった。うわべだけのチャンスを約束されて、絶対訪れそうもない機会のために同じ労働をしても、自由は見つからなかった。白人女性が得をする契約は、黒人女性にとって決して自由への道にはならなかったし、そうなる見込みもなかった。

ほかにも祖母から教わったことがある。我こそが絶対だと主張するイデオロギーでも、その支持者たちが、お前の望むもの、ましてや必要なものに耳を傾けなければ、批判的な目で見なさい。彼女はわたしに、人を疑うことを教えたのだ。歴史を無視する進歩主義者たちは理解できていないが、人種差別と同じように、不信も誰かから教えられる。特にわたしのような家庭では――両親と祖父母は、ジム・クロウ法とコインテルプロ〔COINTELPRO：反国家的活動に対するFBIの防諜プログラム。フーヴァー初代長官の指揮の下、1956年から71年にかけて行なわれた〕とレーガノミクス〔Reaganomics：レーガン政権が1981年に掲げた経済政策。財政赤字と貿易赤字の拡大をもたらした〕と〝麻薬戦争〔war on drugs：ニクソン政権が1970年代に始めた麻薬撲滅運動。黒人が取り締まり強化の標的になり、大量の受刑者を生み出した〕〟を生き延びた――子どもたちが小さい頃から口を酸っぱくして、トラブルに巻き込まれない方法を教えた。隣人同士で暴力沙汰になった時、住民を守るべき警官たちが職務を果たさず嫌がらせをするだけだったら、お前たちのカルチャーとコミュニティーのここが間違っている、というよそ者のお説教はいらない。必要なのは、わたしたちに欠けている経済力と人種的な特権だ。それがあれば、わたしたちは守られる。社会の主流から取り残された者に思いやりを示しつつ、実際には助けの手を差し伸べない人々を疑いの目で見るのは、自分のアイデンティティーゆえに標的にされる人たちにとって、大いに役に立つ人生の知恵だ。中流階級だからといって、存在自体が罪とされる肉体に生まれたことから完全に守ってくれる魔法の盾はない。

いい子（グッド・ガール）に見られることには、何らかの価値があるだろう。周りにうまくとけこんで、現状維持を尊重する誰かであること。人の神経を逆なでしない、尊敬すべき典型的な中流階級に見られれば、ささやかながら見返りはある。でも、それはわたしの道ではなかった。だからその価値について詳しく語れるふりはしないし、型にはまれる人たちを批判できるふりもしない。ただ、自分はこれからもそういうことは絶対にしないだろう、間違った方向に突き出た自分の一部を切り落としたいとも決して思わないだろう、と受け入れている。わたしを好きではない人たちの期待に応えて生きるのはごめんだ。わたしの選択をすべての人が受け入れるわけではないと知っているし、それでいいと思っている。わたしのフェミニズムは、現状維持に満足している人たちに重きを置いていない。結局のところ、その道はわたしのような女の子たちに、決して公平さをもたらさないからだ。

子どもの頃は、性差別や人種差別やその他もろもろの暴力から身を守るために、いい子のふりができる方法、レディらしく振る舞える方法があるはずだと思っていた。何だかんだ言っても、祖母は固い決意を持ってわたしをそう育てようとしたのだから、それなりに意味はあったはずだ。でもわたしが発見したのは、それはまったく何の保護も与えてくれず、人々は弱さの印ととらえること、そして単に生き延びる以上のことをしたかったら、反撃できなければならないということだった。グッド・ガールはおしとやかで余計な口を利かず、決して服を汚さない。バッド・ガールは金切り声を上げ、喧嘩（けんか）をして、自分を傷つけた誰かを、わざとでなくても後悔させる。グッド・ガールでいようとしたわたしは、退屈で、いら立たしくて、時には自分で自分の幸せを傷つけた。

　自分を守ること、バッド・ガールでいるリスクを進んで負うことを、わたしは急速に学んでいった。そして数え切れないほど多くのことと同じように、ほかの人々におとなしく座っているべきだと思われた時も立ち上がる術（すべ）を学んだ。バッドでいることが得意（グッド）なのは、怖くて、愉快で、やりがいがあって、突き詰めて考えれば、おそらくわたしが歩むべき唯一の道だった。問題児であれば、自分自身の道を行き、物事を成し遂げる大人になれるということを学んだ。なぜならわたしは、自分を犠牲にしてほかの人たちを喜ばせることに、それほどこだわっていないからだ。祖母はあの時代の人にしては賢かったが、わたしがやるべきことに関しては、最高の判断力があったわけではない。彼女はレディらしくあれという中流階級の考え方に固執した。祖母にとっては、それがより安全な人生につながる道だったのだ。そのせいで、わたしは生き抜く準備ができないまま取り残され、祖母がわたしのために作ろうとした幻想の外の世界をどうやって泳いでいけばいいか、コミュニティーから体当たりで学ばなければならなかった。わたしは出自を恥じてはいない。フッドと呼ばれる低所得層地域は、フェミニズムはただの学術的理論ではないことを教えてくれた。適切な言葉を適切な時に言えばいい、という問題ではない。フェミニズムはお前の仕事だ。何よりも重要な人々のために、お前がそれをするのだ。

メインストリームのフェミニズムに対する批判の声は、外から上がった方が注目されやすい。しかし現実には、その内部抗争によってフェミニズムは拡大し、より成果を挙げるようになった。メインストリームのフェミニストたちが書いた本で、とりわけ大きな問題は、フェミニストの課題を構成するのは何かという切り口が枠にはまっている点だ。基本的ニーズについて、わたしたちがフェミニストの課題として話すことはめったにない。食べ物の不足、質の高い教育を受ける機会、安全な住環境、最低賃金、医療。これらはすべてフェミニストの課題だ。しかし、女性を支援して基本的ニーズを満たすことに焦点を当てたフレームワークの代わりに、生き延びることではなく特権を増大することを焦点にしたケースがあまりにも多い。すべての女性を代表する運動のはずなのに、すでにニーズのほとんどが満たされている人々が中核になっている場合が多過ぎるのだ。

社会の主流から取り残され、自分が属するコミュニティーで、フェミニストを名乗らなくてもフェミニスト・アクターの役割を担っている女性たちがいる。彼女たち全員とは言わないが、その大半と同じように、わたしのフェミニズムは「気づき」に根差している。人種とジェンダーと階級、そのすべてがどのようにわたしの可能性——教育を受け、医療サービスを受け、就職して仕事を続ける——に影響を及ぼしているか。そういうものが権威ある人たちの心をどのように動かして、わたしへの態度を変えさせられるか。気づきのきっかけは、サマー・キャンプを引率した白人の先生に、あなたは〝知覚できる(sentient)〟なんて言葉を知っているはずがないと言われた記憶かもしれない。あるいは、日常的に体験する自覚なき差別(マイクロアグレッション)〔microaggression：小さな攻撃性の意。無意識の差別や偏見に基づく侮辱〕かもしれない。とにかくわたしは、シカゴのサウス・サイド〔犯罪の多いシカゴでも特に貧困地域が拡大し、暴力の増加と社会の崩壊が進む。ミシェル・オバマも同地区出身〕で生まれ育った黒人の女の子でいることは、人々の思い込みを促すことを知っている。作られた〝標準〟――中流階級、白人、性的指向はストレート、スリムな体型、健康で丈夫な身体、などなど――の外に存在する人は、みなそれを肝に銘じている。わたしたちは誰もが、こうあってほしいと願う世界ではなく、あるがままの世界とかかわっていかなければならない。それが特権的な領域をほとんど占める人々の関心事に焦点を当てた、理想化されたフェミニズムを作るのだ。

　こういう認識だからといって、わたしは自分やほかの誰かは強いから、感情のある人間として扱わなくていい、と思っているわけではない。わたしは強い人間だ。そして欠点のある人間だ。だが超人ではない。「ストロング・ブラック・ウーマン」でもない。人種差別主義者が設定したステレオタイプ――黒人女性はとても強いから、助けも保護も世話も気遣いも必要ない――の基準を満たして生きることは、誰にとっても不可能だ。そういうステレオタイプに、現実の問題を抱えた現実の黒人女性が入るすき間はほとんどない。実際、有色人種の女性に関する最も〝ポジティブな〟言い回しでさえ、有害そのものだ。わたしたちを人間として扱わず、わたしたちが受けるかもしれないダメージを見えなくしてしまうからだ。善意からであっても、その行動を見れば、実際にはわたしたちに敬意を払っていなかったり、自分で決める権利を軽んじたりしているのがわかる。それがわたしたちを傷つけるのだ。

わたしはほぼフェミニストだ。わたしはほぼクソッタレだ。こういうことを言うのは、真実だからだ。それを実行して、善人ではないという事実を態度で示す。わたしは本当に善人ではない。（時には）親切な人間だが、善人？　まさか。愛する人たちや、年長者や、小さい子どもたちを相手にしている時は別だけれど。どこが違うのか？　困っている人がいたら、わたしはその人を知っていても知らなくても、いつも喜んで手を差し伸べる。でも、善人であるということは、助けることよりも大きな意味がある。自分がやっていることを中断して、相手の言葉に耳を傾け、共感し、優しくすることだ。わたしは自分によくしてくれる人たちや、困った状況にいて助けが必要だとわかっている人のために、その善人らしさをとっておく。

フェミニストのサークルには善人がいる。如才がなく、仲裁役を買って出て、その場を収める。温かい人柄のせいで、ほかの人たちからひどい扱いを受けても文句ひとつ言わない。自分の道からはみ出さず、ほとんどの場合うまくやっているように思える。でもわたしの道は違う。優しさだけでは十分でない時、穏やかに繰り返し言ってもうまくいかない時、わたしは人々が呼ぶところのフェミニストだ。ミーティングの場に乗り込んで、「ヘイ、あんたたちはめちゃくちゃやってんのよ、どういうことか説明してあげる」と言い、善人のフェミニストたちはわたしの乱暴な言葉にショックを受けたふりをする、わたしはそういうフェミニストだ。彼女たちは傷ついた気持ちをなだめ、これこれこういう理由でわたしの言葉に気分を害した、と人々に説明する。

その後で、避けては通れない質問――「彼女はわたしたちの気持ちを傷つけたけれど、彼女の言うことには一理ある――同僚やコミュニティーや会社にまた害を及ぼさないように、どうやって事態を改善すればいいだろう？」――が出ると、同じ善人フェミニストの声が、同じことを言う。それまで人々を説得しようとして失敗を繰り返してきた同じせりふを。

そうなって、やっと彼女たちの声が人々に届く。わたしの上げた大声を聞き、人々が砂の中から頭を引っこ抜いたからだ。わたしの粗野な態度にショックを受け、お上品にのど元に手を当てて大げさに驚いてみせたあとで、彼女たちはこう気づく。わたしたちは誰かを不当に扱ってきた、これまでずっと自分で思い込もうとしていたほど善良でも、寛大でもなく、人の助けになっていなかった。それが本書の核心だ。読んでいて耳が痛い部分も多々あるだろう。だが、きつい仕事を進んで引き受ける人たちのために学ぶきっかけになるはずだ。わたしは気軽に読める本を目指したわけではないし、社会の主流から取り残されたコミュニティーがいくつもの大きな問題に直面していて、それが解決できないと声を上げているわけでもない――だが人種差別、黒人女性蔑視《ミソジノワール》（misogynoir）、同性愛嫌悪《ホモフォビア》（homophobia）と同じで、問題はひとつも解決していない。誰もが無視してきたからだ。わたしはすべての答えを持っているわけではないし、持っているふりをするつもりもない。わたしにあるのは強い願いだ――団結とフェミニスト運動に関する会話をある方向に進めて、インターセクショナリティー（Intersectionality：交差性）の視点からフェミニズムにアプローチすることが、女性コミュニティー同士の関係を改善する鍵である、と気づかせたい。それが真の団結の実現への一歩になる。問題を抹消することイコール平等ではない。ましてや、世界の人口の半分以上を代表すると主張して、女性たちから力を引き出している運動の中で、起こるべきではないのだ。

わたしは最初にアカデミーの外でフェミニズムを学んだ。わが家のポーチからは、その「象牙の塔」〔学者が現実から逃避して観念的な態度で送る、閉鎖的な学究生活、またその研究室〕がほとんど見えそうだった。そこに手が届くことがゴールのはずだったが、シカゴ大学の学生や教授陣と、大学の建つハイド・パーク地区の住民との間に、ほとんど交流はなかった。近隣住民とはかかわるなと学生たちに警告する大学と、どうやったら大学がわたしたち以外の人々に与えているチャンスに手を伸ばせるのか、何の情報もない自分。現実的なさまざまな理由から、その象牙の塔は月ほど遠く感じられた。手っ取り早いのは、大学の管理人または用務員になるか、食堂で働くことだ。でもほかの何かに手を伸ばすには？　切り拓かれた道はなかった。シカゴ大学が近隣に住む低所得層の黒人女性たちに提供するフェミニズムは、まるで映画「ヘルプ～心がつなぐストーリー～」〔米2011年。1960年代の南部を舞台に、作家を目指す若い白人女性と黒人のメイドたちの交流を描く〕のワンシーンのようだった。わたしたちが、社会経済レベルの高い階級に生まれた人たちのニーズを満たすだけでは満足せず、もっと高い望みを抱いているかもしれないというアイデアは、大半の人の頭をちらりとよぎるだけだった。公平さを求めるごく一部の人にとって、チャンスに手を伸ばすことは、社会的地位を犠牲にすることだった。『チャーリーとチョコレート工場』のウィリー・ウォンカが同封した、名高いゴールデン・チケットを引き当てるようなものだ。ただしチョコレート工場に招待される方が、おそらく確率は高かったが。

ハイド・パークは多くの変遷を遂げている。公共サービスは人口の増加に従って向上した。だが経済的には悪化している。中産階級化が進み、住宅価格が値上がりを続け、サービスを最も必要とする人々が追い出されている。多くの長期居住者が家を追われ、大量の住民が流れ込んでいる。シカゴ大学は現在、地元民を以前より少しは歓迎するようになったが、相変わらずいちばん関心があるのは、中流階級か富裕層（あるいはそうなりたい人たち）に広く門戸を開くことだ。新生ハイド・パークが、昔からいる低賃金労働者の地元民とかかわるつもりがあるかどうか、わたしは知らない。でも今までのところ、あらゆる兆候が、警察による取り締まりが強化されること、人種も所得もさまざまな人たちが共存する地域を保つことに興味がまったくないことを示している。

最近〝カレッジを卒業したわたし〟は歓迎され、実際、シカゴ大学で何回か講演も行なった。しかし、かつて少女だった頃のわたしだったら、あの象牙の塔を見ることさえできなかったのではないかと思う。中産階級化が進んだせいで、この美しい地域からはるか離れた土地へ行かなければならなかったからだ。イリノイ大学のカレッジへ行って初めて、わたしはフェミニストの著書に本格的に取り組んだ。図書館にある本はすべて、わたしがそれまで手の届かなかった世界を反映した文学の正典だった。だがわたしはフェミニストのテキストを、正典の一部としてだけでなく、指針を与えるはずのものとして読み込んだ。しかし、いくつかの例外を除き、多くのフェミニストの著書が、明らかにわたしのような少女について書かれていた。わたしのような少女が書いたのではなく。フェミニズム対ウーマニズム〔womanism：作家のアリス・ウォーカーが提唱。階級、性、人種、性的指向にかかわらない平等をうたう〕という問題にかかわる頃には――前者は平等化を過剰に褒め称え、抑え投手として登板した後者は、セックス・ワーカーは生計の立て方も生き方も堕落しているとして運動から除外した――どちらも自分に合っているとは全然感じられなかったし、わたしが目指すものではなかった。わたしのような女の子は、ただの話題の的であり、正規の参加者とは思えなかった。「わたしたち」こそ解決すべき問題そのものであり、当然の権利を持つ人々ではなかったからだ。

本書は全体としてコミュニティーの健全性を論じ、最も弱い立場のメンバーに対する支援に特に焦点を当てている。自分が社会の主流から取り残された経験を語り、女性が直面する問題に取り組んだ。その問題はごく一部の人にとってしか重要ではないが――これまでフェミニストの運動がそうだったように――そういったより大きな問題に取り組むことが、すべての女性に平等をもたらす鍵なのだ。

読み進めるうちに、貧しい女性たちがどんな苦労をして日々の糧(かて)を確保したか、インナー・シティー〔低所得層が住む都心周辺の居住エリア〕の人々がどのように閉校措置と闘ったか、農村部の人々が最も基本的な選択権――自分たちの身体をコントロールする権利はフェミニストの関心事であり、この運動の中核になるべきだ――を求めてどう闘ったか、明らかになっていくだろう。わたしはさらに掘り下げて考察する。こういった問題が覆い隠されている時でさえ、最も深刻な影響を受ける人々に焦点が当てられることは、なぜほとんどないのか。たとえば、わたしたちがレイプ・カルチャー〔女性蔑視の社会で性暴力が日常的に繰り返され、〝レイプしない〟ようにではなく〝レイプされない〟ように教えられる文化〕について語る時、焦点にするのは大抵、郊外のティーンエイジャーを標的にしたデート・レイプであり、性暴力や性的虐待に遭う確率がもっと高いアメリカ先住民族やアラスカの女性たちではない。セックス・ワーカー、シスジェンダー〔cisgender：身体的な性と性自認が一致しているセクシュアリティー〕、トランスジェンダーに対する暴力は、彼らが〝正しい〟種類の犠牲者ではないという理由で覆い隠されている。フッドのフェミニズムはすべての人のためにある。誰もがそれを必要としているからだ。

第1章

連帯はいまだに白人女性のためのもの

ホワイト・フェミニズムの罪――中・上流階級の白人女性以外を排除するフェミニズムとは

結婚によるラスト・ネームの変更、わき毛を処理しない自由、CEOになる最良の方法。こういうものが現代のフェミニズムを取り巻く討論の中核を成している。中・上流階級の白人女性という、ごく一部の人々の利益になるような女性運動について、その正当性を問う声が上がるのも当然だろう。社会の主流から取り残され、周縁化された女性たちが直面する問題は、厳しさを増すばかりだ。食料不安、教育、医療——最も基本的なリプロダクティブ・ライツ〔性と生殖に関する権利〕へのニーズはもちろん——がフェミニストの課題として声高に叫ばれることはほとんどない。今こそ、ごく一部の特権階級だけでなく、すべての女性の関心事を反映した運動について話し合うべきだ。これまでとはニュアンスの異なる、包括的かつインターセクショナリティー〔交差性。人種差別や性差別など、多くの社会的不平等が重なり合って多層構造化しているという見方。米の黒人女性で法学博士、差別禁止法研究者、人種差別反対・男女同権主義者のキンバリー・クレンショーが提唱〕な視点を取り入れた運動が必要なのだ。

2013年、わたしはハッシュタグ #solidarityisforwhitewomen〔連帯は白人女性たちのもの〕アクションを開始した。これによって訴えたかったのは、メインストリームのフェミニストたちは連帯を叫ぶが、重きを置いているのは中流階級の白人女性の関心事および快適さだ、それはほかの女性たちの犠牲の上に成り立っている、ということだ。だが多くの白人フェミニストは、わたしの行動を争いの種になると批判し、内紛と呼んだ。これは現実の問題で、放っておいても解決できないと気づく代わりに。彼女たちは〝汚れた下着を人前で洗うな〟ということわざどおり、内輪の恥を人前にさらしてもフェミニズムは修正できないと主張した。だが彼女たちの本心はこうだ――一部の女性は、生まれつき、平等を手に入れるまで長く待たなければならない、まずひとつのグループ（大抵は白人女性たち）が平等を勝ち取ってから、ほかのすべての女性たちに道は拓かれる。だが実際には、メインストリームのホワイト・フェミニズム〔白人女性を優遇して、有色人種の女性を排除するフェミニズム〕が有色人種の女性たちの前に現れることは少ない。ホワイト・フェミニズムはリーン・イン〔女性が野心を持ち、一歩踏み出して挑戦すること。2013年、Facebookのシェリル・サンドバーグCOOが著書『LEAN IN（リーン・イン）女性、仕事、リーダーへの意欲』（川本裕子序文、村井章子訳、日本経済新聞出版、2013年）で提唱〕し、CEOになることを優先できる。しかし、黒人女性が名前を理由に雇用されなかった時、ヘアスタイルのせいで解雇された時、学校が有色人種の女の子たちを差別した時、そのフェミニズムは沈黙したままだ。有色人種の女性たちが最も危険にさらされそうな時でも、白人女性たちに焦点が当てられる。白人以外の女性がいちばん影響を受けそうな問題は、完全に抹消される。すべての女性のためと称する運動は、壁に阻まれている白い顔を持たない女性たちにもかかわるべきなのに、ホワイト・フェミニズムはそのことを忘れがちだ。

トランス女性たちは、しばしば冷笑されるか存在を無視される。だがメインストリームのフェミニストたちは、偏見に満ちた保守的な人々の言葉を繰り返すだけだ――女性であることは生物学的なもので、生まれながらに決定されています。社会構築主義の観点から見れば、個人の好みで決められるような流動的なものではありません。そう言って彼女たちを枠づけする。有色人種のトランス女性たちは、特に暴力の標的にされやすいが、その現実を反映した統計は無視される。すべての女性は同じレベルの危険にさらされているという考えを強化するためだ。しかし、トランス女性に対する暴力問題について、メインストリームのホワイト・フェミニズムからのサポートはないに等しい。公衆トイレの利用といった基本的なニーズや、雇用保障の課題と同じく、メインストリームのホワイト・フェミニズムから、トランス排除の方針や法律に抗議する声は聞こえてこない。フェミニズムはすべての女性を対象にしている、と考えてアプローチするのは危険だ。フェミニズムは貢献すべき人々を、支援する努力もしないまま除外しているからだ。フェミニズムはわたしたち有色人種の女性に、人種よりジェンダーを優先させること、家父長制を男性優位社会の原因とみなすことを期待する。だがわたしたちは、その期待をかけられて疎外感を覚える。

女性が直面する障害が、人種と階級によって異なるとしたら、優先事項も同じだ。結局のところ、家と食べ物と服を確保するのに必死な女性たちにとって、仕事にまい進するというのは大した問題ではない。彼女たちはリーン・インしているが、求めているのは同一賃金でも〝欲しいものをすべて手に入れる〟ことでもない。同一賃金を求める前に、まず教育と機会に平等にアクセスする必要があるのだ。彼女たちはフェミニズムに、女性に影響を与えるものはすべてフェミニストの課題なのだ、と気づかせる必要がある――食料不安、交通機関へのアクセス、学校、生活賃金〔最低限の生活を維持するために必要な賃金。最低賃金（法律に基づき、雇用者が労働者に最低限支払わなければならない賃金）とは異なる〕。では、すべてのフェミニストがあらゆるイベントに参加して、あらゆる困難のあらゆる細部を知らなければならないのか？　それは違う。

しかしフェミニストたちは、重要課題として選んだ問題が何であれ、それが女性たちに及ぼす影響は社会経済的立場によってさまざまだ、ということを理解していなければならない。たとえば、仕事について話す時、多くの人々は現実問題として生きるために働かざるを得ないのだ、ということに気づいていなければいけない。世間体政治〔respectability politics：主流から取り残された人々のグループが、同じく周縁化されたほかのグループを切り捨てることで、世間体を取り繕い、支配的なカルチャーの規範に歩調を合わせようとすること〕に、一部の女性だけが尊敬され保護を受ける価値がある、という考えを作らせてはならない。世間体を取り繕った作り話は、わたしたちを思いとどまらせ、セックス・ワーカーや投獄された女性、あるいは人生において厳しい選択をしなければならなかった人々のニーズに取り組ませまいとする。リスペクタビリティー〔respectability：尊敬に値すること、世間体、体面〕がなければ価値がない――そんな女性はひとりもいない。人は生きるために働くのだと主張しながら、その同じ口で、ただし尊敬されるのには条件がある、女性が自分の身体をコントロールする権利について、時代遅れの考えを脅かさない仕事に就いている場合だけだ、などと断言することはできない。メインストリームのフェミニズムは、女性たちは自分の労働に重要な意味を与えるため、シスジェンダーの白人男性が敷いた道をたどるべきだ、という考えにこだわり過ぎる。だが家で親の介護をしなければならない人からセックス・ワーカーまで、すべての人にとって、リスペクタビリティーは重要であり、またそれを受ける価値があるのだ。彼女たちのいる場所が家でも会社でも、それは変わらない。

すべての女性は同じ困難を経験していると思い込むこの傾向は、わたしたちを排他的な考えに導いてきた。すなわち、リプロダクティブ・ヘルス〔reproductive health：性と生殖に関する健康。妊娠、出産、性に関して、女性が生涯を通じ、身体的、精神的、社会的に完全に良好な状態にあること。リプロダクティブ・ライツ（reproductive rights：性と生殖の権利）は、性と生殖に関する健康を得る権利〕というイメージは、シスジェンダーの健常者である女性たちを中心にしていて、トランスやインターセックス〔身体的な機能・形・発達などが、典型的とされる〝男性〟〝女性〟と異なる人〕、性器によってジェンダーは決定されるという狭量な考えに当てはまらない身体に生まれた人々は排除される、という考え方だ。結局のところ、子宮がなくても、女性であることに変わりはない。雇用均等の統計によれば、すべての女性の賃金は男性の1ドルに対し77セント。ただし現実には、白人女性はもっと稼いでおり、有色人種の女性の給料は白人女性より安い。アファーマティブ・アクション〔affirmative action：白人男性が主流の社会で、歴史的・構造的に差別されてきたマイノリティーを対象に、雇用・教育などを保障する差別是正措置〕に対する不満は、（白人女性たちが申し立てたものも含め）この政策によって有色人種が利益の大半を得ている、という考えの上に成り立っている。実際には、白人女性が利益をほとんど独占しているというのに。悲しいことに現実では、白人女性のグループは抑圧されているにもかかわらず、ほかの女性グループより大きなパワーを行使している――そのパワーが、有色人種の男性と女性を抑圧しているのだ。

ストロング・ブラック・ウーマンの神話のせいで、白人女性たちは自分をこう納得させることができる――あの人たちには平等を手に入れるのを一緒に待ってもらいましょう、だって彼女たちはわたしたちよりそれを必要としているのだから。黒人女性は白人女性より多分タフだから、虐待や無視に立ち向かえるようにできている。思いやりや気遣いはそれほど差し迫ったニーズじゃないわ。

白人女性は、白人であることは当然の前提であり、人種はあえて問題にしなくていいと教えられる。人種やほかの理由で誰かを疎外すれば、相手に影響を及ぼすかもしれない、とは考えない。それは有力なメディアが裏付けている。たとえば、女優のレナ・ダナムが制作、脚本、監督、主演したHBO局の「GIRLS／ガールズ」〔2012～17年放映。若い女性のリアルな生態を描いたラブ・コメディー〕。この連続ドラマが犯した不器用な過ちを考えてみよう。キャストは全員、20歳そこそこの白人女性と白人男性で、ニューヨークのブルックリンに住んでいる。すべての若い女性のための番組だと称賛されたが、有色人種の女性はひとりも出てこない。あるいはもっと新しい例では、レナ・ダナムとエイミー・シューマー〔ニューヨーク出身の白人女優〕が交わした、醜悪な会話が挙げられる。ダナムは、2016年のMETガラ〔米「VOGUE」誌が年に1回主催するファッションの祭典。世界的なスターが出席し、収益はメトロポリタン美術館コスチューム・インスティテュートに提供される〕で同じテーブルに着いていたオデル・ベッカム・ジュニア〔黒人のプロ・アメリカンフットボール選手〕について、性的にもほかの意味でも、自分にまったく興味を示さなかったのはおかしいんじゃないかしら、と発言したのだ。

実はその時、ベッカムは携帯電話に気をとられていた。だから彼は、ぼんやりしていてダナムが魅力的かどうか決めかねていたわけではない。しかし彼は、ネガティブな言葉をひと言も口にしなかったにもかかわらず、彼女たちの物語〔narrative：筋の決まった物語ではなく、語り手が主体的に時間の流れを含む出来事を再現し、聞き手の心に訴えかける物語〕に取り込まれてしまった。彼から注目されたい白人女性が、彼に対して抱いた口に出さない思い込みのせいで。わたしはもはや、ダナムやシューマー、そして彼女たちのようなフェミニストが、黒人女性やほかのＷＯＣ〔ウーマン・オブ・カラー。有色人種の女性〕の声に耳を傾けるとは期待していない。白人も、男性の声を締め出してきた白人のフェミニストたちも、そんなスキルを備えていない。男性を抑圧するパワーを持った彼女たちに、わたしたちの声を届かせるのはとりわけ難しい。だからといって、白人女性に興味を示した黒人男性たちが、悪魔と見なされたり殺されたりした歴史は変わらない。白人女性の涙が、今でも黒人男性のキャリア、そして彼の命にネガティブな影響を与えるという事実も変わらない。ダナムが謝罪して、傷つけるつもりはなかったと言った事実も、まったく無意味だ。ベッカムは実際に傷ついた。そしてダナムが抱いている無意識の人種差別的な思い込みのせいで、ベッカムはボディ・シェイミング〔body shaming：体型や外見に基づくあざけりや批判〕に基づく報道にさらされた。

　ホワイト・フェミニズムが、白人女性の涙が黒人を殺すパワーを持っていた歴史を無視して、すべての女性は同じ側に立たねばならないと主張しても、それは何の解決にもならない。たとえばキャロライン・ブライアント。彼女は１９５５年、黒人のエメット・ティル少年に口笛を吹かれ、からかわれたと嘘をついた。誰がティル少年をリンチし、命を奪ったか知っていて、少年がキャロルの主張する〝ちょっとした失礼な態度〟さえ取っていなかったにもかかわらず、彼女は50

年間、嘘をつき通した。キャロラインの家族は、彼女は死ぬまで後悔したと述べているが、彼女は何十年も真実の上に座り込み、殺人者たちを野放しにしていた〔公民権運動が活発化するきっかけとなった事件。キャロライン（当時21歳）の夫と親戚のひとりが殺害容疑で逮捕されたが、全員白人の陪審員団は無罪判決を下した。のちにふたりは殺害を認める。米司法省は２０１８年に捜査を再開〕。事件の原因となった人種差別に言及せず、女性のグループ同士で争ったこういう傷について、フェミニズムはどうやって折り合いをつけるのだろう？

お金や家族など、利用できる資源がこれほど多く手元にありながら、興味を示されないことを選ぶフェミニストはいない。その切り札を使って、わざわざ権利を求め、啓発しようとするフェミニストはいない。とりわけ、それによって利益を得るのが自分たちではなく、周縁化されたコミュニティーの誰かだったら。

一部のホワイト・フェミニストが、有色人種の女性たちは、シスターフッド〔女性の権利向上を求める行動に基づいた、女性同士の連帯・絆〕に関する一方的な考えから抜け出して、連帯を叫ぶべきだと主張しても、まったく助けにはならない。シスターフッドは平等な者同士が結ぶ関係だからだ。姉妹がいる誰もが教えてくれるだろう。姉妹が喧嘩をして互いの心を傷つけ合うのは、珍しいことではないのだと。家族なら（実際に血のつながりがあるかどうかにかかわらず）あなたを支えるべきだ。だからといって、あなたは間違っていると告げないわけではない。どんな形の批判も、攻撃になり得る。そして、時には厳しい言葉が含まれていることも。だが大人として、懸命に働く人として、あなたは自分の気持ちが誰かの苦悩の中心になることに耐えられない。実際、連帯に対する最も現実的なアプローチは、自分が会話の中心にならない時もあると納得することだ。

フェミニストの振りかざす美辞麗句が、人種差別、障害者差別、トランス嫌悪(フォビア)、反ユダヤ主義、イスラム恐怖症(フォビア)といった偏見に根差している時、それは周縁化された女性たち、そして連帯という概念に対して、不利に働く。異なる体験をする女性たちが存在する、と知るだけでは十分ではない。彼女たちは自分の体験に基づいたフェミニズムを持っていると理解しなければならないのだ。ヒジャブをかぶっている女性は、イスラム教徒を示すそのスカーフから〝救われ〟なければいけないという議論でも、障害のある子どもを持つのは最悪の結果だと決めつけるリプロダクティブ・ジャスティス〔reproductive-justice：生と生殖に関する正義〕の議論でも、フェミニズムは周縁化する可能性がある、という事実は否定できない。もし解放運動の代表同士で抑圧しあったら、その内紛問題を解決せずに、運動は前に進めるだろうか？

フェミニズムは、ちゃんとした学校や白人と同じ機会にアクセスできない女性たちを哀れむことであってはならない。彼女たちのために学習プロジェクトを作ることであってはならない。彼女たちが運動に正規メンバーとして参加するために、もっと尊敬される人物になれと求めることであってもならない。尊敬されても、有色人種の女性たちは人種差別から逃れられない。リスペクタビリティーがあるからといって、性差別やあからさまな女性嫌悪(ミソジニー)から、女性は守られない。だがメインストリームのホワイト・フェミニストたちは、他者を傷つける自分の振る舞いは眼中にない。外部の敵に焦点を絞るためだ。しかし〝敵の敵は味方〟という陳腐な言い回しは通用しない。現実には、敵の敵はやはり敵かもしれないのだ。それぞれの切り口から、あなたのアイデンティティーを嫌悪するグループの間に捕らわれていたら、安全とはとても言えない。

では、どうやってわたしたちはドツボにはまらず、複雑な現実に取り組めるだろうか？　そう、まずは、あらゆるバックグラウンドを持つフェミニストたちが、同じものを求める盟友候補に呼び掛けることだ。そして盟友になったら、ともに行動し、助けたい人々の声に進んで耳を傾けて、彼女たちに尊敬を払う。いったん連帯の絆を結んだら、もう救世主を待ち望む必要はない。連帯は万人のためではない――現実的にすべての人を含むことはできない――だからおそらく答えは、共通のゴールを設定し、協力して行動することだ。平等なパートナーとしてなら、交渉と譲歩の余地がある。そして時には真の友情が生まれる余地も。そういった絆を築くには、時間と、努力と、他者の存在を進んで受け入れることが必要だ。

ハッシュタグ #solidarityisforwhitewomen アクションのきっかけは、当時のオンライン・フェミニスト・コミュニティーで起こったある問題〔２０１３年、後述のヒューゴ・シュワイザー事件。フェミニストたちの反応に著者は反発を覚え、行動を起こした〕だが、実際にはさらに大きな問題に言及している。連帯を叫ぶのはいいが、すべての女性を包含する運動のはずなのに、一部の女性たちがほかの女性たちを抑圧している、という問題だ。白人女性は有色人種の女性を抑圧していい、ストレートの女性はレズビアンの女性を抑圧していい、シスジェンダーの女性はトランス女性を抑圧していい、等々……という現実を隠すために、美辞麗句で人々の目をくらましているだけだ。そういった抑圧されやすいアイデンティティーは、ひとりの人間の中に重なっていることが多い。だからこそ女性たちは、フェミニズムという名の下に、助け合うことも、傷つけ合うこともできる。

誰が〝本物の〟フェミニストかという論争は、政治観、バックグラウンド、行動に基づいて語られがちだ。メディアさえ、それを盛んにあおる。黒人女性であるビヨンセとニッキー・ミナージュ〔ふたりとも有色人種のポップ・シンガーで、男女平等を訴えるメッセージを発している〕を、衣装とステージ・ショーがフェミニストらしくないと攻撃する一方で、白人女性のケイティ・ペリー〔セックス・シンボルとされる白人女性のポップ・シンガー〕は皮肉にも女性に勇気を与えると称賛する――有色人種のカルチャーと身体を、フェティッシュの対象として流用したからだ〔2019年、シューズ・ブランド〝ケイティ・ペリー〟のデザイナーも務めるペリーは、人種差別的と取れるデザインのローファー〔黒塗りの顔に青い目、真っ赤な唇〕を発表して非難を浴び、謝罪した〕。リアルなフェミニズム（そんなものが定義できればだが）は、人種差別、トランスフォビア、ホモフォビア、身障者差別、階級差別の規範の複製の中には見つからない。だがわたしたちは全員が人間であり、その人なりの欠点がある。おそらく最も重要なのは、わたしたちの誰ひとり、周りの環境に影響されないということだ。わたしたちは変化を求めて闘っている社会の一部であり、そこにおける自らの役割から自分を解放することはできない。

解放運動が掲げる美辞麗句は、ある女性グループが、ほかのグループを犠牲にして前進するための潤滑油であってはならない。白人の特権階級はジェンダーのことをまったく知らない。白人の特権階級だからといって、つらい労働や苦労とまったく無縁の完ぺきな人生が約束されるわけではないのに、人種が常に問題になる社会では、そのおかげで楽な生き方ができる。ハッシュタグ、ブログの投稿、ミーティングで煮えたぎっている怒りは、有色人種の女性たちが白人女性たちに放つ宣言だ。「わたしがここにいるのは、黙って耐えながら、あなたの尻ぬぐいをして、あなたの槍を持って、あなたの手を握って、あなたを励ますためじゃない。わたしがここにいるのは、あなたの子どもたちを育てて、あなたの罪悪感を和らげて、あなたの演壇を設置して、あなたの代わりに闘うためじゃない。わたしがここにいるのは、自分のコミュニティーのためだ。なぜなら、わたしたち以外、ほかの誰もわたしたちのために立ち上がろうとしないから」

白人女性たちはそういう声を大抵聞こうとしない。もし反応したとしても、相変わらず泣き言を繰り返すばかりだ。どうしてあなたたちは、わたしたちのためにアクティビズムをもっと簡単にできないの？　でも、わたしたちは気にしない。気にするつもりはまったくない。気にするわけにはいかない。なぜなら、２０１５年のアカデミー賞授賞式で、パトリシア・アークエット〔フェミニストとしての発言が多い白人女優〕が男女同一賃金を訴えるスピーチをして拍手喝采を浴び、「わたしたち全員が利益のために闘ってきた、あらゆるゲイと有色人種の人々」に「今度はわたしたちのために闘ってほしい」と呼び掛けた時、無数の有色人種の女性たちは、賃金そのものをもらうために闘っていたし、その闘いは今も続いているからだ。連帯を呼び掛ける声は、調子外れもいいところで、いつもどおりの一方的な期待にすぎなかった。

ほかの誰かの快適さを、自分の人生や自分の子どもたちの人生より優先させるのを拒むのは、沈黙でもいじめでも有害でもない。わたしたちがここにいるのは、マミー〔映画「風と共に去りぬ」（１９３９年）に登場する黒人のメイド。ヒロイン、スカーレットの心優しい乳母。演じたハティ・マクダニエルは、黒人として初めてアカデミー賞（助演女優賞）を受賞〕になるためでも、「ヘルプ～心がつなぐストーリー〜」のような映画がイメージを強化する便利なプロトタイプになるためでもない。わたしたちはフェミニズムの中の脇役ではないし、いつか平等というしずくがぽたぽた垂れてくるのを待つことはできない。白人女性が白人男性と同じ権利を手に入れるのを手伝えば、いつか白人のメインストリームのフェミニストが掲げる理想に、わたしたちのニーズが反映されると信じることはできない。100年を超える歴史と日々の生活が、周縁化された女性たちに毎日、白人女性がCEOになるのを手助けしても、すべての女性の人生が楽になるわけではない、と教えているのだ。

ほかのコミュニティーの犠牲の上に成り立ち、個人の前進に重きを置くフェミニズムを、モデルとして受け入れることはできない。周縁化された女性たちにとって、自分のコミュニティーの男性たちは、人種差別との闘いのパートナーだ。たとえ一部の男性が、性差別やミソジニー問題の原因であっても。わたしたちは自分の息子、兄弟、父親、夫、友人たちを見捨てられないし、これからも見捨てない。わたしたちにとって、彼らは敵ではないからだ。わたしたちは家父長制という問題を抱えているが、白人女性もそれは同じだ。白人コミュニティーでパワーを持つ顔のほとんどは、有色人種の男性ではないからだ。

わたしの夫は、ミソジニーがわたしに大きな影響を及ぼしていることを、常に理解しているわけではないだろう。だが彼は、それが何を意味するかは完全に把握している。彼も上司や同僚から人種差別を受けているからだ。わたしたちは同じテーブルにつく。ふたりが人生のさまざまな面で立ち向かう壁が、完全に同じではなくても。有色人種のコミュニティーの女性たちは、バランスをとらなくてはならない。外部の問題ある声と闘いながら、自分のコミュニティーにいるトラブルメーカーを教育するのだ。フェミニズムにも同じようにバランスをとることを期待している。

インターセクショナリティー（交差性）は、キンバリー・クレンショー教授を攻撃し、抹消するための便利な業界用語（バズワード）ではない。彼女は黒人でありかつ女性であるという交差性が、司法制度において黒人女性にどんな影響を及ぼすか説明するために、この用語を提唱した。インターセクショナルな視点でフェミニズムにアプローチするには、理解しなければならない――メインストリームのフェミニズムは、黒人を含む有色人種の女性たちを見ないようにしがちなことを。わたしたちは憎悪（ヘイト）の炭鉱に置かれ、有毒ガスの存在を真っ先に検知し、犠牲になるカナリアなのだ。

問題が起こった時、それに立ち向かうのが常に簡単とは限らない。だが問題をなきものとするのは危険だ。たとえばヒューゴ・シュワイザー〔アメリカの有名なフェミニストで、ジェンダー問題の大学教授。2013年に自らセックス・スキャンダルを告白〕。女性たちを獲物扱いして虐待した彼の振る舞いは、フェミニズムにおける連帯とは何かという議論に火をつけた。シュワイザーがTwitterで、何年も前から学生たちや妻たちを虐待し、有色人種の女性を標的にしていたと認めた時、彼の著書を出版したフェミニストの出版社は何もせず、ただ距離を置くだけだった。白人のメインストリームのフェミニストたちは、彼が何をしていたか知らなかったと主張した。この議論が続かなかった理由のひとつは、シュワイザーが長年にわたってネットで白人のフェミニストたちを宣伝していたからだ。自分のスキャンダルを面白おかしく書きつづったのと同じ、ブログの投稿、メール、ネット記事という媒体で。それは改心するつもりのない懺悔（ざんげ）であり、自分の振る舞いに対する説明責任でさえなかった。裸だったのは皇帝だけでなく、彼の宮廷にいる誰もがそうだったのだ。最初にわたしたちに起こることは、いつか白人の女性たちにも起こる。だからシュワイザーのような虐待者をのさばらせておけば、残された道はひとつだ。だがチェックを受けない人種差別は、盟友であるべき女性たちをその虐待に加担させる――彼女たち自身も標的になるまで。

時計を少し早送りすると、ゲーマーゲート論争〔2014年、ゲーム開発業界で女性の関係者に対する脅迫が相次ぎ、大論争に発展した〕が起こる。ミソジニー、人種差別、ハラスメントが緩やかにつながった、それぞれの派閥が意見を主張する一大キャンペーンだった。最初の標的はゾー・クイン〔白人女性のゲーム開発者。元恋人がネットで彼女を中傷したことが論争の発端〕だが、彼女を攻撃し、怒りと憎悪をあおった男性たちは、その技をまず黒人女性たちを標的にして練習した。黒人女性は強いから、どれだけ攻撃してもいいとみなしているからだ。だから、メインストリームのホワイト・フェミニズムが異なる方向を向いている間、被害者とともに立っていたのはわたしたちだった。脅迫がサディ・ドイル、ジェシカ・ヴァレンティ、アマンダ・マーコットといった有名な白人フェミニストに向けられた頃、質問は「どうしてこれが起こったのか?」であってはならなかった。「どうしてわたしたちはこれをもっと早く止めるために、もっと行動しなかったのだろう?」でなくてはならなかった。

白人フェミニストの多くの論客は、2016年にトランプが大統領に選出され、ショックを受けた。女性問題、人種、階級、ジェンダー、教育についておぞましい発言を繰り返していたにもかかわらず、投票した白人女性の過半数(約53パーセント)が、自分たちを不当に扱うとわかり切っている男に票を投じた。「彼女たちのプッシーをつかんだのは、自分は有名人なので非人道的な行為も受け入れられるはずだと思ったから」とジョークを言うような男に。トランプは万人に平等をもたらす明るく輝かしい未来を提供しなかった。選挙公約のほとんどは、本当の問題は移民であるという考えを中心に据えていた。白人の女性たちにおもねり、黒人やムスリムの男性に対する空想の恐怖の中で生きている彼女たちに、自分たちの恐怖はもっともだ、自分たちの人種差別は理にかなっている、と感じられる未来を約束した。平等の精神に基づいて女性たちにアピールする代わりに、恐怖に基づいてアピールした。そして多くの白人のフェミニストは、自分たちが一度も申し出たことのない連帯は、自分たちも手に入らないのだと発見し、衝撃を受けた。

白人女性の53パーセントがトランプに投票したというのは、残念ながら笑える話だ。結局、白人女性たちの間でさえ、連帯は一部の人のためのものだった。有色人種の女性、特に黒人女性たちにとって、これは驚くことではなかった。昔からリアルタイムで見てきた、フェミニズムという仮面をかぶった人種差別だったからだ。そのフェミニズムは、警官が有色人種の女性たちを残虐に殺すのを見過ごすことができた。地方の政治や国政の場で、人種と宗教を理由に、女性たちの選挙権をはく奪し、虐待し続けるのを見ないようにできた。そのフェミニズムが求めたのは、すべての女性の平等と公正ではなかった。ほかのすべての者を犠牲にして成り立つ、白人女性の利益だったのだ。抑圧の対象が白人でなかった時は、ほかの女性たちとの連帯に基づくのではなく、〝経済的苦難〟に基づいて投票するのはいいことだ、という感覚があった。だが結局、それに続く政策は経済的苦難を増大させるのに多大な役割を果たし、富裕な白人男性でない者全員に不利益をもたらしただけだった。

初めてライターのゲイル・シモーン〔米コミック・アニメーション作家。2007年、女性として初めて『ワンダーウーマン』のレギュラー・ライターに就任。白人〕に会った時、わたしは彼女のためにグルテン・フリーのトリプル・チョコレート・カップケーキを作った。その日話すうちに、コミックを描く気はないかと聞かれた。コミック業界は白人男性が支配する世界で、ゲイルは自分のために彫り上げたくぼみ（ニッチ）を、ほかの女性たちから身を守る避難所として使ってもおかしくなかった。彼女はその代わり、わたしがイエスと言うと、労を惜しまずその業界に紹介してくれた。彼女はこういうことを頻繁にやっている。自分はパワーと特権を持っていることを知っていて、機会を見つけるたびに、それをほかの人たちを助けるために使っている。時に、よき盟友であるということは、誰かのためにドアを開けることだ。自分の声だけが重要だと言い募るのではなく。

ゲイルは素晴らしい作家であり、優秀な編集者だ。コミックの中で女性たちを殺し、男性ヒーローたちのナラティブを推し進める、というミソジニーの比喩（ひゆ）に強く抵抗した。最初に就いた職業は美容師。**尊敬すべき**人物という定義から、おそらく毎日はみ出しているだろう。だが彼女は描き続け、女性に対する業界のあり方、女性とともにある業界のあり方を、1冊ごとに変え続けている。連帯は、そういう風にごくシンプルに実現することもある。一進一退を繰り返しながら、前に突き進み続けるのだ。

第２章

銃による暴力

セイ・ハー・ネーム――
銃に命を奪われた黒人女性たちにも名前はあった

祖父は6歳のわたしの命を救った。わたしの髪をつかみ、見知らぬ男ふたりが繰り広げている銃撃戦の真っただ中から引きずり出してくれたのだ。わたしは美容室から出てきたところだった。1発の銃弾が前髪をかすめ、髪がジュッという音を立ててハラハラこぼれ落ちたのを覚えている。わたしはそれに気をとられ（今では理由をさっぱり覚えていないが、その短い前髪を取り戻したかったのだ）、弾があと数センチずれていたら、ヘアスタイルなど問題にならない事態になっていたという事実に気づかなかった。わたしは銃を怖れていない。実際、銃を愛している。もっと正確に言えば、銃を撃つという行為を愛している。射撃場へ行き、ストリートでは決して撃つつもりのない武器を構える。軍にいた頃の話をオンラインですることもある――当時は銃から手りゅう弾まで、さまざまなタイプの武器に触れる機会があった。時には、祖父の銃コレクションの話を披露することさえある。わたしにとって、銃は道具（ツール）だ。使いこなす人々によって、そのツールが安全に使われるか、危険に使われるかが決まる。だからといって、ブランチを摂る店や食料品店や映画館に銃を持っていくべきだ、とわたしが考えているわけではない。

フェミニズムと銃は何の関係があるのか？　結局のところ、銃はフェミニストの問題じゃないだろう？　だが、そうなのだ。あなたの人生にとって、フェミニストの問題ではないかもしれない。とりあえず今のところは。しかし多くの女性、特に低所得層のコミュニティーにいる女性たちは、銃による暴力に日々さらされている。ドメスティック・バイオレンスに銃が絡むと、女性が殺される確率は5倍になる。女性たちがこういう銃に殺されるのは、銃が簡単に手に入るからだ。両親が暴力的だからだ。銃の絡む事故は命にかかわる可能性が高いからだ。武器を簡単に入手できるせいで、さまざまなささいな理由から事態がエスカレートするからだ。わたしたちは銃の暴力にさらされている若い男性に目を向け、彼らが受ける影響を重視しがちだが、少女たちも同じように深刻な影響を受けている。少女たちが学校を中退する確率は少年たちとほぼ同じだ。銃撃戦が日常的に行なわれる地区を歩いて通らないために――つまり、**生き延びる**ために。母親たちは銃による暴力で命を落とした子どもを埋葬する。家族は銃のせいで二度と元に戻らない。メインストリームのフェミニズムは、一部の女性たちの人生に毎日起きることとして、銃による暴力にかかわるべきだ。一部の近隣地区で、銃弾は雨のように普通に降ってくる時に、これは遠く離れた世界の問題として扱われるべきではない。そのせいで、地域の公衆衛生が全面的な崩壊の危機にさらされ、日々その結果と向き合わなければならない少女や女性たちのニーズを大声で訴えるために、メインストリームのフェミニズムは耳を傾け、支持し、持ちうる人的・物的資源を提供しなければならない。本章を執筆中、わが家から数ブロック離れた所で、自宅のポーチにいた12歳の少女が撃たれた。彼女を傷つけるために使われた銃は、ストリートではなく家族に属するものだった。彼女は今年、銃による暴力の被害を受けることになる何百人もの少女たちのひとりだ。１９９９年のコロンバイン高校銃乱射事件〔コロラド州同校の生徒ふたりが校内で銃を乱射。生徒12人と教師ひとりが犠牲になり、20数人が負傷した。犯人たちは最後に銃で自殺〕以来、銃による暴力の被害を受けた20万人近い子どもたちのひとりだ。銃の暴力は遠い世界の問題で、自分とは何の関係もないと思うかもしれない。だがもし立ち止まって周りを見回せば、もし特権があなたを包むように作り上げた、日々銃の暴力に脅えなくてもいいという幻想（バブル）の外に目を向けたら、今まで無視してきた脅威がまん延している様子が見えるだろう。あらゆる州、あらゆる街、あらゆる所得水準の人々が、銃による暴力の被害を受けているのだ。

銃の暴力はフッドの中だけに存在する病的な問題だ、とみなしたい気持ちはわかる。その地区には未来の保証がなく、おそらく住民全員が犯罪者だから、誰に何が起こっても自業自得だ、とあなたは思いたいだろう。メディアは銃による暴力を、よくこういう文脈で報道する――黒人であることと貧困であることが重なった結果だ、だからそれを避けるためにいちばん重要なのは、黒人の住む貧しい地域に近づかないことだ。わたしたちが目にしているのは、ホワイト・フライト〔white flight：白人の脱出。中・上流階級の白人が、非白人や移民が多くなった貧しい都心部（インナー・シティー）から郊外へ移住すること〕か、事実上のサンダウン・タウン〔sundown town：日没後の有色人種の外出を禁止した地区。１９６０年代まで南部の州に多く存在した〕である。わたしたちはこう思い込まされてきた――インナー・シティーの環境は荒れ果てているから、守るべきもの、支援すべきものは何も残っていない。しかし、白人が自分たちの安全を黒人からの距離で測る一方で、現実にはフッドの黒人たちの方が銃による暴力の犠牲者になりやすい。それはどこでも起こり得るし、実際に起こっていて、その数は増加するばかりなのだ。ラスベガス〔２０１７年、野外ミュージック・フェスティバルの会場に向けて、犯人（64歳の白人男性）がカジノ・ホテルの32階から自動小銃を乱射。58人が死亡し、５００人以上が負傷した。犯人は事件後にホテルの部屋で死亡〕、パークランド〔２０１８年、フロリダ州パークランドの高校で、退学処分となった元生徒（19歳の白人男性）がライフル銃を乱射し、17名が死亡〕、オーランド〔２０１６年、フロリダ州オーランドのゲイ・ナイトクラブでＩＳ（過激派組織〝イスラム国〟）支持を表明する29歳の男（両親はアフガニスタンからの移民）が銃を乱射し、50名が死亡、53名が負傷。犯人は警察との銃撃戦の末に死亡）。アメリカでは銃による大量殺人事件がほぼ毎日のように発生している。そのたびにシカゴ市は、銃規制に効果がない証拠として事件を持ち出すが、現実には、シカゴが抱える銃の暴力の問題は、アメリカが抱える銃の暴力の問題なのだ。

メインストリームから社会経済的に孤立した地域では犯罪率が高く、貧困がしばしば闇取引につながる、というのは真実だ。しかしブート品（海賊版）の密造からドラッグ取引まで、紛争を解決する手段がほかにない土地で暴力は最も急増しやすい。だからこそ、都市部で銃による暴力が減少しているにもかかわらず、郊外で銃による暴力の発生率と死亡率が上昇しているのだ――しかしその事実は、ニュースでほとんど取り上げられない。

フッドにおける銃の暴力問題は、アメリカでは隔絶された多くの黒人コミュニティーが、はるか昔から法執行機関を信じることができなかったという歴史に根差している。当局は長い時間をかけて、社会の主流から取り残された人々に対する暴力にはほとんど興味がないことを自ら証明してきた。法執行機関の同じ姿勢は郊外にも見られる。そこは距離的な問題から助けの手が届きにくい。また、食料を確保するための狩猟がいまだに一般的なので、武器は人生の一部になっている。どちらの場合も、必要性からガン・カルチャーが発生することが多い。郊外の警官の数は都市部に比べて少ないだろう、それは人口が少ない地域の方が安全な証拠だ、というのは幻想だ。階級と人種の分断は、より広い社会的偏見があることを示している。何十年も前からアメリカ全土で犯罪率は減少し続けているが、地方に比べて都市中心部の人口の方が多いということは、犯罪もより多いことを意味している。郊外より人口が多く、マスコミ報道も多いからだ。一方、郊外では、犯罪率はあまり低下していないにもかかわらず、その地域に存在するマスコミが――地元メディアがあったとしたらだが――同じように報道することはあまりない。

ホワイト・フライトで白人が移住する郊外と、かつてのサンダウン・タウンを見ればよくわかる。このふたつの場所では、犯罪が起こってもマスコミは騒ぎ立てない。容疑者が白人だからだ。そこは人種の多様性に欠けるため、階級が何よりも注目される。貧困に陥っても白人の特権は消えない。だが現実には、その貧困が原因で、貧しい白人は現在の警察制度に守られている土地所有者のひとりになれず、権力と安心感が手に入らない。わたしたちのカルチャーは、白人の労働者階級は重要だ、優先すべき関心事だ、と枠づけする。しかし現実には、貧しい白人は貧しい黒人よりはるかに恵まれていても、結局のところ他者（つまり非白人）と一緒ではない環境にある。だから階級の違いのせいで、貧しい白人は抑圧の標的になる。

貧しい白人は道徳性も社会性もなく、無知であるため広い世界では受け入れられない、という一般的な考え方のおかげで、彼らは人種差別を受けずに済んでいる。つまり、彼らはその差別から利益を得ているにもかかわらず、差別システムには組み入れられない。だが、同じ白人からの抑圧が、偽りの物語（ナラティブ）を作り出す――世界は労働者階級の白人を攻撃しようとしている、そしてその問題の元凶は有色人種の人々だ、というナラティブだ。人種差別は、銃を所有することが犯罪の解決法だと位置づけている。その差別が、暴力を伴うガン・カルチャーを生む一方で、傷つけられる人が誰であれ、武器を入手させないためのあらゆる努力を阻んできた。アメリカの歴史は暴力によって定義されてきた。そして暴力に対処してきたのは法執行機関だった。彼らは犯罪者が持っている武器より、さらに大きく性能のいい武器を所有している。わたしたちは兵器を携帯してストリートを歩き、一般市民の家を訪ねる。そういう武器がどんな危害を加えることができるのか知らず、武装を強化したところで何の解決にもならないと気づかないまま。

アメリカで、そして世界中で、教育が成功の鍵であることをわたしたちは知っている。だが犯罪、ドメスティック・バイオレンス、事故、自殺も含めると、年間３００万人近い子どもたちが、銃による暴力にさらされている。銃に関連する死は現在、アメリカの子どもたちの死因の第2位だ。彼ら（14歳以下）はほかの高所得国の子どもたちに比べ、銃によって殺される危険が14倍高い。15歳から24歳までのアメリカ人に至っては23倍だ。殺人事件の被害者になったアメリカの子どもたち（ティーンエイジャーを含む）の60パーセントが、銃で殺されている。銃によって死亡する子どもの数は、平均すると年間１６００人。ドメスティック・バイオレンスに直面する12歳以下の子どもたちの場合、家に銃があると殺される危険性が高まる。ドメスティック・バイオレンスの犠牲となった子どもたちのなんと3分の2が、銃によって命を奪われている。

驚くことではないが、黒人の子どもたち（ティーンエイジャーを含む）は、銃の犠牲になる危険性が最も高い。銃で命を奪われる確率は白人の子どもたちの4倍。家も安全でなく、学校も安全でなく、ストリートも安全でなければ、危険な銃から免れて、学校の授業に集中できる子どもなどいるだろうか？　ほとんどいないはずだ。少女たちは二重の問題に直面する。銃による暴力と闘いながら死の危険にさらされ、同時に無視されるのだ。

アメリカでは、銃による暴力のせいで、多くの少女たちが十分な教育を受けていない。あるいはまったく教育を受けていない。それを見ないふりをして、外国の少女たちに教育機会を与えることは重要だ、などというふりはできない。あの銃弾はわたしに当たらなかったが、わたしを変えた。長い年月を経て症状はよくなってきているが、わたしは最初にPTSD（心的外傷後ストレス障害）と診断されるまで、自分の振る舞いは完全に正常だと思っていた。わたしは明らかに無害な物事に対し、過敏に反応することが多い。銃による暴力に脅かされず育った人は、それを見て不快に思うかもしれない。過覚醒（強いストレスを受け、それが解除されたあとも身体の緊張が続き、神経過敏になる状態）と不安神経症は、銃による暴力が日常茶飯事のコミュニティーで生き延びるのに付き物だ。わたしの場合、その症状はトラウマに対する反応だと気づくまで長い時間がかかった。

わたしは今でも、銃はいつも目の前にあったと話すことができる。それでも、ギャング団に入ったことも、犯罪行為にかかわったことも一度もない、と。銃弾がわたしの髪をカットしたのよ、と面白おかしく語ることはできるが、アメリカで銃に遭遇する確率を考えると、実に平凡なエピソードだ。同じように、ATMの前で男が母から現金を奪おうとし、おとなしく従わせるためにわたしに銃を突きつけたことも、いかにもアメリカらしい、アップルパイのようにありふれた出来事だ。少女たちは銃声で目覚め、誰かが撃ち殺されたのは、外をのろのろ進んでいる車が原因だと気づく。人混みに向かって犯人が銃を乱射し、近くに立っていたという理由だけで、その流れ弾に当たったのだ。そういうストーリーを無視してはいけない。彼女たちはわたしたちの注目に値する。マスコミが、彼女たちを除いたすべての犠牲者を優先して騒ぎ立て、彼女たちの姿が見えなくなってしまっても。

銃による暴力がわたしたち全員の問題なら、特にフェミニストの課題とする理由は何だろう？わたしたちはすべての人を対象にした銃暴力反対プログラムに目を向けるが、そこには危険にさらされている少女たち、女性たちは含まれていない。犯罪の証言者という枠にはめ、犯罪に直面する人々とはみなさない。だがわたしたちは、銃による暴力は少女たちの人生にいつでも侵入することを知っている。バイオレンス・ポリシー・センター〔銃暴力の撲滅を目指す非営利団体〕が２０１６年に発表した資料によれば、あらゆる女性グループの中で、黒人女性は銃で殺される率が最も高く、犠牲者の大半は親密なパートナーの暴力によって命を奪われた。「黒人男性に比べると、黒人女性は他人より配偶者、親しい知人、家族に殺される確率がはるかに高い」。そして残念ながら、わたしはこれを個人的な話として語ることができる。

わたしはパートナーたちから虐待を受けた。ひとり目はハイスクール時代の恋人だ。当時はそれが虐待だとは思わなかった――彼はわたしを一度も殴らなかったからだ。殴る必要はなかった。なぜならその頃、わたしは〝いい子〟であろうと努力するのに忙しく、ひどい扱いをされても黙って耐えるのがレディであることだと勘違いしていたからだ。ハイスクールはお粗末な関係の宝庫である。だから結局、その男性とは別れた。自分はクズだとわたしに感じさせ、わたしを常に裏切り、お前は強過ぎるから自分より弱い存在は許せないんだと言った男と。わたしは男に殴られたら絶対別れると決意している少女たちのひとりだった。なぜなら、そうするのが当たり前だから。歩き去って、二度と振り返らない。それは論理としてはとても筋が通っている。だが実際には、自分に言い聞かせる体のいい嘘であることが多い。なぐさめと言ってもいい。わたしがこの話をするのは、時にあなたの人生の物語は、ほかの多くの人生の物語でもあるからだ。

わたしはわたし以外の人に冷たい男性に引かれる癖があった。自分ではそれに気づかなかったし、冷淡で残酷な人間に注目されて喜ぶことがどういう意味かも考えなかった。彼がわたしの目に魅力的に映ればそれでよかった。あとから思えば、ハイスクール時代のボーイフレンドにわたしは振り回され、その態度に一喜一憂した。彼は永遠の愛を誓った次の瞬間に別れ話を持ち出す。その繰り返しで、蜜月期間はどんどん短くなっていった。うまくいっている時は、わたしたちは完璧なカップルだと思う。関係が悪化すると、彼はわたしを言葉で虐待し、あからさまな脅迫ではないものの、性的関係を強要した。当時は認めようとしなかったが、わたしは彼をなだめるために、自分で自分を彼に縛り付けていたのだ。最後には今度こそわたしが別れを宣言し、そのひもを自分で断ち切った。

都合のいい時だけ優しいパートナーなんて愛さなくていい、彼がいい人間にならなくてもいい、とわたしは思った。自分の人生を生きていくために、そういう男たちは振る必要があるのだ。教訓を学んだか？　学んだ。ただし、いちばん重要な教訓以外は。自分の身の安全を確保するためには、ご機嫌取りをしなければいけないパートナーもいる、という教訓だ。とにかく、その時は学ばなかった。その後何人かのボーイフレンドと付き合い、5年後に最初の夫と出会った。彼はとても思いやりがあり、面白い人だったから、わたしは彼の欠点をあっさりと、見ないようにした。危険を知らせる巨大な赤い旗が突き刺さっている欠点でも。たとえば彼は、ハイスクール時代の恋人とまだ結婚していた。だが、実質的な夫婦だったのは1年だけで、今は離婚したも同然だ、と請け合った。わたしは自分の欠点を抑え込むのに忙しかったし、彼をとても愛していたから、ふたり一緒ならすべてうまくいくと思い込んだ。わたしは正しい質問を一度もしなかったし、以前の関係を引きずったまま新しい関係を始める人を警戒する本能の声にも耳を貸さなかった。わたしは自分自身に嘘をつくのがとてもうまかった。ほかの人たちに嘘をつくのも、とてもうまかった。

あなたが愛している人はそんなに素晴らしい男性じゃないかもしれない、と指摘した人たちは、すぐそれを撤回した。彼は若くして結婚した、過ちを犯しただけだ、と言って。彼の離婚手続きが完了すると、わたしはやっと終わったというより、自分の正しさが証明されたと感じた。正式に離婚すると最初に告げられてから、1年が過ぎていた。プロポーズされたのは離婚が成立してからきっかり5分後だったが、わたしは胸をときめかせてイエスと言った。わたしは結婚することを了承しただけでなく、相手を信頼し切ったフルタイムの関係に飛び込んだのだ。その相手が離婚届けに署名したインクはまだ乾き切らず、その結婚が終わるに至った問題はひとつも解決されていなかったのに。

わたしたちは婚約し、結婚して、基地にある軍人用ハウスに引っ越した。その直後、わたしが見ないようにした赤い旗は、心に埋められた地雷になった。わたしは理想的な犠牲者とは程遠かった。彼がどなると、どなり返した。初めて殴られた時は、殴り返した。ある日、部屋に閉じこもり、彼がドアを蹴る音を聞きながら床にうずくまっている時、初めて自分は追い詰められてお手上げ状態かもしれないと思い始めた。きっとそうだ。でもわたしはその時でさえ、これで彼との関係は終わりだと思わなかった。軍警察さえ呼ばなかった。隣人が電話をした。現場に最初に来た警官は、これは「相互暴行」だと言った——しかしその言葉は彼の上司の到着で覆された。彼は体重55キロのわたしと90キロの彼を見比べて、こう応じた。「正当防衛って意味だな?」。どんな世界でも、35キロと15センチの体格差の戦いは公平とは言えないと見て取ったからだ。

わたしたちは別れなかった。カウンセリングに通い、互いに謝って、自分を正当化した。ストレスがたまっていて、コミュニケーションが不足していたせいだ、とわたしたちは自分を納得させた。彼は機嫌のいい時はチャーミングだし、わたしは一緒に暮らすのが難しい人間だ、等々。わたしは、誰かを愛することは、その関係がうまくいくように努力することだと思っていた。とりわけ、完全な家族を必要とするベビーが生まれたら。いくつか事件が起こったが、わたしたちは何とか乗り越えた。またカウンセリングに行き、短期間の別居も経て、新しい土地へ引っ越した。そして、うまくいくはずのない関係を続けるために、努力したすべてのことは、少しずつ意味を失っていった。

子どもが生まれ、3人でいろいろなアパートメント、いろいろな国を渡り歩いた。わたしたちは家族であろうと努力し続けた。暴力というふたり目の子どもを、ふたりで育てているように思えても。わたしたちは退役して一般市民に戻り、つかの間、わたしはまた自分自身に嘘をついて、彼が暴力的なのは軍のせいだと思おうとした。ふたりとも、事態はこれ以上よくならないという事実に目をつむり、心をむしばむダンスを踊り続けた。あの男が最後にわたしを殴った時、わたしたちはささいなことがきっかけで始まった喧嘩の最中だった。わたしは鍵を替え、今度は自分で警察を呼んだ。当時のわたしなら、あなたに「前に起こったこととまったく同じよ」と言っただろう。喧嘩をして今度こそ終わりだと悟った、とあなたに言えたらどんなにいいだろう。わたしたちの関係は確かに終わりかけていた。それはひびが入っていつ爆発するかわからない圧力鍋だった。

だが、終わらせなければならないと悟ってから1年後、遅まきながら友好的に別れるべきだと思ってから数週間後、蒸気が噴き上がるピーッという音が大きく鳴り響き、もう無視はできなかった。その時、わたしは彼と同じくらい怒り狂っていたが、それでも彼が片手でわたしののどをつかんで冷蔵庫に押しつけ、もう片方のこぶしでわたしを殴ろうとして、思いとどまり手を離した時、ショックを受けた。それから彼はわたしを床に引きずり倒し、わたしの鍵を持って、出ていった。２歳の息子はそれをすべて見ていた。もっと早く家を出なかったことを、わたしは一生後悔するだろう。だがわたしは、家出をするという計画は実現性が薄かったこともわかっている。そのためには、自分の食いぶちを稼げる場所へ行き、子どもを保育所へ入れて、夫の仕打ちには関係なく、自活できる人生を営む必要があった。

わたしはまだ完全にその状態ではなかったが、最後の暴力が爆発した時、完璧な計画を立てる時間はないと悟った。わたしの名義で賃貸契約できて、ぎりぎり家賃が払える場所があった。わたしはそのチャンスに飛びついた。だからといって、暴力が終わったわけではない。暴力の場所が家の外へ移っただけだ。彼は相変わらず、怒りと暴言に満ちたメールを送り付け、わたしを付け回して嫌がらせをし、接近禁止命令が出されて何度か逮捕されたにもかかわらず、暴力を振るうと脅した。でも、いい知らせ、というか最高の知らせだったのは何だと思う？　彼は銃を持っていなかった。彼は脅迫できたし、どなることができたし、わたしを殴ることもできた。でも弾丸を発射する武器を手にすることはできなかった。その武器は、生き延びるための怒りを一瞬にして取り返しのつかないものに変えてしまう凶器だった。わたしはラッキーだった。わたしたちが住んでいたイリノイ州は、ドメスティック・バイオレンスの前科がある者に、法律で銃の所持を制限していたからだ。もし銃が手に入ったら、彼は怒りのあまりわたしを殺しただろうか？　イエス。今の彼は反論するかもしれないが、あの頃の彼の表情を見たわたしには、それがわかっている。そして彼がどれほど強くわたしを殴ったか、わたしは知っている。頭を強く殴られて、最後にはあざだらけになり、耳鳴りがしたけれど、それ以上悪い事態にはならなかったことも。

黒人女性が直面しているのは、親密なパートナーによる暴力の危険だけではない。警察による暴力、特に警察の不祥事の巻き添えになった死は、フェミニストのサークルで議論されることはほとんどない。「ブラック・ライブズ・マター」運動〔2012年、フロリダ州のハイスクールに通う黒人のトレイボン・マーティンを白人の自警団員が射殺し、裁判で無罪となったことに抗議して始まった。発起人は3人の黒人女性、アリシア・ガーザ、パトリッセ・カラーズ、オーパル・トメティ。2020年5月には黒人男性のジョージ・フロイドが路上で白人警察官に拘束され死亡。運動はさらに拡大した〕や#SayHerName〔〝彼女の名前を言おう〟。警察の暴力により命を落とした黒人女性たちの存在を訴える運動。2015年、ブラック・ライブズ・マター運動の活動家、サンドラ・ブランドが交通違反で警察に拘束され、収監中に不審死したことがきっかけで始まった。２０２０年３月、無断家宅捜査で自宅に侵入してきた警官に、救命士ブリオナ・テイラーが射殺されたことから、抗議活動がさらに拡大した〕といったキャンペーンが、わたしたちの声に応えようとしているが、彼らの活動は二重の壁に阻まれている。公式なデータがない上に、コミュニティーの規範がシスジェンダーの男性を中心にしているからだ。

　近年はこのような事件の記録映像が急増している。わたしがそこに映っている女性の誰かであってもおかしくない。警官に激しい暴力を振るわれ、あるいは殺された女性。本章の草稿を書いている間、近所で足首を撃たれた少女。あるいはシカゴの若い黒人女性、レキア・ボイド。彼女は携帯電話を耳に当てている男性の隣に、たまたま立っていただけだった。だがその電話を銃と見間違えた非番の警官が発砲し、流れ弾が彼女の頭に命中した。電話を持っていた男は手を撃たれた。レキアはその場で亡くなった。彼女は何の罪も犯していなかった。彼女を撃った警官は、車を運転して走り去りながら肩越しに発砲したと認めたにもかかわらず、１日も拘留されなかった。彼は勤務中でなく、その近くの家に引っ越してきたばかりの、いわば隣人だった。それなのに、彼が手にしていた銃が若い女性の命を奪った〔２０１２年の事件。シカゴ市警は２０１５年になってから、この警官を懲戒免職にすると発表〕。

　わたし自身、これまでに警官と接触した回数は数え切れない。出会った警官たちがそういう種類でなかったのは、ただの幸運だった。警官から暴言を浴びせられ、脅されて、嫌がらせを受けたが、肉体的な暴力を振るわれたことは一度もない。わたしが立派な人間だからとか、態度がいいからとか、そういう理由ではない。ただ運がよかっただけだ。悪い人間と付き合う女性の側に落ち度がある、と世間は思い込みやすい。だが、ただ立っている時に、あるいは家で眠っている間に撃たれるなら、助けを求めたという理由で残酷に扱われるなら、警察とかかわることは本質的にとても危険だ。

わたしが住んでいる街では、暖かな夜、人々が自宅のポーチや公園でのんびりくつろいでいる。隣人と親しくすることに、死の危険も含まれるのだろうか？ わたしの人生で最高の瞬間には、友人たちと公園でのんびり過ごした時間が含まれている。たわいもないおしゃべり（シュート・ザ・シット）、というやつだ。騒々しかったか？ おそらく。だが、レキア・ボイドが遭遇したのがパトカーではなく、引っ越してきたばかりの非番の警官だったことには理由はある。この地区で育った人たちは、公園で誰かがくつろいで騒いでいるからといったささいな理由で、警官を呼ぼうとはしない。シカゴ警察に遭遇すれば、事態はあっという間にエスカレートすると知っているからだ。誰かが大声でわめいたからといって、あとあと良心を苛まれるようなことをするのはごめんだからだ。黒人が大勢集まれば、すぐ犯罪につながるなど、わたしは信じていない。だが、たくさんの人たちが、地区の中産階級化〔インナー・シティーの再開発プロジェクトによって中産階級の住民が流入すること。家賃・物価が上がり、従来の貧しい住民が住めなくなるケースが多い〕の素晴らしさを吹聴していることは知っている。言っているのは引っ越してきた張本人たちだ。

新しい隣人たちは、購入した家の素晴らしさを称えつつ、昔からの住民の恐ろしさを嘆く。なぜ彼らにそれほどの恐怖を感じるのか、理由ははっきりと口にしないが。誰かの耳に当てられた携帯電話を銃と勘違いした警官の場合は？　それはフロリダでトレイボン・マーティンを殺した〝恐ろしい黒人男性〟神話と同じシステムの一部だ。この神話はアメリカ人の集合意識にあまりにも深く刻み込まれている。だからシカゴでレキアを殺した警官の頭には、黒人は外に出て記録的に暖かい3月のある1日を楽しむことができる、という考えすら浮かばなかっただろう。黒人たちがそこにいるのは、隣人同士が集まって気軽な路上パーティーをしているからだ、という考えも。現場から武器はひとつも発見されず、女性がひとり死んだ。ひとりの男性が負傷して、外に立ち携帯電話で話していた罪で告発された。アメリカの黒人であるというのはそういう意味だ。アメリカの黒人女性であるというのはそういう意味だ。新しい隣人をいらつかせることが撃たれるリスクを伴うなら、質問は「銃はフェミニストの課題かどうか」ではない。「なぜメインストリームのフェミニズムはもっと真剣にこの問題に取り組まないのか」だ。

その明るいフェミニストの未来を作るために、わたしたちは人的・物的資源を投資しなければならない。不和や、安全性に対する心配や、犯罪を解決するために、誰かが武器に手を伸ばさないような社会を作るのだ。まず、何が安全を構成するかについて、わたしたちのカルチャーの思い込みを方向転換させる。同時に、わたしたちの社会のポリシーと個人のポリシーを変えて、問題の解決を暴力に頼らないようにする。わたしたちは昔ながらの偏狭さを捨て、新しい場所へ引っ越す時は、すべての人にそこにいる権利があり、自分たちのカルチャーとコミュニティーを持つ権利がある、ということを進んで理解しなければならない。わたしたちは親密なパートナーによる暴力の犠牲者の声に、進んで耳を傾けなければならない。不安や身の危険を感じたと彼女たちが最初に訴えた時、その男は害がなさそうに見えるからという理由で、訴えを退けたり、取り越し苦労だと言うのではなく、彼女たちの恐怖を真剣に受け止めなければならない。カルチャーとして、フェミニストとして、犠牲者候補として、あるいは実際の犠牲者として、わたしたちは社会的にも感情的にも、危険な人々と深くかかわり合いすぎ、手遅れになるまでその危険に気づかないことが多い。わたしたちはあらゆる階級における暴力への介入プログラムをサポートしなければならない。銃による暴力はインナー・シティーのシステム的な問題であり、ほかの場所ではほとんど起こらない、という思い込みを捨てなければならない。

わたしたちはまた、ヘイトが常態化するのを止め、ヘイト・スピーチは無害だという思い込みを――誰が標的にされても、誰が口にしても――やめさせなければならない。確かに、偏狭なコメントを述べる人すべてが暴力行為に走るわけではない。だが彼らのおぞましい巧言をわたしたちが正常化すれば、そういう見方の人々に暗黙の許可を与え、暴力をあおることになるのだ。早い段階で介入すれば、命を救うことができる。これは幻想の話ではない（リベラル・バブル〔民主党を支持する中・上流階級が、自分を囲むように作った安定した世界〕だろうが、そうでなかろうが）。銃による暴力をコミュニティーの公衆衛生問題として扱い、健全な状態にするために人的・物的資源を投入するのだ。

今こそ、ドメスティック・バイオレンスとヘイト・スピーチを、ネオンのようにぎらぎら光る赤い旗として扱う時だ。リスクが去るのを期待するのではなく、リスクを減らすために必要な手段を取るのだ。今こそ、銃による暴力をフェミニストの問題として扱う時だ――ドメスティック・バイオレンスや乱射事件が起こった時だけでなく、銃の暴力が周縁化されたコミュニティーに影響を及ぼしている時にも、行動を起こすのだ。われわれ全員が銃による暴力から安全になるまで力を尽くすのだ。さもなければ、誰ひとり安全ではない。

第３章

飢え

フード・スタンプ以上に必要なもの——
安全な食料、それを買うための就労機会と収入、
それを実現するためのプログラム

わたしの最初の結婚は離婚に終わった。その後、わたしはフード・スタンプ〔貧困家庭を対象にした生活保護の仕組みのひとつ。食品購入用の金券またはプリペイドカードを政府が発効する〕に頼った。公的医療保険証〔当時アメリカには国民皆保険制度がなく、高齢者と低所得者の一部だけが公的医療保険に入れた。民主党のオバマ政権は２０１０年、国民皆保険を目指す〝医療保険制度改革法（オバマケア）〟を成立させるが、16年には同ケア撤廃を公約に掲げる共和党のトランプ氏が大統領に当選。20年11月、次期大統領当選が確実となった民主党のバイデン氏は、同ケアの存続・拡充を約束した〕があったから、わたしと息子は医療を受けることができた。住まいは公営住宅だった。当時のわたしは幸運だったと言える。この３つの社会的セーフティーネットのおかげで、暴力を振るう元夫と別れても暮らしていけたからだ。わたしは比較的快適で安全な環境で子どもを育てることができた。現在、こういったセーフティーネットの多くが大幅に縮小されている。公営住宅に至っては、多くの地域で崩壊寸前だ。わたしたちは理論上、貧困はフェミニストの課題だと知っている。正確に言うと、**ほかの国々のために**フェミニストが取り組む課題だと考えている。アメリカは自立心と根性さえあれば誰でも成功できる国だ、懸命に努力すれば貧困から抜け出せるはずだ、と思い込んでいる。だが現実には、やる気だけでどん底からはい上がるのはほとんど不可能だ。わたしは幸運だった。教育があったからだ。小中学校とハイスクールのカリキュラムのおかげで、カレッジで学ぶ準備ができていた。学費を稼ぐために軍に入った。その時住んでいたイリノイ州には、公立大学の学費を免除する退役軍人助成プログラム（Veteran Grant Program）があったから、ＧＩビル〔１９４４年に成立した復員兵援護法。帰国軍人を対象に、大学への優先入学や授業料免除などを実施〕の給付金が十分でない頃でも、何とかやっていけた。

わたしは貧しく、生活は厳しかった。だがわたしには手を掛ける場所がいくつもあった。それを順々につかんでいけば、社会の主流から取り残され、人生が思うようにいかなくても、上に登っていけた。保育補助金を受給できたおかげで、元夫が養育費を払わなくても、子どもをわたしが通うキャンパスにある良質な幼稚園に入れることができた。４年かけて学位を取得し、フルタイムの仕事に就き、退屈極まりない山ほどのステップを経て、今のわたし――高度な教育、素晴らしい家族、心から楽しんでいるキャリア――になった。これが貧しいシングル・マザーにありがちな心温まるいい話だったら、あなたはこう考えるかもしれない。「彼女にできたなら、ほかのみんなだってできるはずでしょう?」。そしてわたしがこう言うのを期待するだろう。「大変だったけれど、多くのことを学んだし、あの頃のことは懐かしく思い出すわ」

わたしが思い出すのは飢えだ。クリスマス・ツリーを買えなくて泣いたことだ。この状況を切り抜けられないいんじゃないかと恐怖に脅えたことだ。扶養できないという理由で子どもを失うことだ。金持ちの女性の子どもを養子にするのは難しい。だが、貧しい女性の子どもを養子にするのは驚くほど簡単だ。わたしたちの社会は、飢えを倫理的な問題として扱う。誰かの人格が根本的に欠如している印だとみなすのだ。わたしたちは休日の飢えとの闘い〔フード・スタンプを受給している家庭の子どもには、学校のカフェテリアのランチが無料で提供される。休日は学校がないため、貴重な食事の機会が失われる。2020年、国の財政赤字を理由にフード・スタンプ・プログラムの縮小を検討する政府に対し、生徒たちの健康維持を危ぶむ教育現場が反対の声を上げた〕を覚えているが、フード・バンク〔寄付された食料品を倉庫に保管し、必要な人たちに配給する非営利団体。全米各地にある〕、学校が無料または割引価格で提供するランチ、フード・スタンプに頼らざるを得ない母親たちを非難する。世界各国の政府を悩ませる飢餓問題に自分で立ち向かえないから、という理由で。実際、わたしたちは貧困自体を罪のように扱う。貧しさに苦しむ女性たちが、自分と子どもたちのためにわざと悪い選択をしたせいだ、とでも言うように。わたしたちは、彼女たちにはいい選択肢が与えられなかったことを見ないようにする。彼女たちは指先を掛けてもボロボロと崩れそうな手掛かりしかない場所か、手を掛ける所がまったくない場所で、決断を下しているというのに。

　こういう状況にある女性たちは、近くに新鮮な食料品を売っている店がないのかもしれない。あるいは、彼女たちに買える値段の食料品を売っている店がないのかもしれない。労働時間が長過ぎて料理できないのかもしれない。フード・バンクに頼っているのかもしれない。スクールバスの停留所でランチ用のポテトチップスとソーダを買う子どもたちの話の裏には、栄養学の知識の不足と、怠惰と、育児放棄（ネグレクト）よりはるかに複雑な問題が隠れている。ガソリン・スタンドの売店、酒屋、ファスト・フード・レストランでしか食品を調達できない時がある。在庫のたくさんある食料品店には行けない。キッチンで料理なんて、とても無理だ。

　わたしたちは食の砂漠（フード・デザート）〔バランスがよく健康的な食事をするための食料品を、手頃な価格で購入できない地域〕が存在することを知っている。食料品店がほとんどなく、手に入るのは食用に適していないものだけ、という地域だ。しかし食料不安は、食料品が手に入るか、という問題以上に複雑である。つまり、食費にどれだけお金をかけられるか。もしあなたが食料品店の近くに住んでいても、そこの品に手が出なかったら、フード・デザートにいてもいなくても関係ない。やはり飢えることになる。そして飢えに年齢制限はない。食料不足の子どもがいて、食料不足の大学生がいて、食料不足の老人がいる。アメリカでは４２００万人が飢えに苦しんでいる〔２０２０年時点でアメリカの人口は約3億3千万人。つまり8人にひとりが飢えに直面している〕。統計的には少なくともその半分が女性だが、男女の賃金格差を考慮に入れると、実際にはアメリカのシングル・マザー家庭のおよそ**66**パーセントが飢えと闘っている計算になる。

アメリカの貧困者の70パーセント以上が女性と子どもだ。残念ながら、現在のセーフティーネット・プログラムは、貧しい女性たちの生活の現状を考慮に入れていない。多くの州や政府が、貧困家族一時扶助（TANF）〔Temporary Assistance for Needy Families：18歳未満の子を養育する家族が対象の手当で、大半が母子家庭〕や保育手当といったプログラムを実施しているが、一家庭が受給するお金は、必要なものと手に入るものの間に大きなギャップを生んでいる。たとえばイリノイ州の場合、シングル・ペアレントはＴＡＮＦから子どもひとり当たり月額最大４１２ドルを受給する資格がある。給付金を出すのではなく自立を促せ、と熱心に主張する人も、この金額ではふたりの人間が最低限の生活を送ることはできない、と気づくべきだ。わたしたちのカルチャーには、女性たちや家庭を貧困から救うために十分な対策をする、という考え方がない。わたしたちが作り出すのは、大抵見せ掛けだけのプログラムで、かえって貧困者の障壁となっている。たとえば、正社員は職を失っても期間限定で失業保険を受給できるが、パートタイムの労働者はクビになっても何の援助もない。わたしたちはチャリティーに頼って飢えの窮状を訴え、その次にはフード・スタンプの受給者になる。さらに、HUD（連邦政府住宅都市開発省）が作成している公共住宅の入居順番待ちリストが、一部の地区で何十年も先まで埋まっている時、ホームレスになる危機に直面する。

家がなければ、どの家庭もさらに貧窮することを、わたしたちは知っている。だが〔インナー・シティーの再開発により中流階級が流入したため〕住居からの立ち退き率と食品の価格は上昇し続け、賃金は上がらないままだ。このサイクルが悪循環を招いている。さらに、就職先の労働条件に保育手当が入っていなかったら？　乳幼児を抱える女性にとって絶対必要だというのに。パートタイムのベビーシッターさえ雇う余裕がないのに、フルタイムで働けるだろうか？　貧困者に対するハードルをもっと上げるための政策なのか？　有給出産休暇は素晴らしい理念に基づいた制度だが、子どもが生まれたあと、ひとりの人間を養うだけのお金が稼げなかったら？　増えた分の育児費用を賄えなかったら？

女性の貧困を緩和させるのは、フェミニストの重大な課題だ。しかし飢えと食料不安について話す時、わたしたちがその切り口から話すことはほとんどない。なぜか？　多くのメインストリームのフェミニズムのサークルでは、こういう問題について話す人たちが、長期間食料が不足するとはどういうことか知らないからだ。たとえばフード・スタンプの問題。スタンプに頼っている人の1週間、あるいは1か月分の生活費を1日で使い、派手なチャリティー活動をするが、公共政策には影響を与えない。それどころか、そういう派手な活動にかかわる人たちは、いいことをやり遂げたと自分を褒めて、あとは地元のフード・バンクに食品を寄付し、その問題の存在を忘れてしまう。

飢えは人の一生に大きな影響を与える。その人と食べ物の関係を形作るだけでなく、その人の健康と、その人が属するコミュニティーの健康を形作る。飢えは、**本物の**飢えは、人を絶望させ、深刻な事態になりかねない選択を迫る。わたしたちを駆り立てるのは生存本能だが、絶え間なく続く飢えの苦しみは、わたしたちをさらにぎりぎりまで追い詰める。飢えと呼ぼうが別の呼び方をしようが、飢えは短期間でも苦しいものだ。しかしわたしたちがそれについて、フェミニズムが闘うべき問題として話すことはほとんどない。女性たちに致命的な影響を及ぼす何かだ、と口にすることもない。

アメリカのＳＮＡＰ（Supplemental Nutrition Assistance Program：補充的栄養支援プログラム）〔農務省食品栄養サービス局が提供する栄養補助プログラム。フード・スタンプを支給〕やＷＩＣ〔Women, Infant, Children：低所得の妊婦、育児中の女性、乳幼児を対象にした食料小切手配給プログラム〕といったプログラムを、わたしたちがどう扱っているか考えてみるといい。まず、そういう手当の使い道について、国や州レベルで無数の制限が課される。次に、社会が不正受給のケースを指摘し、その制限を合理化しようとする。不正受給しているのは、公共福祉の対象となる全ケースの1パーセントに満たない、という事実には触れず。そういうケースは大抵、貧困を生き抜くためにそうせざるを得なかったのだ。誰もフード・スタンプを転売するべきではない〔転売後、紛失したと主張して再発行を申請するケースがある〕、と言うのは簡単だ。しかし、そういう人たちはまず、食品を調理するための鍋やフライパンが必要なのだ。それを思い出せば、彼らを簡単に責めることはできないだろう。彼らには、ちゃんと動く冷蔵庫やガスレンジが必要だ。貧困ライン〔生活していくのに最低限必要な収入〕ぎりぎりかそれ未満の収入で、低所得者用住宅に住むしかない人たちには、そこに住み着いている害虫から保管庫にある食料を守る解決法が必要だ。フード・スタンプでは生活必需品の洗剤や衛生用品は買えない。もちろん、紙おむつや生理用ナプキンも。

あなたはこう断言すればとても気が楽だろう――貧しい人たちは栄養学のことなんか何も知らないからでしょう。だが、日持ちのしない生鮮食品は、保管するスペースと下ごしらえだけでなく、売っている店に行く時間も必要とするのだ。質の悪い品しか置いていない店に行かないのは立派な考えだが、住んでいる地区にある食料品店はそこだけだと気づいたら？　だから、抗議の声を上げようとした人は、まず「誰がより大きな被害を被っているか？」と自問すべきだ。食料品店か、その店でしか食料品を買えない人たちか。確かに、答えるのは難しい質問だ。しかしそれがフッドで生きるということだ。アメリカだけでなく、世界中で、貧しいというのはそういうことなのだ。

メインストリームのフェミニズムは、貧しい女性たちは支援を受けているという美辞麗句を繰り返す。だが実際には、支援とは何かを突き詰めて考えていない。フッドのフェミニズムは、こういう物語（ナラティブ）にどうやって挑戦すればいいか考え、多くの問題――この場合は飢え――の解決法が厄介で、時に違法であると気づく。貧困は、セックス・ワークからドラッグ販売まで、生き延びるためにあらゆることをする理由になる。合法的に生活費を稼げず、それでも自分と扶養家族を食べさせなければならない時、〝リーン・イン（一歩踏み出して挑戦する）〟はできないからだ。メインストリームのフェミニズムは、彼女たちにはこういう選択肢しかないことをあえて無視し、リスペクタビリティーのある人間だけが支援を受ける価値がある、というおなじみの決まり文句を振り回す。多くの人にとって、飢えるか犯罪者になるかは選択肢ではないというのに。フェミニズムは目を大きく開き、貧しい女性たちがぎりぎりの状況でやむを得ず選択した解決法を、柔軟に受け入れなければならない。飢えの及ぼす影響に気づかなければ、悪い選択肢しか与えられない人たちに、意図的でなくてもダメージを与えることになる。ほんのわずかな思いやりや優しさを示すだけで、事態は改善される。飢えは悲惨であり、その影響は短期間でも耐えがたい。長期にわたって苦しんだり、親子で耐え忍んだりするのは、本当に恐ろしい経験だ。もしフェミニズムがすべての女性を保護する活動だというなら、すべての女性の声に耳を傾けるだけでなく、彼女たちの基本的なニーズが満たされるように主張しなければならない。あなたは飢えを無視するフェミニストであってはならない。特に、政治家たちに重要な問題として取り上げさせる、権力とコネクションを持っている場合には。中絶権や平等賃金を求めて闘う時と同じように、全力で飢えと闘うのだ。これはあと回しにできない問題だと理解するのだ。

人種の境界線のあちら側とこちら側では、収入格差と貧富の差が広がっている。一部の女性、一部のコミュニティーにとって、飢えが深刻化しているのは疑いようがない。栄養不良を通り越して、極度の栄養失調へ。今こそ、優先課題として飢えと闘う時だ。さらに多くの女性やその家族が飢えに苦しんでからでは、手遅れになる。

なぜわたしたちは、飢えと闘うプログラムを当然作るべきなのに、肥満対策を優先させるのか？ソーダ税〔砂糖を多く含む炭酸飲料に課す肥満税の通称〕などの支持者たちは、自分たちの計画を誇らしげに掲げるが、なぜソーダが食料不安を抱える家庭の必需品なのか、については決して話さない。ソーダがジュースより安くておいしいから常備されている、という事実についても話さない。低収入の消費者は、ソーダが悪くなることを心配しなくていい。カプリソーネ・ジュースの改善前のアルミパックにカビが混入していないかと心配しなくていい〔2018年、インディアナ州に住む幼い子の父親が、パック内に異物が混入している動画をFacebookに投稿。同製品を買わないよう全米の親に訴えた〕。FDA（食品医療品局）がテスト基準を厳しくする前、一部のオレンジジュースのメーカーが使っていた防カビ剤を心配しなくていい。消費者はソーダなら安心して飲めることを、ソーダ税の支持者たちは決して知ろうとしない。ミシガン州フリント〔2014年、同市は経費節減のため水源を近くのフリント川に変更。腐食性の高い水が水道用の鉛管を破損し、鉛が溶け出した水により多くの住民に健康被害が出た。住民のほとんどは黒人〕やシカゴをはじめ、多くの都市では水質汚染による被害が出ている。しかしソーダ・メーカーは、製品をどんな環境でも生産できる水のろ過装置を購入できた。

ソーダ税などの政策の支持者たちは、これは健康に関する問題であり、肥満はソーダに課税をすれば治る病気であるという怪しげな主張を掲げる。〝ソーダは子どもたちに害を及ぼすだけだ〟というメッセージは、子どもたちがソーダ・マシーンの所へ行って、ジンジャーエールの代わりに糖尿病を受け取る映像とともに発信される。砂糖が摂取する人全員に病気をもたらす有毒な化学製品だと証明されているなら、こういうイメージは確かに意味がある。しかしソーダに課税すれば肥満は治るという誇張された主張は、ＣＤＣ（アメリカ疾病予防管理センター）の研究を無視している。ソーダ税は肥満率の減少にほとんど貢献していないというデータがあるのだ。

政治家たちは肥満恐怖症（ファットフォビア）を利用する。低収入コミュニティーの健康を損なっている政策から世間の注意をそらすために、肥満をスケープゴートに仕立てている。その人が健康かどうかの判断基準は、太っているかではなく、体調がいいかどうかだ。しかし健康でいるためには、多方面からのアプローチと多くの人手が必要だ。子どもたちが学校の休み時間に外で遊ぶだけでなく、暴力のリスクにさらされず安全な近所で遊べることが必要だ。子どもたちが定期的に食料を手に入れることが必要だ。調査によれば、運動、新鮮な食料、きれいな水、きれいな空気、医療へのアクセスは、すべて健康に欠かせない重要な要因である。深夜のバスケットボール、放課後や週末の活動、サマー・プログラムの効果は、暴力を減らすだけではない。アットリスクの若者たち〔貧困などが原因で不利益をこうむり、中退・非行・犯罪のリスクが高い層〕にストレスのはけ口を与え、さらに健康的な行動パターンを作り出すことにもなる。家庭が恐怖を感じず、積極的に安心して子どもたちを外へ遊びに出せるようになる。だが彼らを批判せずに、こういったプログラム、食品、栄養学の講座を提供する事業は、現在までにほとんど廃止されている。

結局、ソーダ税は健康とは何の関係もない。政治家やその支持者にとって、こういった政策は手軽に作りやすいプラットフォームだ。しかし彼らの関心事が本当に公衆衛生だったら、解決策が逆進税〔低所得層ほど、所得に対する負担割合が重くなる税〕であってはならない。そういう税を導入する郡は、税収を使って、健康的で手ごろな値段の食品を低収入のコミュニティーが選べるようにしなければならない。さらに、もし目的が砂糖の消費量全体を減らすことなら、1種類だけを標的にするのはほとんど意味がない。一般的なソーダ缶には39グラムの砂糖が含まれているが、ココア1杯に溶けている砂糖は49グラムだ。スターバックスのフラペチーノ？　タイプによっては何と102グラム入りだ。しかし、ソーダ以外のこういう選択肢は、社会的に容認されている。ココアなどに含まれる乳製品はプロテインとビタミンの供給源だが、消費される砂糖の量は信じられないほど多いというのに。より健康的でない砂糖が社会的に容認されている理由はただひとつ、ペプシ1缶より高いからだ。厳しい財源運営の市政機関にとって、関心事が砂糖の健康性ではなく、税収なのは明らかである。

ソーダ税は選択肢が最も少ない人々にいちばん大きな打撃を与えている。フード・デザートでは、大抵〝健康的な〟選択肢が最も高価だからだ。低収入の親は、すでに食料不安と近隣で頻発する暴力と闘っているのに、今度は、あなたの子どもの問題は（体重が象徴するように）厳しい選択肢しかなかった自分のせいだ、と告げられる。どの選択肢がいちばん健康だろうか――鉛入りの水、追加の税が課されたボトル入りの水、高過ぎるジュース、販売期限切れの牛乳、ソーダの中で――。そういう品を買うのでさえ精いっぱいの人たちの両肩に、さらに税を課したところで、いったいどんな問題が解決するというのか。今の政策は〝フード・ポリス〟を気取り、健康に悪い食事を摂る人たちを糾弾する。食料へのアクセスを必要とする家庭や個人を助けるべきなのに。

これはインナー・シティーだけの問題ではない。先住民保留地における食料品価格や、店が1、2軒しかない多くの地方の現状を見れば、生きていくための食料を確保するのがどれだけ難しいかわかる。飢えは、自分と家族を食べさせるためのお金がない人々が住む、あらゆる国、あらゆる郡の問題である。

ある日、わたしはひとりの女性に引き留められた。飢えはわたしの人生の一部として対処しなければならない問題だ、と納得してから数年後のことだ。彼女は食料品を買うお金を援助してほしいとわたしに頼んだ。わたしは差し出せるかぎりのお金を渡し、自分の生活に戻った。それがわたしに出せる限界であり、彼女とはすぐ別れた。そのことについてはほとんど忘れていた。正直に言おう――わたしは親切に関して、バタフライ効果〔小さな事象が大きな事象の引き金になること〕に独自の懐疑的な考えを持っているのだ。ある日、その時と同じ地区にいたら、見知らぬ女性がわたしの食料品の代金を払ってくれた。彼女はわたしが差し出したお金を受け取らず、異議を唱えようとするわたしを見てこう言った。「**わたし**はこの前、**あなた**と口論しなかったでしょう?」

その時やっと気づいた。彼女は以前、わたしに食料品を買うお金を援助してほしいと頼んだ、あの女性だったのだ。彼女はずっとわたしの近所に住んでいた。わたしは彼女を覚えていなかったが、向こうはわたしのことをよく覚えていた。これは、わたしが人格者だ、という話ではない。わたしが彼女のために食料品を買った時、月末にスタンプが切れるのは本当に大変ね、わたしもそうだった、とぶっきらぼうに言った。支援が不十分だから、彼女はそこにいるのだと思い込んだ。実際には、彼女は何の支援も受けていなかった。仕事を失い、夫を失い、彼女の人生は粉々になりかけていた。それなのにわたしは、彼女がフード・スタンプに頼っていると指摘して、意図的ではなかったものの侮辱したのだ。彼女がそれに言及した時、わたしは謝罪した。彼女は笑ってこう言った。何とか乗り越えたわ、自分も食べて、子どもたちにも食べさせて、あの数週間で支援を受けられるようになった。

うまくいって、彼女は立ち直った。再会した時、彼女はよくやっているように見えたが、彼女はしばらくの間、わたしに感謝すると同時に怒りを抱いていたそうだ。奇妙な立場だし、わたしにもそれは理解できる。だがその状況を、誰にも説明することはできないだろう。あの自尊心の消失感、どれだけ懸命に働いても自活できないという恥。彼女が必要としていたのは、食料品であり、現金だった。必要としていなかったのは、わたしの一方的な思い込みだった。あるいは、ありがたいと感じなければならないこと、助けを求めるという行為を恥じなければならないことだった。もしわたしたちが、ほとんどの女性は貧しい、多くの女性が自分や子どもたちやほかの家族を食べさせるために必死だ、と認めることができたら、わたしたちは飢えが女性たちの大半に影響を与えている問題だ、と大声を張り上げて主張できる。食料不安は誰にとっても罪や恥であり、社会の非難を浴びて当然だ、という振る舞いをやめることができる。

いい知らせもある。こういったコミュニティーに属する女性たちは、飢えと闘うために活動している。コミュニティー・ガーデン（犯罪の温床となる空き地を整備し、農園や果樹園に替えて地域住民の自給自足を促すとともに、住民同士の交流、非行少年の更生を図る）やフードコープ（生活協同組合）がその一例だ。ほかにも、在庫が充実している店にアクセスできない人に移動手段を提供したり、学校の夏季休暇中に子どもたちに食べさせられるよう、各自が人的・物的資源を持ち寄ってストックしたり――支援を最も必要とする人たちに食料を届ける草の根活動も盛んである。

そして悪い知らせ。こういった民間プログラムのどれひとつ、単独では飢えと効果的に闘えない。もっと人的・物的資源を、もっと人手を、全国でこの問題を解決するための政府のさらなる努力を。それなのに、彼らにはコネクションも人的・物的資源も、ロビー活動をして奉仕する時間もない。〝慈善は家から始まる〔まず自分の家族と隣人の面倒を十分見てから、遠くに住んでいる人たちを助けなさい〕〟ということわざは真実かもしれないが、政府が資金提供するプログラムなしでは、根本的な解決は不可能だ。社会の病を治すために必要なのは、支援の枠を制限した懲罰的な政策ではなく、最も弱い人々が収入にかかわらず確実にサポートされるプログラムなのだ。

フード・プログラムを利用できる条件として、支援を必要としていることではなく、就労していること、リスペクタビリティーのある人間であることを義務づけても、結局のところ飢えの問題は解決しない。もちろん、恥の問題についても。ＳＮＡＰをはじめとする政府の食糧安全保障プログラムの縮小提案は、民間プログラムの充実を理由に正当化されることが多い。しかし今後、政府の食糧支援プログラムが縮小または終了すれば、そのギャップをフード・バンクやチャリティーが埋めることは不可能だ。ＳＮＡＰが提供する食事は、チャリティーの1食に対し約12食に相当する。ＷＩＣやＳＮＡＰのようなプログラムが存在しているのには理由がある。民間チャリティーと政府ができることには大きな格差がある、と歴代の政権が理解していたからだ。

民間チャリティーがそのギャップを埋められなければ、何が起きるのか、わたしたちは知っている。パンとスープを求めて並ぶ人々の写真が歴史の教科書に載り、祖父母から繰り返し聞いた飢えと大恐慌の物語が、今度はわたしたちの物語になるのだ。SNAP受給者は〝怠け者〟だ、と昔から言われる。だが現在、その約40パーセントが職に就き、職を失わないためにフード・スタンプを給料の補足として使っている。残り60パーセントの大半が就労できないのは、未成年や老人であるか、家族の介護をしているからだ。SNAP受給者を構成する低収入労働者が副業に就けても、給料が上がっても、食料を買うために生活費を切り詰める別の方法が見つかっても、まだ質問が残る。外で働きながら、どうやって子どもや老人の面倒を見ればいいのだろう？

保育や介護などのサービスを受けるためのお金を払えるか。これはすでに困窮状態にある人々に、さらなる問題を背負わせる。彼らが提示される労働条件は、ハードルが高いものばかりだ。さらに、どんな仕事口があるか、という質問もある。結局、何の技能もなく、教育が足りず、あるいは健康問題を抱えた人々は、やがてSNAPの受給資格を失い、ほとんど存在しない就労のチャンスにしがみつくだけだ。論理や事実ではなく根性論の上に成り立った、どう考えても勝ち目のない状況だ。フード・スタンプの受給者のほとんどは子ども、老人、障がい者である。家族の中では少なくともひとりの大人が働いているが、家族全員の生活費を賄うだけの給料をもらっていない。扶養家族のいない受給者は、ごく一部にすぎない。扶養者のいない健常者の大人の大半は、すでに働いているか職を探している。彼らは低賃金の仕事を転々とする。離職率も高い。季節労働、小売り、労働力が定期的に不足するほかの業界、そんな仕事しかないのだ。彼らは仕事にあぶれた時や低賃金の職に就いている時、一時的にSNAPプログラムに頼っている。こういった受給者は国の経済の重荷であるという神話は、何十年にもわたる雇用統計を見れば間違いだとわかる。飢えと闘う彼らが、労働によって国の経済に貢献してきたのだ。
食料にアクセスしやすくするという話題は、物議を醸すべきではない。だが明らかにわたしたちのカルチャーは、子ども、老人、無職の人、低収入労働者に、栄養価の高いたっぷりした食事を出し渋っている。主流から取り残され、食糧安全保障プログラムの支援を必要とする人々は、二級市民と見られているが、実は食料経済を支える重要な構成員だ。地方では、移民労働者が食料を栽培、収穫する。その食料は最終的に、彼らを飢えさせる政策を支持する政治家たちのテーブルに載る。季節労働者はわたしたちの食料供給の大部分を担う労働力だが、人的・物的資源にほとんどアクセスできない。食料を扱う市場でも、食料品店の労働者たちは低賃金で働き、食料不安に直面している。

女性たちは家族を養うために、食品加工と調理の仕事をする。だがあらゆるレベルで、彼女たちは搾取と深刻な差別のリスクに直面している。低賃金はもちろん、セクハラと暴力を受ける危険性が高いのだ。主流から取り残された地方や都市部の労働者たちが無報酬か低賃金で労働しているのは、食料安全保障に関する決定権とリーダーシップが与えられないからだ。おいしくて安全な食品にアクセスできるのは、最低賃金で働いているそういう人たちのおかげだというのに。

女性や周縁化された人たちが大黒柱を担っている家庭のために、フェミニズムは食料不安と闘わなければならない。新鮮な食品は高価であると訴え、飢えは社会全体の問題であり、政府はプログラムへの出資が不足していると主張しなければならない。特権があり食料にアクセスできるフェミニストたちのサポートがなければ、食料不安に直面している家庭は、どれだけ努力しても苦しむことになる。飢えは人のエネルギーを、人の意志を徐々に弱らせる。生き延びるために確保していたスペースを食い尽くす。フェミニストの問題として、これほど広く女性たちやその家庭にかかわるものはない。

食料は人間の権利だ。適切な食料を手に入れ、栄養を摂取することで、コミュニティーは健全に育ち、女性たちはすべての権利を求めて闘えるようになる。食料の安全が保障されて初めて、周縁化された女性たちは政治やほかの組織の活動に参加し、構造的抑圧に対して　自分の利益を主張することができる

フェミニストの意識改革は、メインストリームのフェミニズムがジェンダー、階級、人種をはじめ、あらゆる形の差別と闘ってこそ実現する。真の平等は、誰もが最も基本的なニーズにアクセスするところから始まるのだ。

第４章

#FASTTAILEDGIRLSと自由

レイプ・カルチャーへの抵抗——被害者非難より加害者にならない教育を

多くの人と同じように、わたしもその言葉の意味を理解する前からファス・テイルド・ガール（fast-tailed girl）だった。黒人コミュニティーで子どもの頃よく耳にする、警告と軽べつが半々に混ざった俗語だ。〝ファス・テイルド・ガール〟とは、性的にどこか早熟であることを意味する。少女たちは、ファス・テイルド・ガールになってはいけないと戒められ、同時に〝あ あいうファス・テイルド・ガールズ〟とかかわらないよう警告される。〝ファス〟と省略される場合もあるが、とにかく、悪い存在として示される。この言葉をよく口にする大人たちは、若い女性がイゼベル〔ふしだら女の意。『旧約聖書』に登場するイスラエルの王アハブの妻で、邪悪な罪を犯したイゼベルに由来〕として見られないように、彼女を守るつもりで使っている。2013年12月、わたしが友人でジャーナリストのジェイミー・ネズビット・ゴールデンとともに#FastTailedGirls〔黒人の少女や若い女性には自由に性表現をする権利がある。だが実行すると世間は〝ふしだら〟のレッテルを貼り、性対象として見る。その考えはやめなければならない、という趣旨。原文は「あなたはどうやって#FastTailedGirls になった？　ショートパンツやミニスカートをはいて、化粧をして、魅力的になって、虐待されて……あなたはそのレッテルを貼られる」〕アクションをTwitterで開始した時、何千人もの女性たちが参加して心情を吐露した。アメリカで黒人女性に対し性暴力が振るわれてきた長い歴史を考えると、世間体政治のこの一面が何に根差しているのか、理解するのは簡単だ。世間体政治は服装や言動だけではなく、若い黒人女性が発達していく自分のセクシュアリティーとどうかかわるかまでコントロールしようとする。保護するためと言いつつ、それはしばしば抑圧につながる。

善意からとはいえ、ファスになるなという警告は、性暴力問題への対応としては大きな欠陥がある。なぜか？　ファス・テイルド・ガールというレッテルが貼られるのに、実際に早熟である必要はない。早熟に見えるかどうかがすべてなのだ。男の子たちと話す、ショートパンツをはく、化粧をする、ほかの子より早く思春期を迎える――こういった完璧に正常で年齢に応じた振る舞いを、一部の人たちは見とがめ、あなたがトラブルに向かって突き進んでいる証拠だと信じる。一度その見方が定着したら、あなたに起こる悪いことはすべて、自動的にあなたの責任になる。マドンナ・ホア・コンプレックス〔madonna-whore complex：女性を純潔な聖母（マドンナ）のように愛するあまり、娼婦（ホア）のような性的対象として認識できなくなる心理状態〕の別バージョンのように、グッド・ガールズには悪いことが起こらないという考え方だ。

黒人女性のニーズと懸念を訴える活動をしているふたつの団体、ブラック・ウィメンズ・ブループリント（Black Women's Blueprint）とブラック・ウィメンズ・ヘルス・インペラティブ（Black Women's Health Imperative）が過去10年間に行なった調査によれば、アメリカの黒人少女の約40〜60パーセントが18歳になる前に性的虐待を受けている。被害に遭ったのは自業自得だと信じたい人々は、少女たちは男性の興味を引くことをしたに違いないと決めつけ、ファス・テイルドのレッテルを貼る。だから被害者たちは、虐待者が巧みに言い逃れ、最終的には法の制裁も逃れるのを見ているしかない。その何よりの証拠が、最近起こったR．ケリー事件〔ケリーは〝キング・オブ・R&B〟と呼ばれるスター。以前から性犯罪が指摘されていた。２０１８年には自らの行為を正当化するようなシングル「I Admit（俺は認める）」を発表。２０１９年2月、未成年者を含む４人に対する10件の性的虐待の罪で訴えられたが、無罪を主張。保釈金を払って自由の身になる。5月には新たに11件の性的暴行・虐待の罪で訴追された。2020年には被害者たちの告発をまとめたドキュメンタリー「サバイビング・R. ケリー：全米震撼！被害女性たちの告発」がHuluなどで配信開始）に対する非難だ。彼は1994年、当時15歳だった歌手のアリーヤと結婚した。別のティーンエイジャーに小便をかけているビデオも証拠として提出された。児童ポルノ法違反で裁判にかけられたが、彼のキャリアも、もちろん自由も、終わりにはならなかった。責められたのは少女たちだった。彼のことをよく知らずに近づき、セレブで金持ちの大人の捕食者と交流する心の準備ができていなかった、という理由で。ケリーがうまく罪を逃れたのは、何も驚くべきことではない。コミュニティーにとって、捕食者になる可能性がある男より、少女たちに焦点を当てる方が簡単なのだ。

わたしの祖母は同居していた8年間、ファスになるな、ファス・テイルド・ガールズとつるむな、と長々と説教した。12歳で母と引っ越した時は、思春期の身体であるというだけで自分はファスであり、一部の人々の目を引くのに十分だということを学んだ。家族はわたしを小さなレディにしようと努力したが、わたしはいわゆるおてんば娘（トムボーイ）だった。こういう人たちと友達になりなさい、という祖母のお説教は相変わらず同じだったが、母はファスという言葉を武器のように振りかざした。風の強いある日、急に目立ち始めた乳首をひとりの男が凝視した時、わたしはファスであるがゆえにトラブルに巻き込まれた。わたしは母に、家族の友人の老人（と言ってもいい。祖父と大して変わらない歳だった）が、ミニスカートをはかせまいとする親との闘いが始まるずっと前に、わたしを殴り始めたことを言わなかった。ベビーシッターから性的虐待を受け、今思い出しても吐き気がするようなニックネームをつけられたことも黙っていた。

母がファス・テイルドと見なしたわたしの振る舞いは、性的虐待サバイバーの不器用な努力だった。わたしは誰かに情報を押しつけられるのを拒み、自分のセクシュアリティーを必死で理解しようとしていた。わたしのやることなすことすべてが母の目には間違って映ったから、自分の身に何が起こったか話すことはできないと思い込んだ——母はわたしの責任だと思うだろう、花開きかけた身体が大人の男性たちに向けた招待状だと解釈したように。すでに緊張していた母との関係は、それから年を追うごとに悪化した。わたしの身体と、わたしの興味が、母の許容できる境界線をどんどん越えていったのだ。服、友人、さらに電話までが、勝者も解決の希望もない闘いの場になった。

大人になった今振り返ると、母はわたしの身に悪いことが起こるのを恐れていたのだとわかる。わたしは母の考える尊敬すべき若いレディ像とはあまりにもかけ離れていたからだ。男の子たちとつるんで遊び、母の目を盗んではへそ出しシャツとミニスカートを身に着けて、呼吸するように自然に男子といちゃつくことを練習した。わたしはイゼベルでもロリータ〔大人の男性を誘惑する少女。ウラジミール・ナボコフの小説『ロリータ』（１９５５年）に由来〕でもなかったが、母にはそれがわからなかった。わたしは自分が自身の身体をコントロールしようと闘っている、と説明する言葉を持たなかった。アメリカの黒人の少女たちは、コミュニティーの外の人々からは純潔だと思われない。一方、彼女たちが属するコミュニティーでは多くの人が、リスペクタビリティーのある人間になれば安全だ、という被害者非難のイデオロギーを黙認している。だからわたしたちは、どう振る舞おうと結局は標的にされる。人種差別主義が作り上げ、ファス・テイルド・ガール神話が長引かせているこのサイクルは、とてつもなく有害で、打ち破るのは非常に難しい。黒人女性とほかの有色人種の女性に対する性的虐待の醜悪な歴史があるからだ。

わたしは幸い、文章が書ける賢い少女だった。人付き合いはとんでもなく苦手だったけれど。先生たちにはかわいがられたが、わたしをより広く健康な人生に実際に導いてくれたのは、マスコミが跳ねっ返りの黒人少女たち（ミーン・ブラック・ガールズ）という枠にはめる少女たちだった。わたしはのちにギャング団に入る少年たちと一緒に育った。でも、誰がみんなにとって危険で、誰が特にわたしにとって危険か、成長過程で教えてくれたのは少女たちだった。わたしたちは10歳になる頃までに、その違いを見極められなければならなかった。自分を救えるのは自分だけだったからだ。

わたしたちのほとんどには両親か保護者がいて、わたしたちを危険から守るためにできるだけのことをした。しかし自立への第一歩は、危険に満ちた広い世界に足を踏み入れることでもあった。その世界でわたしたちは、家父長制を振りかざす教会の指導者や、レディらしい振る舞いを求める祖父や、ブレスレットといったアクセサリーをはじめ、わたしたちのような女の子のバカバカしさすべてを嫌悪する教師以上のものに直面した。わたしたちは社会で遭遇する警察や捕食者といった危険な存在を心配しなければならなかった。さらに、貧しい少女たちを誘惑する声に満ちたストリートを、うまく渡っていく術を学ばなければならなかった。

学校にも家にも居場所がない少女たちにとって、ストリートはいつでも逃げ込める場所だった。安全ではない家を逃げ出して、そこに飛び込む子は多かった。ストリートの自信たっぷりで傲慢（ごうまん）な振る舞いが、彼女たちの不安を軽くした。彼女たちはストレスを胸に抱え、家の中に潜む危険に最後まで抵抗するのは無理だと悟る。マスコミはいつも、ワイルドで暴力的な女の子たちを「家にいなさい、レディらしくしなさい、怖いと思った体験は黙っていなさい」というマントラに抵抗する者と決めつける。最終的に暴力にかかわる少女がいるのは真実だ。

しかし少女や若い女性たちは、暴力の加害者になるより被害者になる方がはるかに多い。彼女たちがよく危険な状況に巻き込まれるのは、ほかに選択肢がないからだ。だがその事実は、彼女たちに何が起こったか、彼女たちに再び何が起こり得るか、という議論から抹消されている。

確かに、あの年代の少女たちは時にそういう種類の犯罪に加担し、結局（少なくとも自分の）選択の責任を取ることになる。だがこの言い方は、家父長制が資金や物資の乏しい地区の少女にどれだけ大きな影響を及ぼすか、正確に説明していない。麻薬の密売に手を染める少女がいる。ギャングに深くかかわって家族同然になる少女がいる。ギャング・カルチャーに見られるハイパーマスキュリニティー（過度な男らしさ）は、自分は安全だと一度も感じたことがない少女にとって、保護してくれるもののように思えるだろう。暴力に常にさらされていれば、ほかのタイプの暴力に対して無防備になっていく。被害者として、あるいは目撃者として暴力にさらされてきた少女たちの心には、あとあとまで残る深い傷が刻まれる。暴力が多発する地域に住む少女たちは、ＰＴＳＤ（心的外傷後ストレス障害）、うつ病、不安神経症を発症したり、薬物に依存したりする確率が高い。

家父長制に縛られた有色人種の少女たちは、保護を受けるのではなく、虐待と暴力の対象になり、逆境や貧困を味わう。ところが〝アットリスク〟の少女たちを対象にしたプログラムの多くは、ストレスへの対処メカニズムを身に付けさせるのではなく、仕事のスキルや避妊に焦点を当てている。わたしたちは支援システムに関する会話の方向を、仕事に就けば自立できる、若い頃の妊娠は悪いことだ、というあいまいな主張から、あらゆるコミュニティーに所属する少女たち、若い女性たちの治療と健全な発達に転換すべきだ。

20世紀初頭の婦人参政権運動と労働運動によって、白人女性は平等に向かい大きく前進したが、黒人女性をはじめとする有色人種の女性たちは、相変わらず加害者が罪に問われない性暴力の危険にさらされている。リンチの賛同者は、白人女性は性暴力の被害者になるリスクが最も高いと信じているが、それは間違っている。リスクが最も高いのは黒人女性だ。ジム・クロウ法や、奴隷制の誕生とともに確立されたコミュニティーの規範は、彼女たちにリスペクタビリティーのある人間であれという理想を押しつけてきた。しかし、黒人女性や黒人の少女たちがどんな服を着てもどう振る舞っても、実際にはどうでもよかった。白人男性は彼女たちを娯楽として虐待できたからだ。

白人女性と違い、黒人女性にはわずかな法的保護も与えられなかった。それを変えたのがリーシー・テイラー事件だ。彼女は当時24歳。結婚して子どももいる小作人だった。1944年9月3日、リーシーはアラバマ州アベヴィルで6人の白人男性に輪姦される。そういう犯罪に対して法的手段を取るかどうかは国家的な議論に発展した。テイラー夫人のために公平な裁きを求め、ローザ・パークス〔1913～2005年。公民権運動の母と呼ばれる活動家。1955年、アラバマ州モンゴメリーで白人男性にバスの席を譲ることを拒否し、警察に拘束されたことをきっかけに、運動が拡大した〕をはじめとする公民権運動のリーダーたちが、〝リーシー・テイラー夫人への平等な司法を求める委員会〟を設立。この犯罪は、黒人向けメディアでは大々的に報道されたが、犯人たちは起訴されなかった〔全員白人による大陪審の決定。２０１１年になり、アラバマ州議会は不起訴処分とその影響について謝罪した〕。しかしこれを前例として、有色人種の女性たちには法の助けを求める道が拓けたのだ。

ローザ・パークスと〝リーシー・テイラー夫人への平等な司法を求める委員会〟から、〝従軍慰安婦〟制度の犠牲者に賠償金を払うよう日本政府に要求する韓国のフェミニストたちまで、有色人種の女性たちは性暴力と闘うため常に団結してきた。最近ではIncite!〔有色人種の女性に対する暴力を阻止するラディカル・フェミニスト（家父長制こそ女性抑圧の根源とみなすフェミニスト）のネットワーク〕やHuman Rights Project for Girls（少女のための人権プロジェクト）〔若い女性や少女を暴力と搾取から守り、尊厳と人権を守る団体〕が、性的虐待こそ、有色人種の女性が学校から刑務所へ直行する主因だという現実を訴えている。その取り組みが、主流から最も遠い所で起こるセクシャル・ハラスメントと虐待を焦点にすれば、彼らのコミュニティーだけではなく、すべてのコミュニティーが利益を受けるはずだ。

リーシー・テイラーに真の正義は与えられなかったが、２０１５年にダニエル・ホルツクロー〔父親は白人、母親は日本人〕に下された評決を見れば、連帯の歴史の影響力を実感できる。元警官のホルツクローは、12名の黒人女性に性暴力を振るった罪で起訴された。いくつもの団体が声を上げ、この事件にマスコミの注意を引きつけた。彼は有罪になり、２６３年の懲役刑を言い渡された。警察当局は、彼の犯罪を過少に見せたりもみ消そうとしたりせず、きちんと責任を取らせたのだ。いちばん目につく被害者たちに焦点を当てるだけでは不十分だ。わたしたちはあらゆる機会を利用して、あらゆる階層のレイプ・カルチャーに立ち向かわなければならない。わたしたちがレイピストとみなす者だけでなく、被害者よりレイピストに特権を与え、最も弱い者へのハラスメントと虐待を普通のこととする、このシステムを運営する者たちの暴力に立ち向かわなければならない。

毎週のように、メインストリームのフェミニスト気取りのサイトで、レイプ防止の議論を被害者非難の井戸端会議に変えた記事が見つかる。記事には、襲撃者との戦い方、避けるべき服装や飲み物、行ってはいけない場所、といったお役立ち情報が満載だ。ライターのエミリー・ヨッフェが２０１３年、オンライン・マガジン「SLATE」に寄稿した「女子大生へ：酔っ払うのはやめなさい（College Women: Stop Getting Drunk）」は、性的暴行を受けないために、酒を飲まないキャンパス・ライフを女性に勧めるものだった。こういう記事は、被害者たちの意思に反して証言を強制することさえある。たとえば、アマンダ・マーコットが２０１４年に「SLATE」に寄せた記事「検察官が事件への協力を要請するため、レイプ被害を主張する女性を逮捕。検察側の判断は正しい（Prosecutors Arrest Alleged Rape Victim to Make Her Cooperate in Their Case. They Made the Right Call）」（43歳のホームレスの女性が、元恋人に誘拐されて性的虐待を受けたと告発。検察との面会を無断欠席したため、裁判を進める上で証言が必要な重要参考人として逮捕、拘束された）。こういった記事は大抵善意から書かれたものだが、結局レイプを〝特定のダンスのステップを覚えれば性暴力の被害に遭わずに済む〟という枠にはめている。被害を訴えても、「何を着ていたか？」「どうしてそこにいたのか？」「酒を飲んでいたか？」という定番の質問がすぐ返ってくるだけだ。どう答えても、それは重視されない――結局のところ、被害者たちが暴力を受けたのは、誰かが彼女たちを襲おうと決めたからだ。

世の中にはレイプに関する情報があふれている。だがそれは、レイピストにならないためにはどうしたらいいか、レイプをするなとどうやって教えるか、ではない。レイピストになる可能性がある男性向けのセラピー・システムを作る方法でもない。世間にはんらんしているのは、謎めいた見知らぬ男が、ずば抜けた反射神経と運に恵まれ健康で丈夫な身体を持つ用心深い人間をレイプするのを防ぐ情報ばかりだ。

こういう情報は、障がい者や、アドレナリンによる闘争／逃走（または凍結）反応（強いストレス（たとえばレイプ）を受けると、アドレナリンが放出されて興奮状態になり、行動と思考が〝凍結→逃走→闘争→放棄〟の４段階に変化していく）には決して触れない。襲撃者の大半が犠牲者の顔見知りだという現実も無視する。こういった記事が載ると大抵、詳細に分析して冷笑する意見が数時間以内に投稿される。ではなぜ、同じような記事が繰り返し現れるのか？　安心したいから、というのが簡単な答えだ。ちょっとしたアドバイスで誰かが傷つけられるのを止められるなら、自分もその情報に従えば安全なはず――すっきりしていて安心できる、魔法のような考え方だ。性暴力を根絶するのに何が必要か、という現実に立ち向かう責務から、わたしたち全員を免除してくれる。だがあいにく、どんな犯罪に対しても、手早く簡単な解決法を持っている人はいない。特にレイプのような犯罪では。多くの例を見ても明らかなように、レイプの犠牲者はマスコミ報道によってセカンド・レイプの被害に遭うことになる。

家父長制を責めるのは簡単だ。レイプした男たちを気軽に指摘して、責任を問えばいい。もっと難しいのは、エンパワーメント〔empowerment：抑圧されていた人々が権利・権限を取り戻し、社会変革の主体になる力を持つこと〕という名目で、有色人種の女性たちをハイパーセクシュアライゼーション〔hypersexualization：性的特徴を過度に強調すること〕して、レイピストたちの目をさりげなく被害者に誘導する女性たちに気づくことだ。レイプの責任は常にレイピストにある、というのは正確な真実だが、レイプ・カルチャーの中途半端な評価でもある。これは文化の盗用〔cultural appropriation：別の文化の要素を自分のものにすること。支配的なカルチャーが、マイノリティーのカルチャーから無断で大切なものを奪う、という意味合いが強い〕だとか、〝たまたま〟黒い顔に引かれるという定期的な奇妙な発作だとか、そういう話を超えている。問題は、白人女性の自称フェミニストたちが、〝セクシーなポカホンタス〔１５９５頃～１６１７年。白人の初期入植者を助けたネイティブ・アメリカンの女性。イギリス人と結婚、渡英して国王と面会するが、帰路に病死。１９９５年にディズニーがアニメ映画化した際は、露出度の多い衣装を着た少女として描かれた〕〟の外見を見て、エンパワーメントの証拠だと思うことだ。実際には昔ながらの伝統に従い、子どもをフェティッシュ化してレイプの対象にしているのに。性的なエンパワーメントについて、彼女たちは同じような空想を述べ立てるが、それはすべて、白人女性は純潔で、ほかのすべての女性は性的対象にしていい、という神話に根差している。

性的な自由はカルチャーに基づいたフェティッシュな衣装を作ることだ、というアイデアは、権利を与えることにならない。ただの害のないコスチュームだ、と反論する人がいることはわかっている。だが、性暴力から身を守る衣装などないのははっきりしているのに、カルチャーは黒人女性を〝レイプできない〔レイプしてもそれは犯罪ではない〕〟いう枠にはめる。ほかの有色人種の女性に対する扱いも同じだ。これは世間体政治の話ではない。そういう衣装は、盗用元のカルチャーへの敬意からではなく、軽べつから生まれるのだ。この空想は直接的な攻撃にもなる。人種差別主義者が有色人種の女性の身体をフェティッシュ化するのにひと役買っているからだ。たとえば、下着販売チェーンのヴィクトリアズ・シークレットが展開したセクシー・リトル・ゲイシャ・ランジェリー・キャンペーン〔２０１２年。ポスターでは白人モデルが着物風のセクシーな下着をまとい、髪にかんざし代わりの箸を差して、ミニチュアの扇子を手にしていた。アジア人女性への性的偏見を助長するとして批判が集中〕では、ほとんどのモデルが白人女性だった。あるいは、Instagram で人気のコーチェラ・フェスティバル〔カリフォルニア州で毎年開催される世界最大級の音楽フェス〕。ヌードに近い白人女性たちが、偽物のウォー・ボンネット〔ネイティブ・アメリカンの酋長などに贈られる栄誉ある羽根冠〕をかぶった自撮り写真を、挑発的なコメント付きで投稿する。彼女たちのメッセージは、カウボーイ&インディアンをテーマにしたシャネルのファッション・ショー〔ダラスで開催された２０１３～14年プレフォール、コレクション・ショー。羽根冠などネイティブ・アメリカンの伝統衣装を盗用したとして非難され、シャネルが謝罪した〕や、同テーマのコロンの広告をまねたものだ。空想の擁護者たちは、あちらの文化に敬意を表したつもりだ、実際には誰も傷つけていない、と反論する。だが先住民の女性に対するレイプの統計値が、その反論を裏切っている。

先住民の女性は3人にひとりが性暴力の被害に遭う。加害者はほとんどの場合、白人男性だ。しかも白人男性は、白人女性に暴力を振るう可能性がいちばん高い。つまり統計的に見れば、白人男性は性暴力を犯す可能性が最も高いグループなのだ。しかし、白人男性が白人至上主義に保護されない女性たちに注意を向けても、それは危険ではないという枠にはめられる。

誰かを性的対象とみなせば、誰かが傷つく。その影響は人種、階級、ジェンダー、性的指向に及ぶ。フェティッシュ化が合意に基づく倒錯行為（consensual kink）を通り越して、コミュニティー自体を標的にしていいという青信号になったら、わたしたちは性的なエンパワーメントという物語（ナラティブ）が曲解されて、その問題を助長するのを止めなければならない。

有色人種の女性の人間性がこういう決まり文句によって抹消される時、レイプ・カルチャーとの闘いを主張するフェミニストの義務は、抵抗することだ。その代わり、有色人種の女性たちは取り残され、自分で説明してひとりで闘えと言われる。オブジェ化とフェティッシュ化を理解しているフェミニストが、いざ自分が対象になると、突然この問題における自分の役割が理解できなくなるからだ。その理由はさまざまだが、大抵は女性が衣装を身に着けると〝パワフルで、セクシーで、エキゾチック〟に感じるという概念のせいにされる。まるでレイプ・カルチャーに暗黙の了解を与えている女性たちの命より、当事者の気持ちを尊重しているとでもいうように。

レイプ・カルチャーについて語る時、わたしたちは誰が危険にさらされているかを考えなければならない。フェミニストのサークルで人種差別主義がもてはやされている間、実際にリスクを押しつけられているのは誰か？　わたしたちは人種差別があらゆるレベルに浸透していることを知っている（そう、わたしたちは知るべきだ）。それには彼女たちが暴力を受けたと報告した時、誰を信じるかだけでなく、告発することを本人がどれだけ恐れなければならないか、という問題も含まれている。だが多文化間カウンセラー〔culturally competent counselor：異なるカルチャーで育った人の背景を理解し、サポートするカウンセラー〕や、シェルターのように安全な場所、あるいは通報した女性に危害を加えず受理する警官さえ、セックス・ワーカー、トランス女性、多くの有色人種の女性には手が届かないのだ——それでも、報告すれば性暴力が止められるという主張はあとを絶たない。だが、暴力を振るうリスクが最も高い人々が、裁きから最も遠い場所に隔離されていたら、わたしたちは犠牲者のために何ができるだろうか？

　植民地主義と帝国主義は、レイプを大量虐殺の道具として使い、それに大きく依存している。人種差別と女性嫌悪（ミソジニー）が結び付いた力学は、わたしたちのカルチャーに付きまとい続ける。闘おうとしてもしつこくまとわり付く。有色人種の女性は警官の暴力の被害者になりやすい。被害者になってもサポートを受けにくく、まして保護など望めない。被害者たちを励まして警察に行かせようとしながら、警察の不祥事の第2位は性暴力だという事実を無視するなら、どうやって被害者に安全だと感じさせられる？

　警察による残虐行為の一部である性暴力に、実際どれだけの警官がかかわっているのか、わたしたちは知らない。だがわかっていることもある。２０１８年10月にニュース・チャンネルのＣＮＮが発表したレポートによれば、２００５年から13年の間に、警官たちは少なくとも４００件の性暴力の罪と６００件の痴漢罪で告発された。しかし、こういった統計からは次のようなデータが抜け落ちている。その警官たちが勤務中だったか非番だったか。報告数には警官がパートナーに振るった暴力が含まれるのか。すべての被害のうち、明らかになったのは何パーセントか。わたしたちはその情報を正確に知ることはない。警察当局が隠ぺいしているからだ。だが言うまでもなく、これらは被害者が安心して警察に出向けるような数字ではない。この統計値を知らずに彼女たちが通報しても、正義につながることはほとんどない、という悲しい現実を突きつけられる。

レイプは暴力行為だ。そして周縁化された人々に対する暴力の最終段階のひとつだ。虐待を伴う関係では、暴力は人心操作、強要、プロパガンダから始まる。レイプは抑圧、弱体化、コントロールに使われる。権力はあらゆる世代に同じおぞましい方法で機能するからだ。南北戦争以降に利用された黒人レイピストの恐ろしい神話は、白人の集団が黒人コミュニティーを脅すのを正当化するために使われた。そして現在の政権〔2020年12月現在〕では、さらに範囲を広げ、移民排斥のナラティブに組み込まれている。大手メディアは帝国主義者のプロパガンダの手先になり、人種的なステレオタイプを延々と宣伝し続ける。黒人女性とラティーノの女性は誰とでも寝る、ネイティブ・アメリカンとアジアの女性は従順、有色人種の女性はすべて劣っているから性的に虐待していい。さらに、有色人種の男性は性欲旺盛で、純潔な白人女性を餌食にすると描き、見知らぬ黒人が白人をレイプするというカルチャーの強迫観念を増強する。同じ人種内の顔見知りによるレイプの方がはるかに多いという事実を無視して。

正義は人種差別に支配されない。だが政治家や白人至上主義者は、差別こそ女性を守る手段だと声高に宣伝する。こういう有害なナラティブを繰り返さないことが、女性に対する性暴力を終わらせる一助になる。責任を回避するために「真のフェミニストならそう考えない」という思い込みを主張するのは簡単だ。しかし実際、一部の女性の性と生殖に関する権利を軽んじてきたことが、性暴力を受けない自由を持つとはどういう意味か、という考え方を形作ってきたのだ。

アメリカ大陸に到達した探検家のコロンブスは、先住民の女性たちを暴行しても処罰を受けず、その境遇を大いに楽しんだ。その態度がこんにちまでわたしたちのカルチャーにまん延している。かつて黒人女性は奴隷にされ、白人男性が強要する性的関係を拒否する権利がなかった。それが黒人女性はレイプできないという概念を作り出した。なぜなら、彼女たちには守るべき貞節がないからだ。白人至上主義者たちは、白人女性を唯一の純潔な女性だと称えるが、やがて彼女たちが渡っている綱は細くなる。どんな服を着るか、酒を飲んでいたか、どうやって身体を発育させたか――それが性暴力を正当化する理由になる。社会のいちばん周縁にいる女性たちの扱いを無視すれば、すべての女性を守る基準を設置することはできない。その代わり、尊敬される人間であることが第一だ、女性はその基準に照らし合わせて振る舞いを慎むべきだ、という専制的なゴールを設定することになる。それは自由ではない。快適でも安全でもない、ゆがんだ檻(おり)にすぎない。狭い基準を満たす者だけに基本的人権を与えるシステムは、犠牲者候補を互いに闘わせ、彼女たちを餌食にする者に利益を与えるだけだ。

一部の身体は襲われて当然だと位置づけるレイプ・カルチャーは、周縁化された女性たちに対するひどい扱いを無視することで成り立っている。彼女たちがインナー・シティーにいようが、先住民保留地にいようが、移民労働者だろうが、刑務所に収監されていようが、同じことだ。彼女たちの身体は手に入れられるもの、使い捨てていいものとみなされ、性暴力は暗黙のうちに正常化される。その考え方は特権階級にも影響を与える、と人々が非難しても変わらない。レイプ・カルチャーはほかの問題と無関係に生まれるわけではない。意識的に、そして無意識に社会規範によって作られる。すべての人に、リスペクタビリティーのある人間であれば安全だと思い込ませ、次の瞬間には、その基準に従わなかったから暴力を振るわれたのだと責める。レイプ・カルチャーを正当化し承認しているのは、女は男の所有物であり使い捨てできるという家父長制の考えだけでなく、家父長制が作り出した枠組みを受け入れつつレイプ・カルチャーと闘おうとする女性たちがいることだ。世間体政治、被害者非難、フェティッシュ化は、根本的に不備があり、危険な反応を生むだけである。

グウェンドリン・ブルックス〔1917〜2000年。田舎暮らしの黒人の日常生活を題材に詩を書き続け、1950年に黒人として初めてピュリッツァー賞を受賞〕はこう書いている。「わたしたちは互いの収穫だった／わたしたちは互いのビジネスだった／わたしたちは互いの偉大さであり絆だった」。だが、一部の人々だけが安全に値すると信じるなら、自分の身体に関する権利は専制的なルールにおもねって勝ち取るのだとしたら、わたしたちは本当にお互いを平等の存在だと見ているのだろうか？　そもそも人間として見ているのだろうか？

明らかに、問題は#FastTailedGirlsといったハッシュタグや、数件の記事では解決しない。だが解決法を見つける最初の一歩は、直さなければならない何かがあると認めることだ。わたしたちはこういう会話を続けなければいけない。社会に深くしみ込んだ思い込みに抵抗するというアイデアを受け入れ続けなければいけない。これは黒人コミュニティー、シスジェンダー、ヘテロセクシャルだけの問題ではない。関係するすべてのコミュニティーの問題なのだ。外部の問題を訴えるためには、内部の仕事をこなす必要がある。これは多くの人に関係する病だ。わたしたちはそれを癒すパートナーとして動かなければならない。だがこれは外部の支援を求める声ではない。わたしたちのコミュニティーの外にいる人たちに向けたメッセージだ——黒人女性を伝統的にイゼベルとみなすコミュニティーの中には、人種差別とミソジニーが絡まり合った差別がある、という訴えだ。この問題を解決するためには、有色人種の女性は性の対象でありレイプには当たらないと主張するすべての人種差別者、性差別者に、社会として取り組む必要があるのだ。

自由を得るには誰もが代償を払わなければならない。統計データに周縁化された女性たちへの暴力が含まれていなければ、そして何らかの恩恵を受けるのが白人の特権に保護されている人だけだったら、レイプ・カルチャーと闘うことはできない。有色人種のトランス女性たちは特に暴力の被害を受けやすいことを、わたしたちは知っている。先住民のコミュニティーの女性たちは安全を求める場所がないことを、わたしたちは知っている。保護者であるべき人々——警官や自分のコミュニティーに属する男性たち——に危害を加えられることを、わたしたちは知っている。レイプ・カルチャーは世界中にまん延している。一致団結して闘わなければ、決して打倒できない。

緊急事態を前にした白人の傍観者たちは、同胞なら助けるが黒人は助けない、という事実にわたしたちは目を向けなければならない。〝白人女性の傍観者たちは、危機にさらされている黒人女性を見ても性暴力被害者の資格がないと反応する〟という研究が示すように、白人の若い女子大生でさえ、被害者候補が黒人だったら助けないのはなぜか、自問しなければならない。白人の大学生が研究者たちに、自分は黒人女性を助けられそうもない、なぜなら彼女たちに個人的な責任をそれほど感じないから、と答えたのはなぜか問わなければならない。あるいは彼女たちが、白人女性にとって危険とされる状況で、黒人の犠牲者たちはより大きな楽しみを味わっているとみなすのはなぜか、問わなければならない。

白人女性たちは、自分も危機にさらされている、特権は性暴力から守ってくれない、と気づいている。しかし人種差別と性差別が結び付いたコミュニティーにいるため、自分の行動がほかのコミュニティーに及ぼす影響を見ないようにする。彼女たちは実際、有色人種の女性をハイパーセクシュアライゼーションするナラティブに貢献し、有色人種のコミュニティーが直面する危険を見ないようにし、被害者として名乗り出る人々を間接的に攻撃している。自分は誰かを抑圧するパワーを持たない犠牲者だと想像しつつ、持っているパワーの矛先を曲げて誰かを抑圧する。

危険にさらされている女性たちが連帯しなければ、わたしたちはレイプ・カルチャーと闘えない。白人女性の傍観者たちが、黒人女性の窮状には目を向ける価値がない、人種はジェンダーより影響力が強いのだから、と考えているなら、傍観者の介入は解決法にはならない。その運動に内在するさまざまな〝主義〟と闘うまで、レイプ・カルチャーに真っ向から立ち向かうことはできない。

２０１７年、レナ・ダナムが女優のオーロラ・ペリノーの主張に異議を唱える必要があると感じた時、性的暴行の被害者はたまたま黒人〔オーロラの父親は黒人で俳優のハロルド・ペリノー・ジュニア、母親は白人のモデルのブリタニー〕だった。ダナムが抗議したのは、告発されたのが自分の友人だからという理由だが、あれは誰がどう見ても人種差別だ。ペリノーはダナムが主演した「ＧＩＲＬＳ／ガールズ」のエグゼクティブ・ディレクター、マレー・ミラーから性的暴行を受けたと告発した〔２０１２年、17歳の時。ミラーはユダヤ系白人〕。ダナムはその男の援護に回り、「内部からの情報」として、ペリノーの訴えは虚偽だと表現した。激しい非難を浴びたダナムは１年後に謝罪を発表したが、自分は〝正しい〟種類の犠牲者すべてに手を差し伸べる、というお気楽なものだった。すなわち〝白人の〟犠牲者を助けるということだ。謝罪のほとんどは自己弁護であり、オーロラ・ペリノーについて述べた部分でさえ、自分語りが中心だった。

オーロラへ…今年、あなたのことを毎日思っていました。愛しています。これからもずっと愛し続けます。わたしは誤りを正す取り組みを続けます。その意味で、あなたはわたしをよりよい女性、よりよいフェミニストにしてくれました。あなたは今多くの重荷を背負っているから、その仕事を引き受けるべきではないけれど、わたしたちはここにいる。そしてわたしは問いかけます。わたしたちはどうやったら前に進めるだろう？　あなたとわたしだけでなく、わたしたち全員が、告白と正当性の主張の間のグレーゾーンに住んでいるのです。

わたしはこれまで自分で自分のことはわかっていると思っていました。でも実際には、男性優位の政策を取り入れていたのです。何でもいいから防御しろ、それが何でも守り抜け、それが何でも大切にしろ、と要求する政策を。そう気づいて心が痛みます。喜ばせて、きれいに片づけて、家を守る。わたしの今の仕事は、自分のその部分を掘り起こして、新しい洞窟を自分の中に作り出すことです。そこではキャンドルがいつも輝き、常に安全に燃えて、背後の壁を照らし出します。そこにはこう書かれています。わたしはあなたを見ている、オーロラ。あなたの言葉に耳を傾けている、オーロラ。あなたを信じる、オーロラ。

人種差別の活動は、トランプ政権下で激増し、過激化した。しかし重要なのは、そういう活動は昔からあり、本当の害は表立たない所でなされる、と思い出すことだ。なぜ被害者たちは暴力を報告しないのか、なぜ有罪判決率がこんなに低いのか、誰のせいでレイプ・カルチャーがはびこっているのか、と聞いても、身内をかばうような失望する答えしか返ってこない。「彼らに公平な裁きは下されない」「わたしたちは被害者を守ることにも襲撃者を罰することにも興味がない」「みんながそう思っている」。なぜならレイプ・カルチャーは、家や学校、教会といった場所で、狡猾(こうかつ)なやり方で形成され、継続するからだ。

本章では、有色人種の女性たちの身体をオブジェ化するナラティブと、メインストリームのフェミニズムがそれにかかわろうとしないことに焦点を当ててきた。だが決して、性暴力がシス女性〔身体的特性が女性で、自分は女性だと認識している人〕だけの問題だと言っているわけではない。シス女性は性暴力を受けるリスクがいちばん高いが、トランス女性やジェンダー・ノンコンフォーミング〔gender-nonconforming：性に関して従来の社会通念に当てはまらない人〕の人々も、被害に遭うリスクが高まっている。大学のキャンパス、軍、刑務所――安全な場所はない。被害者になったのはそういう場所にいたせいだと世間は被害者を非難する。だが現実には、レイピストは可能だと思えばどんな環境でも実行するのだ。

女性兵士をトイレから締め出し、女性用トイレでトランス女性を立ち入り禁止にし、服役中の女性は性的暴行を受けて当然だと断言することは、レイプ・カルチャーに異なる観点から栄養を与えるだけだ。セックス・ワーカーへの暴力は暴力ではない、彼女たちは性暴力を防ぐための欲望のはけ口として存在する、と決めつけることは、身体の使い捨てを容認する自称フェミニストのナラティブに根差している。

わたしたちは思い出さなければならない。性暴力のすべての犠牲者は、その被害を受けるのが当然というわけではない。加害者の代わりに被害者を責めるカルチャーに対して責任はない。わたしたちは被害者を責めない責任があるだけでなく、肌の色、性表現〔gender expression：見た目や言動で自分の性を表現すること〕、年齢に基づいて標的を定め、ハイパーセクシュアライゼーションすることを助長するカルチャーの伝統に、積極的に抵抗しなければならない。

わたしは若い女の子を育てていない。だが多くの少女たちとかかわり、セクシュアリティー、レイプ・カルチャー、ジェンダーについての考え方を変えさせようと努力している。その活動の一環として、息子たちに性的同意とは何かを教えている——相手の気持ちを尊重すること、ハラスメントをしないための基本的な礼儀。小さな一歩であり、もちろんこの問題の解決法にはならない。だが個人的レベルで介入を始められる場所だ。さらに重要なのは、フェミニズムが団結して、世界を変えるとともに、それぞれのコミュニティーを中から変えることだ。わたしたちは反レイプのナラティブの焦点を、被害者がどうやったらそれを防げるかではなく、まず捕食者になるなと教えることに変えなければならない。わたしたちは、自分の属するカルチャーが発する、一部の人々は性的暴行を受けて当然だというメッセージを無視するのをやめなければならない。

フェミニズムはそういうナラティブに立ち向かわなければならない。そうしないと、また次の世代が、リスペクタビリティーのある人間でいれば救われると教えられ、罪を認めたハラスメントの加害者や襲撃者が無罪放免になる様を目撃することになる。この問題は、被害者たちが声を上げないことではない。一部の被害者が保護に値するほどか弱い存在と見られないことなのだ。

第5章

降り注ぐ家父長制

コミュニティーに内在する家父長制の害——白人カルチャーを模倣した根深い性差別との闘い

わたしは伝統を重んじる祖父の元で育った。5歳の時、母がのちにわたしの義父となる男性と付き合い始め、やがてわたしは同じくらい伝統を重んじる男性の娘になった。ふたりは女性を見るとドアを開け、彼女のために椅子を引き、話をするうちに脇道に入り込んでうっかり失言をする、そんなタイプの男だった。祖父は悪い人ではなかったが、いかにも1919年生まれらしく、カチコチの昔気質だった。よく言えば慈愛に満ちた性差別主義者であり、悪く言えば時に徹底的な女性嫌悪主義者（ミソジニスト）だ——しかし祖父の存命中、彼の振る舞いをそう呼んだことはない。だが今思えば、祖父は確かにミソジニストだった。女はあれができる、これをすべきだ、と言い、おてんば娘（トムボーイ）のわたしをはれもののように扱い、昔ながらの厳格な性役割（gender roles）を支持していた。祖父は70年の人生で、大規模な社会の変化と何度も折り合いをつけなければならず、娘や孫娘たちにかけた期待はことごとく拒否された。義父はもう少しマシだ。彼が母と出会う頃までに、わたしはすでにトムボーイになる傾向を見せ、山ほどの家庭争議を引き起こしていた。義父が口を開くと、家父長制に根差した説教が時折ぽろぽろこぼれ落ちる。わたしの身体はわたしが決める〔My body, my choice：性と生殖に関する健康と権利を主張するフェミニズムの標語〕という考えに、わたしの夫はどう意見すべきか。わたしはどんな仕事に就くべきか。そして彼は引き下がり（わたしの反応のせいだろう）、〝現代の女性〟について何か言う。ほとんどの日は、おとなしくシートベルトを締め、頭を左右に振って、彼の愛する古き良き物語（ナラティブ）に見向きもしないわたしを嘆くのだ。

義父はわたしを愛しているが、理解していない。だがわたしも彼のことを完全には理解していない。たとえば、彼がなぜそんなに家父長制にこだわるのか、よくわからない。子宮を摘出したことについて、夫はどう感じているのか、と聞かれた時のことだ。これはわたしの身体だ、夫に投票権はない、ときっぱり言って、話はそこまでになった。義父はわたしに教育があり仕事に就いていることを理解し、評価してくれているが、なぜ夫とわたしが伝統的な性役割に対する嫌悪を（彼にとって）重大なやり方で示すのか、納得できないのだ。義父の振る舞いは家父長制に乗っ取っている。ほかの誰かがわたしにこんな態度をとったら、きっと争いが勃発するだろう。しかし相手がわたしを育て、わたしを愛している男性たちだと、家父長制の基準をコントロールするのは難しい。

わたしはフェミニズムと、フッド（低所得層地域）と、マスキュリニティー（男らしさ）とその弊害について、気楽に語ることができる。それでも義父に関してできるのは、せいぜい早い段階ではっきりした境界線を引くことぐらいだった。公平を期すために言っておくと、わたしたちは子宮摘出についてあれから一度も話し合っていないし、彼はわたしの身体について口出ししていない。だが事実は、わたしの信念は本気ではない、という立場を守っているのだ。わたしと同じようなコミュニティーにいる多くの女性についても、同じことが言える。わたしたちは自分のコミュニティーで、たとえ意見に賛同できなくても愛し、尊敬している人たちから性差別を受けるのだ。

フェミニストは、周縁化されたコミュニティーに家父長制が及ぼす複雑な影響について、もっと現実的に理解する必要がある。インナー・シティーでも郊外でも、労働者階級のコミュニティーは半ば隔離されているため、家父長制を受け入れるナラティブで重要な役割を演じる。インナー・シティーも郊外も社会文化的にほぼ同じであり、住民はリスペクタビリティーに非常にこだわる。なぜなら白人の家父長制は、法を守り、信仰深く、少なくともある程度は保守的な人々だけを、尊敬に値するとみなすからだ。

インナー・シティーの黒人住民は、保守的であることの価値を主張し、子どもたちのためによりよい人生を切望する。若い黒人住民は、両親や保護者の価値観を共有する傾向にある。熱心に働き、周りの犯罪や暴力に巻き込まれないようにして、ドラッグにはまったく手を出さないか、摂取してもその量は白人の労働者や中流階級の若者に比べてはるかに少ない。しかし不公平なことに、最もありふれた軽犯罪でも、黒人住民の方が逮捕されて投獄されるリスクが高いのだ。

すべてのコミュニティーには、コミュニティーの価値観に抵抗する少数派の若者たちがいる。彼らはある程度の違法行為にかかわっているかもしれない。学校から追い出され、仕事に就けない者がいる一方、自主退学するかハイスクール以上の教育を求めない者がいる。彼らはスキルを持たず、給料の高い職に就ける資格もない。低賃金の仕事では生計を立てられないから、副収入に頼るしかない。彼らは大抵、地下経済〔underground economy：麻薬取引、売春、密輸など、統計に表れない違法の経済活動〕の収入で、かろうじて貧困ラインぎりぎりの生活をしている。

どこからも尊敬されないため、こういうシナリオに登場する男性たちの価値は、女性たちからどれだけ追従、服従されるかで測られる。より広い世界で受けられない埋め合わせをするためだ。男のために食事を作って給仕するような、フェミニズムを真っ向から否定しているように見える女性たちは、根本的に、そのコミュニティーの中にあるメインストリームの規範、価値観、習慣の構造に組み込まれている。一方、こういうコミュニティーの外では、女性が重要な他者〔significant other：親、教師、配偶者など、その人の人生に重要な影響を及ぼす人〕への奉仕を期待されれば、相手の男性より劣っている印とみなされる。どんな慣習も見方次第では有害だが、こういう慣例はコミュニティーだけではなく男女の関係にもよく見られる。わが家の場合、夫の方がわたしのディナーを作ることが多い。彼はわたしより頻繁にキッチンに立つからだ。だが子どもたちの食事はわたしが作る方が多い。わたしたちにはそのやり方が合っているのだ。その習慣が、わたしたちのコミュニティーの中でどれだけ物議を醸そうと、それは無言の好意と尊敬の証しであり、正当性が証明されることになる。女性が男性の食事を作る、といった多くの慣例が存在するのは、黒人男性が家庭の中でしか尊敬されないからだ。２０１９年現在でさえ、外の世界は黒人への――もちろん黒人男性も含む――リスペクタビリティーを忘れがちだ。

ここには、ハイパーマスキュリニティー〔hypermasculinity：過度の男らしさ〕という問題もある。自分は尊敬されている、その尊敬を守らなければならない、という考えが過激な形で表れるのだ。男であるということはどういう意味か、コミュニティーの中で誰がリーダーとして立ち上がり主張するのか――それにまつわる多くのナラティブは、尊敬は勝ち取るだけでなく常に要求しなければならない、とするこのスペースで作り出された。男性たちは大声を上げ、あるいは暴力に訴えて、自分の生存権〔right to exist：人間らしく生きる権利〕の重要さを否定する世界で、自分用のスペースを彫り上げたのだ。虚勢を張ることがすべてのギャング・カルチャーは、トキシック・マスキュリニティー〔toxic masculinity：有害な男らしさ。暴力などの過剰な〝男らしさ〟を男性に強要する固定観念〕を作り出し、世に広める。このカルチャーは、より広い世界から自分を守るためのゆがんだ方法だ。ギャングが見せるブランド品への執着は、低収入コミュニティーのニーズに背くように思える。しかしジム用のシューズからパーカーに至るまで、すべてが世間体政治に対する反逆の印なのだ。スーツ、ネクタイ、控えめなドレスは、公民権運動が始まる前、わたしたちの先祖を暴力から守ってくれなかったし、今のインナー・シティーでも、その衣装は住民を守ってくれない。人種差別の犠牲者になったのは服装のせいだ、と糾弾する人がどれだけ多くても。個人利己自由主義、物質主義、〝伝統的〟な性役割に対する尊敬の念は、異文化間の規範のレンズによってフィルターにかけられる。

支配的なハイパーマスキュリニティーに対抗するのがブラック・フェミニズムだ。ブラック・フェミニズムは、コミュニティーの外にある白人至上主義の家父長制との闘いと、コミュニティーの中にあるトキシック・マスキュリニティーとの闘いは、違うと気づいている。そして、人種差別の悪影響を受けた男性たちが、黒人女性を犠牲にせず、成功する姿を見たいと願っている。そのためには注意深くバランスを取らなくてはならない。家父長制の悪影響を認めつつ、全員の安全と健康を優先させるのだ。

しかし、そういうカルチャーは非常に有害になりかねない。特にリスペクタビリティーへの欲求が感情的、身体的暴力の形で現れる場合だ。多くの意味で、それは単純にアイコン的価値観――（公平とは言わないまでも）平等を得ようとする努力――をビックリハウスのゆがんだ鏡を通して見た、反転されたイメージだ。トキシック・マスキュリニティーは、抑圧の中で鍛造された病に対する薬である。一部の人は使い捨てしていい、というより広い社会のナラティブを見慣れた人は、本能的にそれをより小さいコミュニティーの中で複製する。それがあまりにも当たり前になっているので、違う社会秩序を想像するのは難しい。有色人種のコミュニティーは、マスコミが理想的なカルチャーと持ち上げる白人の家父長制のナラティブに影響される。つまり有色人種のコミュニティーに内在する家父長制のダイナミクスは、植民地主義と帝国主義によって制度化された暴力への反応から派生し、内部で育ったのだ。１９５０年代のドナ・リード（１９５８～66年に放映された「うちのママは世界一」。郊外に暮らす中流富裕層の美しく聡明な専業主婦が、家庭内のトラブルを華麗に解決する）のファンタジーではなく、ジム・クロウ法時代の神話に捧げるお粗末な讃歌だ。つつましく裕福な白人女性が、家政婦を雇えるほどの金を稼いでいる夫と暮らし、仕事と家庭のバランスを取る方法を見つけ出す――そんな役割へのゆがんだ憧憬だ。

ハイパーマスキュリニティーを掲げる黒人と有色人種のカルチャーの有害な要素は、低賃金の影響の一部として生まれた。女性には家計の足しになる副業をするという選択肢しかなかった。過剰に攻撃的な警察に対して、唯一できるのは抵抗することだ。だが抵抗する者たちは、致命的な結果を招くことを予測していた。このカルチャーで女性たちが指揮官になった理由は、その権利を求めて闘ったからではなく、彼女たちの人生やコミュニティーにいる男性たちが、いわれのない罪で投獄され、あるいは殺されたからだ。有色人種のコミュニティーに内在する白人至上主義は、大きな被害をもたらす。特に麻薬戦争が始まってからは被害が甚大だ。大量投獄は多くのコミュニティーにダメージを与え、家族を取り巻く伝統的な社会慣習のほとんどを奪い去った。残された男たちは、尊敬され、家庭の中で起こることの中心になった。外ではそのチャンスがないからだ。

低収入のコミュニティーにおいて、犯罪に手を染めるということは、家族の面倒を見るのを怠るか拒否した、あるいは男らしさとは稼ぎ手であり保護者であることを無視した、とみなされる。しかし仕事がなく、最後の手段として犯罪に走るしかないという所まで追い詰められたら、家族の面倒を見ることも、稼ぎ手であることも難しい。投獄されて家族やコミュニティーと何年も切り離されれば、戻ってきた時、健全で前向きな関係を築くのに必要なスキルは持っていないだろう。自分自身と家族を支えられる仕事に就ける見込みもないはずだ。

多くの意味で、麻薬戦争の余波の中で形成された家父長制の基準は、わたしたちの祖父母や両親たちが経験したものとは異なる。コミュニティーから多くの者が連れ去られ、数か月どころではなく何十年もの懲役刑が言い渡された。残された家族は自分たちで生活を立て直さなければならなかった。新たに作られた基準は、夫婦や親子だけで構成された伝統的な核家族のためというより、いくつもの世代が相互依存するためのものだった。物価が上昇する一方、黒人の収入は増えず、誰もが働かなければならなかった。

新しい基準は、黒人女性が働くのは当たり前、というアイデアを認めた。だがあまりにも多くの男性が投獄されたので、特に異性愛者(ヘテロセクシュアル)の女性たちは、家父長制の基準——男性にとって最も重要な基準——に忠実に従うことで、両親の関心を勝ち取らなければならないと感じた。自分が働くと申し出て、家事を担い、服従する……女性ふたりでも、とてもこなせない責務だ。しかし〝ピック・ミー〟・カルチャー〔pick me（わたしを選んで）は、男性の注意を引くためなら何でも言うことを聞く女性を指す俗語〕、つまり女性たちがこういう専制的な基準に喜んで従うと宣言する現象は、Twitterをはじめとするソーシャル・メディアによく見られる。奴隷制時代以来、男性たちが有色人種のコミュニティーから取り除かれ、女性の手に入る選択肢が不足した直接的な結果だ。

生きていくためには誰かに依存しなければならない、というアイデアを拒絶する女性もいる。もちろんそれはコミュニティーの内部と外部の伝統的な家族生活を拒絶したとみなされる。しかしシングルあるいはシングル・ペアレントを貫いても、コミュニティーで失敗したわけではない。彼女たちの選択は、外部の白人至上主義の圧力と、生き延びる手段として生まれた内部のフェミニズムの圧力に反応して生まれたのだ。黒人女性に期待される新しい基準は、伝統的な性役割を守り、仕事でどんなに疲れていても家にいる男性の要求に応じて世話をすることだった。これは黒人男性にとって、抑圧により失った男らしさを取り戻すための手段だった。しかし性差別の重い歴史を引き継いだこの基準は、従属する女性たちの現状を無視している。犯罪者になる危険性が高い黒人と有色人種の青少年、そしてリスペクタビリティーに値しない人間として扱われ、人間性を奪われている男性たちは、コミュニティーの中でこういう問題を検証し、正す機会がほとんどない。外部からの圧力を受けて内部の圧力が高まっているため、黒人女性が親密なパートナーから暴力を受ける率は急増している。しかも彼女たちは、婚姻率の低下から犯罪の増加まで、あらゆることの責任を問われるのだ。

それでも黒人の新しい家父長制は、そのコミュニティーを癒そうと動くことはない。この制度を支持する少年たちは、リスペクタビリティーに関するゆがんだ価値観を植え付けられ、バカげた闘争のせいで殺し合っている。有色人種のコミュニティーにおける殺人発生率は実質的に減少しているが、銃撃事件発生率は相変わらず絶望的な高さだ。特に危険にさらされているのがティーンエイジャーである。

ハイパーマスキュリニティーとトキシック・マスキュリニティーを打倒しなければ、現在はびこっている銃による暴力は終わらない。だが明らかに、これは有色人種のコミュニティーの中だけで起こっている危機ではない。頻発する暴力とトラウマが、周縁化された女性や少女たちに及ぼす別の影響を問いただざずに、家父長制の一面だけに焦点を当てるのは明らかな誤りだ。

人種差別主義の家父長制を押しつけられた少年や少女たちがそのトラウマに対処するのはとても難しい。だが内部のカルチャーは性役割を期待し、厳密に境界線を引いて、その枠に当てはまらない者に孤立感を抱かせる。

有色人種、特に黒人とラティーノの少女たちは、身体に関するハイパーセクシュアリゼーション、堕落する運命にあるという思い込み、少女らしさを犠牲にして感情的にも社会的にも労働力になるという期待を押しつけられる。さらに、アダルティフィケーション〔adultification：有色人種の子どもたちは実年齢より早熟であるとする人種的偏見〕が、少女たち、特に黒人の少女たちから純潔である可能性を奪っている。その証拠はあちこちに見られるが、特に奇妙なのは、映画「ハンガー・ゲーム」〔米２０１２年〕の白人ファンたちが、アマンドラ・ステンバーグ演じるルーの死に見せた反応だろう。報道によれば、原作でこの場面を読んだファンたちは嘆き悲しんだが、スクリーンで黒人少女のルーが死ぬのを見た彼らの多くは、何も感じなかったとコメントした。演じたのが黒人の少女だったから、自分にとってルーの死はそれほど意味がなくなった、という意見もあった。

映画の一部のファンは「ルーが黒人の女の子で、みんなが思い描く純潔なブロンド・ガールじゃなくてがっかり」「どうしてルーは黒人じゃなきゃいけないの？　はっきり言って、映画がぶち壊し」などとツイートした。原作ではルーが褐色の肌の持ち主だと書かれていたにもかかわらず、フィクションの黒人少女でさえ、人種差別を逃れることはできなかったのだ。

アダルティフィケーションの存在は、有色人種のすべてのコミュニティーに影響を及ぼしているように思えるが、調査によればこの現象は黒人コミュニティーで顕著だ。The Georgetown Law Center on Poverty and Inequality's（貧困と不平等に関するジョージタウン法律センター）が２０１７年に発表した報告書「Girlhood Interrupted: The Erasure of Black Girls' Childhood（中断された少女らしさ：黒人少女の子ども時代の抹消）」によると、調査対象になった成人３２５人全員が、黒人少女は同じ歳の白人少女より大人びて見えると感じていた。また回答者たちは、黒人少女は白人少女ほど世話、保護、サポート、快適さが必要ではないと信じていた。さまざまな階層から選ばれた成人の調査対象者（75パーセントが白人、62パーセントが女性）は、黒人の少女は白人の少女に比べて、より自立し、成熟していると考えていた。また黒人の少女は大人の話題とセックスに関して、白人の少女より知識が多いと思い込んでいた。

回答者たちは、自分がどうしてそう感じたか意識していなかっただろう。周りの世界から流れ込むメッセージによって、無意識の強いバイアスがかかっているからだ。調査にかかわらなかったわたしから見れば、彼らの態度は、もっと広いカルチャー・メッセージを反映しているように思える。ルーのキャラクターにあれほど反発した人々のように、彼らは純潔に描かれた黒人少女を見たことがないのだろう。だから、なぜ黒人の少女たちは純潔でないと考えるのか、自分に問いかけなかったのだ。しかし過去の調査によれば、黒人の子どもたちは日常的にこういう形で人間性を奪われていた。それが子どもたちの保護や成育、あるいは目標達成のサポートに関心がない権威者との関係に、ネガティブな影響を与えている。

そして黒人の少女たち（および白人として認められない有色人種の少女たち）にとって、純潔ではないというナラティブは、住んでいる地区でも当てはめられる。自分のコミュニティーの中でも、有色人種の少女たちはいつも安全というわけではない。彼女たちを餌食と位置づける家父長制が、そういうメッセージを育む肥沃な土地を至る所に見つけるからだ。そして、トラウマを抱える危険にさらされた少女たちは、彼女たちを保護すべきシステムが、彼女たちの安全を男性の尊厳のために犠牲にしている間、ほったらかしにされる——セクシャル・ハラスメントを受けた、性暴力の被害に遭ったと声を上げたせいで、誰かの人生を〝台無し〟にしていると言われるのだ。スポーツのスター選手、警察、セレブ、教師——加害者が誰かは問題ではない。彼らが餌食にしたのは、保護する価値がないと社会からみなされている少女だからだ。彼が少女になした害については、申し訳程度の議論しかされない。しかもその焦点は彼の可能性、彼の未来を守ることであり、少女の可能性と未来はないものとされる。

有色人種、特に黒人の少女たちは、抹消と高い期待の両方に対処しなければならない。仲間に何とかとけこもうとしながら、学校から刑務所へ直行するパイプラインに引きずり込まれず、捕食者の手にかからず、家に転がっているストレッサー〔薬物など、ストレスの原因となる刺激〕に負けず、経済不安と闘いながら。取り残された少女たちは、家族、学校、教会、ストリートの期待を、ひとりで操縦しなければならない。

これらの環境に応じて振る舞い(コード)を切り替えるのは重要なスキルだが、誰もが身に付けられるわけではない。そしてこのスキルをマスターしないと、仲間たちからの扱われ方だけでなく、少女たちが遭遇するシステムからの扱われ方も変わってくる。家父長制が定めた〝グッド・ガール〟の型に当てはまっているとみなされる少女、自分の中にある厄介な興味や目標や関心事にかかわらない少女、喜んで指示を受けたがっているように見える少女は、教師、雇い主、彼女の人生をいい方向に変える影響力を持つ人たちから、より多い機会を提供される。その反対に、人を手こずらせ、主張を引っ込めず、〝グッド・ガール〟という一般的な概念からどれだけ離れていても自分自身と出自に正直であることに力を注ぐ少女は、同じ機会から利益を得る可能性はない。

フッドの少女たちは、自分のごく一部を表面的に社会に迎合させつつ、人並みの人生を手に入れるためには二倍努力する必要があると学ばなければならない。メディアが描くコードの切り替えは、話し方、ヘアスタイル、化粧、ボディ・ランゲージなど、外面的な変更が中心だ。しかし現実には、コードの切り替えはそれよりもっと深い部分で行なわれる。フッドの少女たちはストレッサーを操縦し、トラウマを埋め、さらに人間でいられるための居場所を作り上げなければならない。だがその努力は、リスペクタビリティーを最重視する人々によって見下され、嘲笑される。周縁化された少女たちを助けたいのだ、という主張は言い訳にすぎない。中流階級ではない少女たちがカラフルなヘアスタイルにして、店に飾られているかわいらしい品を探したり、〝きちんとした〟振る舞いから少しでもはずれたりすると、気づいたらまだ操縦の仕方をマスターしていないシステムの悪い側にいるはめになる。

フッドに関する一部のフェミニストのナラティブを聞くと、フッドは単に逃げ出す場所であり、そこに住み続けている少女や女性たちは自分の声を持たず、よそ者に代弁してもらう必要がある状況だ、と語られている。2014年のビデオ・キャンペーンがいい例だ。アンチ・ストリート・ハラスメント組織のHollaback!（ホラバック！）が行なったこのキャンペーンは、ひとりの白人女性がニューヨークを歩き回る様子を録画したものだ（タイトなスポーツウェアを着た女性が10時間、何も言わずにマンハッタンを歩いたらどんなストリート・ハラスメント（路上での嫌がらせ）を受けるか、という実験。すれ違う男性たちから性的な誘いの声を掛けられる様子を2分弱にまとめた映像が公開され、全米で波紋を呼んだ）。その中でフッドは男性たちが女性に嫌がらせをする場所として描かれていた。キャンペーンは白人男性たちから受けたと思われる同様のハラスメントには触れていない。白人男性の方が白人女性に暴力を振るう可能性がはるかに高く、有色人種の女性がフッドをはじめあらゆる場所でハラスメントを受ける可能性に比べれば、白人女性が受ける可能性ははるかに低いにもかかわらず。外界から隔絶された私用車に乗っているより、女性が公共道路の歩道を歩いていたり、公共交通機関を使っていたりする地域で、ストリート・ハラスメントが起こりやすいのは事実だ。しかし、だからといってフッドだけでそれが起こるわけではない。まして、そこに住んでいる女性たちは、自分のために介入してくれる白人の救済者を必要としていない。

Hollaback!のキャンペーン・ビデオに描かれるようなナラティブは、複雑な問題を単純化しすぎている。家父長制は周縁化された女性たち――現実を容赦なく批判し、説得力のある分析を行なう女性――をほったらかしにしろと世界に教えている。多くの意味で、世界は以前のパターンには戻らない。一部のコミュニティーが常に直面してきたサイクルを広げているだけだ。家父長制は死んではいないし、どこにでもはびこり、解決法を求めて声を上げながら、階級と人種が本当の問題を回避している影響に言及しない。社会として、わたしたちは収入の不平等のもつれに直面している。それを悪化させているのが、あらゆるコミュニティーに侵入しているチェックを受けない頑迷な偏見なのだ。

だが極度の貧困地域で育った少女たちは、レイシャル・プロファイリング〔racial profiling：警察が黒人などの有色人種を不審者と決めつけること〕を最優先し、保護より暴力による強制を重んじる警察のカルチャーに抑圧され、生き延びることを最優先させざるを得ない。彼女たちは自分たちだけでなく、属するコミュニティーを救おうと闘っている。女らしさの狭い定義を押しつける欠点のある根本主義におぼれずに、愛する自らのカルチャーの一部分を保存しようと努力している。彼女たちはすでに、リスペクタビリティーは誰も救えない、自分にもそれは当てはまると知っている。そして彼女たちは今、心に刻まれたトラウマにどうやって対処するか、自分たちを軽べつし見下す世界とどうやって付き合っていくかを探っている。彼女たちは同じ経験を生き延びた人々の中にインスピレーションを見つけなければならない――フッド出身である必要はないが、貧困と抑圧が描いたトラウマのサイクルで鍛え上げられた人だ。フッドが故郷なのは変わらない。だが彼女たちは問題だらけのストリートを毎日歩きながら、その道の向こうを見て、自分たちは救済に値すると思わなくてはならない。

こういうコミュニティーで少女や若い女性向けの良質なプログラムを作るのは難しい。だが少女たちの回復力は、時に驚異的だ。彼女たちはひとりで、あるいは可能なら両親の助けを借りて、道なき所に道を拓く。そういう地区の労働者階級の母親たちに質問したら、多くの人が、少女たちは最も危険にさらされているのに、アクセスできる人的・物的資源がいちばん少ないと言うだろう。急ごしらえで拡大した介入プログラムは、自殺をはじめ、少女たちを巻き添えにしようとする自傷行為までカバーしている。しかし彼女たちのニーズに本気で焦点を当てるには至っていない。健全な関係を育むための講座は、ストリートとギャングのコネクションに加え、虐待をするパートナーの見分け方、自尊心の向上の大切さを教えている。しかし少女たちが自分のために欲しいもの、必要なものに焦点を当てていない。自らの人生を決める権利がある人間として彼女たちを扱うのではなく、周囲で起こっている出来事に対応できるだけの存在とみなしているのだ。

わたしが少女たちに当てる焦点は、トキシック・マスキュリニティーからの危害を受けやすいＬＧＢＴＱＩＡ（レズビアン、ゲイ、バイセクシュアル、トランスジェンダー、クエスチョニング（自分の性別がまだ決まっていない人）、インターセックス（一般的な男性／女性の身体構造に当てはまらない人）、アセクシュアル（恋愛感情・性的欲求を誰にも抱かない人）」の若者たちを排除していない。その逆で、彼らの高い危険因子を減らし、シスジェンダーかつ異性愛を規範とするコミュニティーの周縁に追いやられたＬＧＢＴＱＩＡの若者たちに、居場所を与えようとしている。文字どおりの意味でも比喩的にも、トキシック・マスキュリニティーは彼らを殺している。周縁化されたコミュニティーの内外に存在するエンパワーメント（権利付与）、不寛容、同性愛嫌悪（ホモフォビア）、女性嫌悪（ミソジニー）、侵害、性暴力は、家父長制が作り上げた反社会的な行為だ。家父長制のシステムは、あらゆる人々を抑圧し、脅し、虐待してきた。周縁化されたコミュニティーは、誰もが利益を受ける社会を目指す活動の一環として、今まで以上に内部に働きかけ、こういった行為に取り組み、協力してこれまで受けた危害を埋め合わせなければならない。だがトキシック・マスキュリニティーは低収入のコミュニティーだけの問題ではない。より高い社会経済的立場のコミュニティーにあるホモフォビアや不寛容や性暴力と同じなのだ。肌の色や階級の間には境界線を引くことができるが、安全と危険の間に明確なラインは引けない。

　トキシック・マスキュリニティーのナラティブは、強く勇敢であれとさりげなく人々をあおって、性暴力、ミソジニー、ホモフォビアの境界線をあいまいにしている。そして偏見のある態度を奨励し、ポジティブな態度を間接的に攻撃するシステムを構築する。植民地主義の遺産である家父長制は、多くのコミュニティーが伝統的な古き良き性役割を取り戻そうとしている証拠だ。ジェンダーについて知識がないから、自分たちの規範をその枠に当てはまらない人々に強制する植民地主義と同じくらい有害なのである。

わたしたちの社会にまん延する家父長制の〝保護する〟ナラティブの元、トキシック・マスキュリニティーはいつでもどこでも顔を出す。性差別、人種差別、ホモフォビアの根本的な問題は、ポジティブな男らしさとみなされるものと深く結びついている。トキシック・マスキュリニティーを宣伝するコメントは、巧妙な言い回しで、危険なメンタリティーの価値を称賛する。男性と関係を持っている女性たちは、裏切りや虐待といった危険を知らせる赤い旗が振られていても、服従して、何があっても男を支え、理解して辛抱しなければならない、と教えられる。わたしたちはこういうものを糾弾しなければならない。たとえコミュニティーが家父長制の構造を分解し、別のシステムと置き換える方法を見つけて、わたしたちが声を上げるのが難しくなっても。構造を入れ替えるのは誰にとっても利益になる。女性と少女たちを見下すことに根差した、内部のホモフォビアやトランスフォビアと闘うのが楽になるからだ。わたしたちは内部と外部の平等を目指して行動しなければならない。

結局のところ、長期的で根本的な変化は、周縁化したコミュニティーの内部からしか生まれない。家父長制のナラティブに立ち向かうのではなく、それを模倣しようとする構造を減らすのだ。リスペクタビリティーに取りつかれ、シングルで貧しい女性たちの罪をあげつらう権力者たちの長ったらしい話の代わりに、フッドのフェミニズムは、貧困や子どもの虐待といった問題の解決より性役割を維持する方に関心がある人々が、周りに及ぼす危害について話さなければならない。フェミニズムは、教育の不備や非行以外の問題について、周縁化されたコミュニティーが話し合う場を設ける必要がある。そして有色人種の子どもたちが健康に育つスペースを作るために何ができるか話し合うのだ。わたしたちは家父長制の影響を回避しなければならない。特に少年たちにとってこれは重要だ。彼らはそれまでの人生で与えられなかったリスペクタビリティーと愛を求めて、ギャングに入りやすいからだ。わたしたちは、男性と少年たちが持つあらゆる機会が女性と少女たちにも与えられる、暴力のない平等主義の社会を求め続けなければならない。

　白人のフェミニストのナラティブはそれを否定するが、イスラム、黒人の教会、ほかのコミュニティーにもフェミニズムは存在する。そういうコミュニティーの中にいる女性たちは、平等な社会を求めるという厳しい使命に取り組んでいる。彼女たちは白人の救済者を必要としない。自分たちのフェミニズムがほかの誰かのものに見えるような構造を必要としない。ただ違うのは、自分のコミュニティーの中で取り組んでいる間、外部から押しつけられる白人至上主義の家父長制と常に闘わなくていい点だ。

　わたしたちは若い有害な男たちや、その存在を可能にする制度の未来を守るために、少女や女性たちの未来を犠牲にすることはできない。できるふりもしない。フェミニズムがわたしたちのコミュニティーを分断しているというふりもしない。真の原因は家父長制だ。いつも家父長制なのだ。だが家父長制はヒュドラ〔ギリシア神話に出てくる怪物。９つの頭を持ち、ひとつは不死身で、１本を切り落とすと２本の首が生えてきた〕より多くの頭を持っているから、あらゆる方面から取り組まなければならない。

　メインストリームの白人フェミニストが何かしたいと思うなら、助けたいと思うなら、この問題については一歩下がって、招き入れられるのを待ってほしい。もし招待されなかったら？　そう、それでも、あなたはいつだって白人の家父長制をなくすことに挑戦できる。いつでも刑務所産業複合体〔Prison Industrial Complex：「麻薬戦争」により急増した長期受刑者が、民間企業に低賃金で雇用され、企業に多額の利益をもたらす体制〕と闘い、社会問題の解決法として投獄される人々の数を減らせという主張を支持する余地はある。周縁化されたコミュニティーの中の人々が取り組めること、取り組むべきことに踏み込まず、コミュニティーに加えられる危害を制限する余地はある。その余地は外側から操作できるのだ。

第6章

黒人女性についてどう描くか

リスペクタビリティーを得るために、白人至上主義の家父長制に合わせて自分を変えるのではなく、メカニズムを根本から変える

まず、あなたの経歴を設定しよう。できれば女性、ただし黒人女性は除く。黒人女性たちの実体験〔物語（ナラティブ）の語り手によって知覚、体験された経験〕は、ささやかなエピソードとして無視していい。あなたは人種差別主義者でも、性差別主義者でもなく、彼らの窮状に関心があるだけだ。どんな窮状か？　では、好きなものをひとつ、何なら複数選ぼう。結婚、子どもたち、その両方の欠如、過剰な教育、教育の不足、生活保護……とにかく世間に強くアピールできそうなもの。重要なのは、彼女たちの厄介な性質を強調することだ。どんな問題であれ、黒人女性はほかの女性たちと違う、とはっきりさせる。彼女たちは社会全体に影響を与えるような行動を起こせない。なぜ彼女たちの人生が公共財産かは、きちんと説明できなくても構わない。あなたが頼りにするのは、問題だらけの調査結果だ。正確にいつ調査が行なわれたのか、誰が対象だったのか、あなたは決して口にしない。あまりにも多くの文脈が入り交じり、会話を不要に複雑化させている。そういう厄介な要因が、あなたの最終的なゴールの前に立ちはだかっている。

　ステレオタイプを活用しよう。できれば心優しい乳母のマミー、ふしだらなイゼベル、サファイア〔男の支配を拒む〝アングリー・ブラック・ウーマン〟〕と結びつく人物像。黒人女性について、彼女たちの性的指向（セクシュアリティー）を重視し、人間らしさを取り去って説明する。結局のところ、彼女たちは向こう側の人だから、その皮膚は食品であり、彼女たちの両ももの間のスペースは謎めいている。そして彼女たちは決して純真ではない。処女性や純潔については言うまでもない。黒人の幼女について語る時でさえ、あなたはその子のセクシュアリティーに注目する。黒人の母親たちについて語るなら、彼女たちにはガイダンス、経済的支援、あるいは救済が必要だとはっきりさせる。どんな救済か？　そう、それは彼女たちがほとんど仕事をせず生活保護に頼っているか、働きすぎて子どもたちをネグレクトしているか、どちらかによる。彼女たちはどう頑張っても仕事と家庭のバランスをとれない。なぜなら、さっきも言ったとおり、彼女たちは向こう側の人だからだ。彼女たちは男を去勢するから関係を持つ価値がない。あるいは、生まれつき全方位的な万能のセクシュアリティーを持っているから、彼女たちを前にすれば誰でも男らしさ（マスキュリニティー）を感じられる。彼女たちをレイプしてもレイプではないから、信用して（彼女の実子以外の子どもの）育児を任せられるし、彼女たちがセックスレスになるまで性的対象にできる。

彼女たちはシステムをサポートするために存在する。彼女たちは、あらゆるカラーの男性たち、そして黒人を除くあらゆるカラーの女性たちに奉仕する。彼女たちのニーズ、希望、夢、関心事に言及する必要はない。彼女たちは何も持っていないからだ。たとえ彼女たちが時折、自分たちは感情のある現実の人間だと訴えても無視していい。彼女たちの声は大きすぎ、教養がなさすぎ、とにかく攻撃的すぎる。彼女たちはいつも何かに怒っている。でも彼女たちの気持ちは現実ではないから、気にする必要はない。彼女たちの理屈に合わない振る舞いを挙げ、自分はどれだけ分別があるか、詳しく述べる。安全な距離から彼女たちを観察して、気づいたことを書き留める。その一方で、自分の親友には黒人女性も何人かいると主張する。そういう親友については、名前だけ知っていればいい。あなたが彼女たちと親しくしているのは、自分はその問題に関心があり、人種差別主義者でも性差別主義者でもないと証明するためだからだ。

彼女たちをほかの人種の女性たちと比べ、ほかの女性たちは本物の女性であり、黒人女性たちはただの黒人だと強調する。彼女たちを十把ひとからげにして、宗教的信条、教育レベル、収入レベル、家族間の力関係（ダイナミクス）を批判する。あなたの口からこぼれた以上、それらはすべて真実だ。あなたは黒人女性問題のエキスパートであり、実際の黒人女性ではない。もし彼女たちがあなたの言葉で気分を害したとしても、あなたは自分の経歴を彼女たちに思い出させ、彼女たちがもっと理性的になるまで会話を拒否する。彼女たちの話し方を指摘して、彼女たちの経験が真実かどうか疑う理由にする。結局のところ、彼女たちはただの黒人女性であり、何も知らず、何も持たず、あなたが彼女たちについて述べた言葉以外、何の価値もないのだ。

奴隷制が終わり、コミュニティー内部の哲学として始まった〝人種向上〟運動〔uplift the race：教育のある黒人は、教育のない大半の同胞に尽くす責任がある、という考えに基づく。19世紀後半から20世紀初頭、公民権運動から生まれた〕は、貧しい労働者階級の黒人の〝悪い〟特質を正すものだった。それが今では、アメリカの黒人女性に期待される特質のひとつに進化している。礼儀正しさはメディア、職場、大学で最も重視される指針になった。特に成人の黒人女性に、その価値観が押しつけられる。黒人、主に黒人女性に、社会は礼儀正しい振る舞いを期待する。そうしなければ彼女たちは、ゲートキーパー〔gatekeeper：ある集団の境界に位置し、個人または集団が中に入れるかどうか取捨選択する門番〕が認めた者にしか機会が与えられない社会で見ないようにされる。

リスペクタビリティーを得られるかは、伝統的なマスキュリニティーの考えを脅かさないようにしつつ、期待されるジェンダーとセクシュアリティーの役を演じられるかどうかにかかっている。社会経済的地位を保つために、黒人女性は自分のアイデンティティーと性的な評判を、処女と性悪女が融合した型に合わせるよう求められる。純潔のイメージを作ろうとする黒人女性には、ほんの少し多くの情けがかけられ、よりよい機会が与えられる。しかし彼女たちがそのイメージを忠実に演じることは難しい。

世間体政治は、構造的不平等に基づき、人の振る舞いが適切か不適切かを判断して、集団の行動をコントロールする。リスペクタビリティーのゲートキーパーは、支配的なナラティブを押しつけるが、リスペクタビリティーというアイデアが何に由来するのか、自分たちで理解する必要はないし、そのアイデアのうちどれだけがあと付けの模倣なのか知らなくていい。リスペクタビリティーの構造が求めるのは信奉であり、自律ではない。リスペクタビリティーが依存する支配的規範は、周縁化されたコミュニティーに特権のヒエラルキーを生み出す。

アメリカの黒人に対する不平等な扱いが悪化し、経済的なモビリティー〔mobility：ある所得階層の家庭に生まれた子どもが、上の階層に移動する可能性〕が低下した現在、世間体政治は黒人女性嫌悪（ミソジノワール）を奨励する動きに出ている。**ミソジノワール**とは、黒人のフェミニストでクィアのモヤ・ベイリー教授による造語で、人種とジェンダーを理由に、アメリカの黒人女性のビジュアルとポップ・カルチャーに向けられる特定の女性嫌悪（ミソジニー）を指す。貧しい黒人女性がフッドを抜けて上の階層に移動するための戦略は、自己管理と自己修正だと枠づけされる。職を得るためにはリスペクタビリティーが必要だと強要される。だから彼女たちは、たとえそれがどんなに望みとかけ離れた仕事でも、経済に参加するために振る舞いを慎む。このようにしてリスペクタビリティーに沿った行動は、コミュニティーが繁栄する機会を手に入れつつ、コミュニティーそのものを制限する。

わたしたちは〝よじ登りつつ向上せよ〟(lift as we climb：成功した黒人は背後にいる同胞を助ける義務がある、という考え。南北戦争後に提唱)といったコンセプトに固執し、体面を取り繕ってきた。だから白人主体のアメリカに対し、黒人には完全な市民権があると証明するために行動しても、結局のところ勝ち目はないということにさえ気づいていない。わたしたちの権利と黒人コミュニティー全体の取り込みを結びつけるシステムは、黒人コミュニティーの人々にも権利があると言いつつ、平等にも、もちろん公平にも興味がない。現代の世間体政治はさらに一歩進み、黒人は価値を認められるために、想像上の自立心を奮い立たせて、真っすぐ立たなければならない、と強要する。

向上を目指しながら黒人差別の影響に向き合えていない戦略は多い。それと同じく、リスペクタビリティーというイデオロギーの下では、ゲートキーパーになったところで誰も自由にはなれない。これは主に白人主体のアメリカの外で起きている問題だ。しかし今のアメリカでは、一部の黒人が大成功を収め、マスコミで、ビジネスで、政治で、大学で、メインストリームのエリートとしてもてはやされている。そのため世間体政治は、メインストリームが公式に定めた境界の中で、何が認められるかに影響を与えるようになった。リスペクタビリティーに固執するゲートキーパーたちが、最下層の黒人コミュニティーで何が手に入り、何に手が届かないかというポリシーにこだわる者たちを形作っているのだ。

周縁化された人々は、メインストリームのカルチャーでリスペクタビリティーを得るために、世間体政治に従わざるをえなくなった。しかしこの政治は、白人至上主義が設定した時代遅れの理想を反映している。みじめな貧民街（ゲットー）のような低所得層地域でアメリカの黒人が成功する、という話はいくつもある。だがそのカルチャーを描写する側は、彼らの成功にほとんど関心がない。チャンスに最も恵まれない人々の前進を妨害する壁を次々に作っているだけだ。

　リスペクタビリティーを勝ち取るには、経済的にも感情的にも多大な犠牲を必要とする。コードを切り替えるように、自分の見せ方を根本的に変えなければならない。だが一瞬でそれを変える魔法の言葉はない。その代わり、ボディ・ランゲージ、服装、ヘアスタイルを、状況に応じて変え続ける必要がある。威嚇的でなく、相手に関心があると示し、より広い世界に参加する準備はできている、とアピールするのだ。世間体政治は同化と適応を義務とみなす。だがわたしたちは、リスペクタビリティーを得ても何の保証もないと知っている。黒人女性は、外見、発言、セクシュアリティーを規制しろと要求される。一方、自分の属するカルチャーからは、自立した黒人女性であれ、黒人女性が〝悪く見られる〟態度は避けろ、と圧力がかけられる。わたしたちは人種差別主義者、階級差別主義者、性差別主義者が押しつけるステレオタイプを避けて振る舞え、と常に期待される。

　わたしたちはこの圧力をお互いや自分にかけているが、そうしたところで人種差別の影響は一向になくならない。もちろん、そう振る舞うことで、わたしたちは少し主導権を握れたと感じる。究極の原因は人種差別であり、自分たちではそれを解体できないと知っているからだ。しかし黒人女性が、人種差別が設定した基準を受け入れて、圧政的な基準に黙従すれば、自分自身のコミュニティーの中に自己複製した差別主義を作り出すことになる。わたしたちは、問題はフープ・イヤリングを着けて網タイツをはいた少女たちだというふりをする。冷笑される黒人英語(AAVE)(African American Vernacular English)より標準英語をあがめる流行に飛びつくが、ほかの誰もがAAVEを自由に誇張して使っていることに怒りを覚える。わたしたちは自分のコミュニティーに階級差別主義を書き込む。賢くて才能があってもコードが切り替えられない同胞の前に立ちはだかる。わたしたちは自分が最小レベルで受ける抑圧を、二倍にしてカルチャーに押しつける。その一方で、カルチャーを創造してそれに貢献している人々を擁護するのは拒む。彼らが幸運に恵まれたごく一部の有名人なら話は別だが。

世間体政治は、本質的に、過去と現在の出来事にかかわるのを避ける簡単な方法だ。黒人であることには多くの形がある、わたしたちのカルチャーは輝かしくて価値があると認めるなら、肌の色に関係なくわたしたちの階級とカルチャーが尊敬される神話のような世界に、わたしたちは決してたどり着けないという事実にも直面しなくてはならない。わたしたちが求めるのは歴史の影響を抹消する方法だが、それは存在しないのだ。

わたしたちは、黒人は公民権運動の間にスーツを着てネクタイを締めドレスをまとったと主張するが、そういう服装をした人々も殴られ、逮捕され、リンチされたという事実はなかったことにされている。わたしたちは、フッドの人々が誰もが認めるセレブにならないかぎり、その地区の改革をあざ笑う。わたしたちは、襲われたら反撃する凶暴な黒人少女というアイデアを称えるが、彼女がそれを実行した途端に罰を科す。

わたしたちは黒人のアクセントを愛するが、それは黒人女性以外が口にした場合だけだ。覚えておいてほしい。黒人らしく聞こえる言葉を話すのは全然悪いことではない。ただし例外がある。白人を基準とする世間体政治がはびこるカルチャーでは、〝ブラクセント〔blaccent：インナー・シティーの黒人の若者特有のアクセント、または黒人以外の若者がステレオタイプの黒人をまねたしゃべり方〕〟を話す黒人少女は、ほかの少女より価値も知性も低いと判断される。コードを切り替えた大人たちは、できるだけ〝白人の少女〟らしい声で電話をかけなさいとわたしたちに教える。だが話し方を模倣できず、あるいはまねが続けられない少女たちにとって、そのアクセントは機会の喪失を意味する。

わたしたちが黒人英語(AAVE)で話す人々に対する態度は、アメリカ中心主義者が英語を話せない人々を扱うやり方と同じだ。わたしたちは、権力の暴力の犠牲者としてテレビに登場した彼らを批判する。周縁化されたコミュニティーのスラングに基づく、もっとカジュアルな言語がまん延していることを嘆く。すべての言語は人間の構築物であり、すべての言語は等しく正当であると知っていても。

わたしたちがこういう世間体政治をメインストリームのスレッドに持ち込むと、いちばん影響を受けやすい黒人女性だけでなく、ほかのコミュニティーに対しても効力が発動される。そして突然、誰が白人性(ホワイトネス)にいちばん近いかという質問が、さらに複雑になる。外国人嫌悪(ゼノフォビア)、イスラム恐怖症(フォビア)、さらに多くの差別が、リスペクタビリティーのナラティブと織り交ざり、あらゆる人に言いがかりをつけて罰する。スペイン語のアクセントで話していた、ヒジャブを着けていた、白人の同僚より有色人種の同僚と長い時間を過ごした。そしてフェミニストのスレッドでは、誰が話を聞いてもらえるか、誰が主体的に行動できるか、誰が自律性を手に入れるのか、誰が尊敬されるのか、という期待が、世間体政治のレンズを通して重々しく宣言される。

メインストリームのフェミニズムは、リスペクタビリティーを重視するあまり、ホワイトネスが快適に感じる〝トーン〟で話せない者を黙殺する。リスペクタビリティーに値するトーンで話せない人を取り締まり、抑圧されている人々の両肩に平等を求める闘いを担わせる。そうすることで、権力と特権を持つ人々は、耳を傾けて学ぶ責任から逃れる。周縁化された人々に、不当な扱いを受けても冷静に対応しろ、人的・物的資源が欲しければ自分の感情を犠牲にしろ、と強制して特権階級を守っている。フェミニストとして問題提起することを、主導的な特権階級の手慣しだとみなす。批判し、怒りや恐怖を表現し、あるいは助けを求める方法を身に付けるための訓練だ、と。白人中心主義は、礼儀正しくあれ、感情を押し殺せと強制し、有色人種女性は怒りと深い悲しみを感じる。リスペクタビリティーを得るためには、節度のある、感情的にニュートラルな礼儀正しさが求められる。だがそれは、正常な人間の感情とは正反対のものだ。

感情労働〔emotional labor：外から観察できる表情や身体的表現を作るための感情管理〕は、尊敬される人間であり、誰もいら立たせず、怒りを抑えて、自分を傷つけるかもしれない人に盾突いたり闘いを挑んだりしないことを要求する。これはとんでもなく厄介な労働であり、その人の人間性を奪う。リスペクタビリティーは、感情表現の自制だけでなく、立派な見かけを維持するために、自分自身の肉体の中に自分を埋めることを求める。それは、飢え、寒さ、恐怖などの記憶を消し、最後には荒れ狂う嵐を覆い隠す穏やかな表情の仮面だけが残る。わたしたちはストレスと病気の話はするが、リスペクタビリティーのストレスは何ものにも比べようがないほど深刻だ。自分を繰り返し消去した果てに、血管の中に、高まった血圧と短くなった寿命の中に、悲鳴が流れる。そうなってから周りを見た時、向こう側に待っていると思っていたリスペクタビリティーも承認も快適さも得られなかったと気づく。あなたは自分自身と属するカルチャーの尊敬できない面を代表する、乱雑で騒々しくて感情的なそのスレッドから身を引いた。だがその代償は？

　周縁化されたコミュニティーのために、今より問題の少ない新たな未来を想像することは、白人至上主義を丸ごと手放すことを意味する。あらゆる形の黒人性（ブラックネス）を尊重し、ブラックネスにまつわる階級差別主義者のナラティブを一掃するという難業に取り組みことを意味する。わたしたちひとりひとりが説明できるようになるため、耳を傾けて学ぶことを意味する。わたしたちは現状維持をやめ、リスペクタビリティーが生んだ有害なヒエラルキーを解体しなければならない。わたしたちは、無自覚だったにせよこの構造に関与してきたことが問題であると理解して、自分の基準と期待を積極的に変えなければならない。わたしたちはフェミニストとして、批判的かつラジカルな視点から、最貧困層のコミュニティーにいる女性たちの声に耳を傾け、彼女たちが何を求め、何を必要としているか、聞く必要がある。無視のナラティブを彼女たちに反映させてはならない。わたしたちは教えられた有害なナラティブと、白人至上主義に応えて自分たちで作り出したナラティブを、きっぱり捨てなければならない。

低収入の女性たちが行なう労働（肉体および感情）は、見下されて正しく評価されない。苦闘する彼女たちは、これはボランティア活動であり、システムに強制されてやっているのではない、というふりをしている。そのシステムとは、根本的に反黒人主義であり、家父長制を奉じる一部の権力者が支持するものだ。有色人種の人間として、この構造の中で競争するために、わたしたちは自分の一部に蓋をする。そして同じ一部をほかの人の中に見いだして軽べつする。一方、社会として、わたしたちはブラック・クール〔黒人カルチャーから生まれたクールなスタイル〕を崇め、称賛し、その影響を享受する。一方、社会的にも政治的にも自称ウォーク〔woke：人種差別・性差別といった社会問題を認識していること〕な人々は、ブラック・クールのクリエイターたちが社会学の教授ほど知識がなく、抑圧のメカニズムについて教育を受けていないので失望する――ここでも、大学と同じように――階級主義による抑圧を無視しながら。わたしは市民の知識レベルは下げるべきだとか、ブラック・クールのクリエイターたちをちやほやするべきだとか言っているわけではない。しかし、ウォーク精神は誰でも短期間で習得できるというのは、欠点のある思い込みだ。現実には、ブラック・クールのいちばん有名なひと握りのクリエイターが、衆目を浴びている間だけ、知識にアクセスできるのだ。

　同性愛嫌悪（ホモフォビア）とトランスフォビアがヒップホップ・アーティストやカントリー・ミュージシャンといったポップ・メディアから信奉されると、わたしたちの社会は、ＬＧＢＴＱＩＡが危険にさらされているのは、その人が社会経済的に恵まれないからだというふりをする。本当に危険なのは、フッドや丘〔hill：フッドと同じ貧困層地域。かつて工場労働者などは、お金をためて環境のいい丘の上に引っ越したが、不況によって丘を離れ、その空き家にスラムから追い出された貧困層が移住した」で育ち、ストレートやシスジェンダーとしか交わらない人々だというふりをする。だが、現状維持に最も固執する人々こそ、最も大きな報いを受ける。フッドにも頑迷な偏見はあるが、その多くは制度に由来するものであり、いずれはメディアで報道される。教会、政治家、一部の教育機関でさえ、ヘイトを教え、正常化する。それが曲の歌詞になったり、16歳になったばかりの有名人によるインタビューでそのまま繰り返されたりするのはずっとあとだ。そういう意味で、フッドは広い世界の縮図なのである。わたしたちは偶然から偏見を抱いたりしない。偏見を作り維持するのは、わたしたちが崇拝せよと教えられるカルチャーそのものなのだ。

わたしたちはゲートキーパーがマジョリティーを排除して、ごくひと握りの特権階級を守るシステムを維持することはできない。わたしたちは、ホワイトネスを祭り上げる論理を受け入れておきながら、そのホワイトネスが強要した伝統的な振る舞いは自分たちと何の関係もない、わたしたちをコントロールしているだけだ、ということを忘れてしまった。フェミニズムは最前線の声に耳を傾けることを学ばなければならない。ゲートキーパーたちは何も知らず、自分はその生き証人だと主張する〝抑圧された側の実体験〟とは無関係だと認めなければならない。ホワイトネスにおもねっても大した成果がないと失望するのではなく、そもそもなぜホワイトネスをありがたがるのか、自問しなければならない。

わたしたちは世間体政治を手放して、構造としてのホワイトネスはわたしたちを決して認めない、白人至上主義を承認してもわたしたちのようなコミュニティーが求めるべきものは何も得られない、と理解しなければならない。わたしたちは特権を持たない人々の完全な自律を積極的に認め、公平さとは機会へのアクセスを容易にすることだと理解し、どんな機会が彼らにふさわしいか決めつけるのをやめなければならない。わたしたちは外見にこだわるのをやめ、解決法に関心を向けなければならない。

わたしたちはブラックネス、貧困、機会とそれにアクセスする方法がほとんど交差しないスペースに住む女性について、語り方を変えなければならない。そこから出ていける少女や女性ではなく、取り残されている女性たちの声を聞く準備をしなければならない。リスペクタビリティーは白人至上主義から与えられた汚染された土壌であり、フッドではなく、みじめな貧民街でもないことを、思い出さなくてはならない。わたしたちは自分の快適さより、最貧困層の人々のニーズと関心事を優先させなければならない。わたしたちは、ホワイトネスから拒絶されれば恐ろしい影響を受ける、自分やコミュニティーの幸福のために、彼らの基準をよく考えないで受け入れろ、と教えられた。わたしたちはこの条件づけを破壊し、なぜわたしたちは自衛せず白人至上主義の家父長制におもねるのか、自問しなければいけない。

フッドはわたしの故郷であり、これからもそれは変わらない。だが、コード切り替えができ、中流階級の振る舞いを見て模倣できるという特権が、機会にアクセスする道を拓いてくれたとよくわかっている。自分が絶対賛同できない批判的な見方について、わたしなりの偏見があるのは認める。だがわたしはいつも鏡の中の自分を見て、今いる場所にたどり着くために払った犠牲を、自分は軽視しなかったと思いたい。リスペクタビリティーのナラティブが及ぼす危害は、わたしたちの活動、わたしたちのコミュニティー、わたしたちの精神にも降りかかってくるとわたしは知っている。

　白人至上主義の家父長制を根絶しなければならないのは明らかだ。しかしわたしたちは、黒人コミュニティー内部の階級差別は大きな問題ではない、というふりもできない。わたしたちはゲートキーパーであるとはどういうことか明らかにして、積極的に偏見の撤廃を求めなければならない。だが、偏見がわたしたちのナラティブに影響を及ぼしてきたやり方は踏襲しない。わたしたちは今、目の前にある問題を解決したらすべての問題も消えてなくなるだろう、と期待するだけでなく、自分自身のやり方で闘い、問題を説明しなければならない。黒人であることとフェミニストであることは相反しない。わたしが「わたしたち」と言う時、それは全体としての黒人コミュニティーであり、特に黒人フェミニストを意味する。なぜならわたしたちは、決意を持って手を伸ばせば、あらゆる人に利益をもたらす人的・物的資源にアクセスできるからだ。

　過去のトラウマは、わたしたちのストレス対処メカニズムに織り込まれている。わたしたちは新しいメカニズムを創造しなければならない。完璧な答えをそろえた応答集や、受け入れられるために自分自身を変える方法に頼るべきではない。わたしたちは、違いを抹消すれば自由が手に入る、というふりをする代わりに、その違いを受け入れられるはずだ。

第７章

「ブラック」にしては、かわいい

コミュニティーの内外に存在するカラリズムとテクスチュアリズム——白人至上主義の美学

わたしは生物学上の父が誰か知らない。だがおそらく、奴隷にされた人々を先祖に持つアメリカのすべての黒人同様、父の家系図には白人が何人かまぎれ込んでいる。わたしの母方の先祖にも、白人とネイティブ・アメリカンが何人かいたに違いない。祖母の血筋にも（ほとんどは謎のヴェールに覆われている）祖父の血筋にも（家系図マニアの一族だったのだろう、すべての記録がそろっている）、さまざまな人種の先祖がたくさんいる。わたしたちにはアイルランド人の血が少し混じっているから、そばかすのある人がいたり、時には赤毛が突然生まれたりする。でも一族の誰ひとり、黒人以外でまかり通るとは思わない。だから肌の色の濃淡や髪の毛の質感に基づく親族内のランクづけは、時にかなり奇妙なことになる。とりわけ、わたしが家族に紛れ込んだ雪男だからだ。わたしは背が高く、肩幅が広く、ボクシングの試合に出るためにここに来た、みたいな体つきだ。お金と陸上の才能がないテニス選手のセリーナ・ウィリアムズを思い浮かべてほしい――それでも誰よりも筋骨たくましいけれど。一方、いとこたちは背が低く、骨組みがきゃしゃで、肩幅は狭く、小柄な女性という表現がぴったりだ。わたしたち全員に共通するのは、身体のくびれ具合である。彼女たちは昔からきゅっとくびれていたが、わたしの身体は、いわば付け爪をかぶせた爪みたいに、ひと皮余分にまとっていた。その後ウェイトリフティングを始め、徐々に体重が減り、ついにこの体型に収まった。

「不細工な黄色人種よりマシ」から「黒人の女の子にしてはかわいい」へと移行しながら、疎外感を感じるのは、自分のコミュニティーの審美眼で判断される時だけではない、と気づいた。わたしの肌は中間色とも呼ばれるブラウンだ。だから肌の色に関する大規模な議論では、大抵隅っこに座っている。だが鼻の幅は広く、唇は厚く、お尻は大きい。そのため、白人中心主義の審美眼に関する会話では、話している人によって、称賛または冷笑を浴びる外見をしている。わたしはティーンエイジャーの頃、白人の男の子に対する趣味が最悪だった。付き合うのは「お前は黒人の女の子にしてはかわいい」などという男たちばかり。だがわたしは敵意を抱く代わりに、そのせりふを心にとどめ、聞かないふりをしてやり過ごした。皮肉交じりにちやほやされる方が、まったく称賛を示されないよりマシ、と思ったからだ。わたしはバカだった。自尊心の低いバカだが、それでもバカはバカだ。

　わたしは驚くほど醜い子どもだった。心優しく慎ましい詩人の心を持つ人なら、風変わりと表現したかもしれない。わたしはプロポーションに恵まれなかった。背が伸び始めたのは12歳になってからだ。わたしはかわいくなかった。唯一の長所は、母方のいとこたちより、肌の色が薄かった点だ。わたしが恵まれたのは、カラー・ストラック〔color-struck：カラリズム（colorism）とも呼ばれる、肌の色の濃淡に基づく差別。同じ人種間で、濃い色の肌を見下す〕の物語（ナラティブ）だ――一族の何人かに由来する、明るい肌の色である。わたしは〝いい髪〟ではなかったが、母方のほとんどの親族より肌の色が薄かった。彼らの考えでは、不細工な子どもにとって、これは天の恵みのようなものだった。おばのひとりは、わたしの髪の問題を解決するために、わたしを台所美容師（キッチン・ビューティシャン）〔自宅の台所でヘアカラーやカットをしてシンクで洗い流す、気軽に利用できる美容師〕の家へ連れていった。彼女は3歳のわたしの頭にアルカリ性縮毛矯正剤を塗った。ものの数分で、わたしは泣き叫び、血を流し、やけどを負った。それがわたしのいちばん古い記憶のひとつだ。その時わたしに何が起こったのか、今でも完全には理解できていない。

乳幼児の頃の写真を見ればはっきりわかるように、そのパーマがわたしにやけどを負わせる前でさえ、親族はわたしの髪を何とかおとなしくさせようといつも何かをしていた。くしゃくしゃのアフロ・ヘアをなびかせて走っているベビーの写真は1枚もない。頭から伸びたままの状態の髪を許されたことは、記憶によれば一度もない。縮毛矯正剤の事故があってから何年もの間、祖母はわたしを2週間に1回、まるで時計のように正確に美容室へ連れていった。祖母はわたしのためによかれと思ってそうしたのだが、実は髪と肌の色について、内在化された人種差別に凝り固まっていた。そういうわけでわたしは、自然な状態の自分の髪を17歳まで見ることがなかった。その頃までは、非アルカリ性の縮毛矯正剤を試し、毎日ヘア・アイロンをかけ、髪を傷(いた)める、の繰り返しだった。わたしはその頃から、〝ナチュラルのままでは不十分〟という美学に対し反抗を試み始めた。

最初にナチュラルを通そうとしたのは1994年の前半辺りだ。当時は自分の髪をどうケアしていいかさっぱりわからなかった。YouTubeの伝道師たちが登場するはるか前の話であり、わたしの髪質に合っていて簡単に入手できる製品もなかった。手に入る製品を試したが、自分の髪に何をしているのかさっぱりわからなかったし、それは誰が見ても明らかだった。結局、親族の圧力に屈し、それから1年ほどは縮毛を矯正した別のスタイルにした。自分の髪を自由にできるようになってからは、1年間で縮毛矯正剤を塗る回数を最小限に抑えられた。それから13年間、わたしの髪は完璧にセットされた状態から生えたてほやほやに近い状態まで、目まぐるしく変化した。その間、自分の髪は伸びるのが速いこと、髪質を変えるスタイルは維持するのが大変なことを、だんだん理解していった。２００５年、下の息子を妊娠中に、わたしは自分の髪にうんざりしてしまった。美容院の椅子に座って、何かを巻き付けたりストレート・アイロンを当てたり、とにかくそういう何もかもに飽き飽きした。だから、丸刈りにした。そう、髪を全部切り落としたのだ。部屋に入ってきた夫は、はさみを手にした妊娠5か月の妻を目にし、進んで頭をそる作業に参加した。

スキンヘッドにしたあと（最初のショックが消えてから）、わたしは髪との付き合い方を学び始めた。それが長い時間をかけて伸びていく間、わたしは〝ナチュラル〟の熱心な信奉者だったわけではない。まず、こんなことをしたせいで、何か月かは残念なルックスのままだと確信した。育った環境のせいで、自然のままの髪はひどい見た目だと思う黒人女性のひとりだったからだ。そのうち現状を受け入れて、友人や近所の人たちがしている、手入れの行き届いたナチュラルな髪形に真剣に注意を向け始めた。ツイスト・ドレッド（髪をねじって固く細い束にしたドレッド・ヘア）やパフ（縮れ毛を盛り上げたスタイル）にあこがれるようになった。でも自分の髪をどう扱ったらいいか、さっぱりわからなかった。お手上げだった。

小さい頃から美容室へ通い、ストレート・アイロンをかけたり細かい三つ編み（ブレイズ）にしたり縮毛矯正したりしてきたせいで、自然のままの髪との付き合い方には慣れていなかった。洗って、ドライヤーで乾かして、ヘア・アイロンをかけることはできるが、実際の手入れは？　降参状態だ。アレンジできるまで髪が伸びた時、わたしはYouTubeの〝友人たちからのお勧め〟チャンネルの魔法に頼るしかなかった。そして知識が増えるほど、ナチュラルな髪でいたいと願うようになった。突然、髪を整えることが苦痛ではなくなったからだ。それこそ、毛筋ほどの痛みも感じなかった。読者の何人かはこう思うかもしれない。「そんなに苦痛なら、どうして黒人女性はそんなことをするのか？」。それに対する答えは山ほどある。それが好みだから、ストレート・ヘアでなければ雇ってもらえないから、内在化した人種差別があるから。

必要に駆られて髪を洗いツイストするたびに、わたしはその手間を不満に思った。ナチュラルな髪はドレッドにしてもうまく決まったが、わたしにとって、ある意味それは自己治療〔self-care：苦痛を避けるために、自分で落ち込んだ気分を治そうとすること。薬物などの依存行為に頼る原因とする説がある〕の一形態のように感じられた。わたしにとっては、髪を束ねないでおくより、ドレッドにする方が簡単だった。もつれをほぐすのは大仕事だったからだ。しかしナチュラル・ヘア・コミュニティーにはテクスチュアリズム〔texturism：髪質に基づく同人種間の差別〕がまん延している。この差別は多くの意味で、わたしが目と脚と口ばかり目立つやせっぽちだった頃でさえ、親族がわたしをそこそこ魅力的だと判断したカラリズムから派生したものだ。

しばらくの間、わたしは肌の色が薄いというかかわいらしさが与えてくれる特権に夢中だった。白人主体の美学が引くラインの中にいる必要がない時でさえ。醜い子どもから、そこそこ魅力的な若い女性に変身したため、わたしの人生は多くの意味でポジティブに変わった。男性の注意を引くというだけでなく――最初はそれで気をよくしたものだが――あらゆる局面で親切にされるようになった。初めての仕事、ショッピング・モールの警備員に応募した時？　魅力的であるということは、暗黙の必要条件に入っていた。モールのフード・コートでランチを摂る時？　レジ係が男性だったら、大抵の場合、わたしはフライドポテトの代金を払わなくてよかった。

　これは急激に膨らむ自尊心を大いに満足させたが、それなりの代償も払った。手当たり次第に性的関係を持ちながら（エゴを満足させ、自分のセクシュアリティーの所有権を主張するためだった）、わたしはストリート・ハラスメントを見ないふりする方法を学び、ハグをしたいだけだという〝フレンドリーな〟男たちがすぐ伸ばしてくる手を払いのける術を身に付けた。さらに、好きな男たちや、好きではない男たちと何があっても、ほかの女性たちは敵でもライバルでもないことを悟った。しかし今でも学び続けていることがある。それは、外の世界が指定する〝魅力的な要素〟に対し、自分はどれだけ自発的に合わせて振る舞っているか、ということだ。

　白人中心の美学、あるいは黒人の美学の中で〝かわいく〟あるためには、美容室でそれなりの時間を過ごしたか、少なくとも腕のいいキッチン・ビューティシャンに施術してもらったように見えなければならない。社会は女性の美しさに、ウエストのくびれた体型、滑らかで透明感のある肌、左右対称の顔立ちを期待するが、肌の色、髪質、体型については、白人性（ホワイトネス）にどれだけ近いかが、はっきりとした違いを生んでいる。ちゃんとスタイリングできない髪、見栄えのしない服装、そういったもののせいで、成功するチャンスを失う。メッシー・バン〔messy bun：髪を頭上でゆるくまとめたラフなヘアスタイル〕は、白人の女の子がやればスロッピー・シック〔sloppy chic：カジュアルでキュートなスタイル。sloppy は服装がだらしない、の意〕と見られるだろう。しかし黒人女性が外見に少しでも手を抜いたと見られれば、自分のコミュニティーからも外の世界からも痛烈な批判を浴びる。ギャビー・ダグラス〔アメリカの黒人体操選手。2012年のロンドン・オリンピックに出場し、黒人としてオリンピック史上初めて体操で個人総合優勝を果たした。また団体としての金メダル獲得に貢献。2016年リオ・オリンピックにも出場〕がオリンピックで演技中に汗をかいた時、テレビの視聴者たちは彼女に反感を示して、何日もマスコミを騒がせた。ブルー・アイビーの髪型でさえ、今でも繰り返し批判されている〔ブルー・アイビーはシンガーのビヨンセの娘。幼児の頃は縮れ毛を伸ばしたナチュラルなスタイルだったが、それをネグレクトの証拠だとする人々が2014年、「彼女の髪をとかしなさい（Comb her hair）」という署名運動を起こした〕。女優のメーガン・マークル〔母親は黒人、父親は白人。英王室の公務から引退後もサセックス公爵夫人の称号を使用〕がイギリスのヘンリー王子と付き合っていると発覚した直後、白人女性たちは彼女の髪型を批判した。二人種にルーツを持つ女性は、特別なヘアケアが必要かもしれないと知っていながら、世間はメーガン妃の髪型の失敗に飛びつき、義理の姉になったキャサリン公爵夫人のヘアスタイルと比較した。

美学における人種差別は、女性は外見がよくても、白人でなければ特権を得ていないという意味ではない。だがその差別は、美の特権が薄っぺらく、現実には永遠に続かないことを示している。かわいくても安全が保障されるわけではないが、魅力的でないよりは安心できる。

魅力的だと人の神経を逆なでする。この重大な教訓を学んだのは職場でセクシュアル・ハラスメントを受けた時だ。ハラスメントの原因は、魅力的であることと何の関係もなかったが、周りは外見を理由にして犠牲者非難することが多い。1回目の時、わたしは上司に報告した。それはまた起こった。わたしはまた報告した。ありがたいことに、やっとハラスメントはなくなった。

わたしが暴力に訴えかねないと脅したためだろう。ハラスメントが続いている真っ最中、わたしは白人女性の上司のオフィスに呼ばれ、あなたは笑いすぎると注意された。「あなたはかわいい女の子よ、でもフレンドリーすぎるし、その服装も……」。彼女は言葉を濁し、わたしの頭のてっぺんからつま先までじろじろ見まわした。彼女の言いたいことははっきりわかった。わたしは長袖のセータードレス、レギンス、ブーツという格好だったのだ。1月のシカゴは厳しい寒さで、仕事用の服の選択肢は限られていた。わたしのくびれた体型を隠す服は少なかったが、首からつま先まで隠す服装ではどうやら不十分だったようだ。

それに、わたしはまったく関心のない男たちに色目を使われ、喜んでいると思われていた。そうでなければ、なぜ身体にぴったりフィットするドレスを着ているのか？　男性たちに、黒人女性に興味はないが君だけは別だと言われた時、なぜ光栄に思わなかったのか？　ハラスメントを受けたせいで、自分が汚らわしい傷物のように感じた。だが外の世界がわたしに割り当てたのは、喜ばしく光栄に思え、職場でもどこでも尊敬や安全を期待するなというナラティブだった。そういう〝褒め言葉〟は単なる絵空事だとわかった時、あなたは多くを学ぶことになる。褒め殺しは相手を侮辱する行為であり、見苦しい。驚くことではないが。

「黒人の女の子にしてはかわいい」という罠（わな）がはっきり見え、かわいさが与える特権にこだわり始めると、わたしは自分自身と周りの世界をまったく違う目で見るようになった。自分の身体と髪との関係は改善されていたので、ホワイトネスへの傾倒に依存する美学に潜む罠も見ることができた。でもわたしの個人的な旅は、アメリカをはじめ世界各国に存在する、カラリズムというより大きな問題を解決はしない。誰の肌の色が好ましいか、と歌った古い詩は、現代にも当てはまる。

あなたがブラックなら、下がっていて（ステイ・バック）
あなたがブラウンなら、その辺にいて（スティック・アラウンド）
あなたがイエローなら、あなたは穏やか（メロウ）
あなたがホワイトなら、あなたはすべて大丈夫（オール・ライト）

この詩はカラリズムを説明しているだけではない。社会が人々をどういう目で見るか、という現実を伝え続けている。またその差別は巧妙に隠されているので、人々は自分がどういう理由で何をしているのか、よく考えないままその継承者になっている。アニメ映画「シュガー・ラッシュ」（2012年）の続編〔「シュガー・ラッシュ：オンライン」（2018年）〕制作が発表された時、予告編にディズニーのプリンセスたちが勢ぞろいするシーンが含まれていた。そこにプリンセス・ティアナ〔「プリンセスと魔法のキス」（2009年）のヒロイン。ディズニー・アニメ・ヒロイン史上初の黒人〕はいたが、オリジナルの映画でおなじみの幅広い鼻、褐色の肌という姿ではなかった。予告編のバージョンは鼻筋が細く、髪質はまったくアフロっぽくなく、肌の色はもっと淡かった。なぜか？　そういう特質を抹消することが何を意味するのか、作画者たちが考えなかったからだ。わたしたちは、カラリズムとは肌の色に基づく差別を指し、濃い色の肌の人々に不利益をもたらして、明るい肌の人々に特権を与えると知っている。だがそこには、ただの美学以上の問題がある。肌の色が濃ければ濃いほど、職に就ける見込みは低くなり、昇進は難しくなり、結婚率は低下し、逮捕率は上昇し、刑期は長くなる。わたしたちは社会全体で、濃い肌の色の人々を抹消し、彼らの存在を罰しようとしているのだ。

カラリズムは何世紀も前から多くのカルチャーで存在している。アメリカの黒人コミュニティーだけが、肌の濃淡で人の価値を決めているわけではない。カラリズムは世界的な問題で、ラテン・アメリカ、極東や東南アジア、カリブ諸国、アフリカにも見られる。ただしアメリカは人種のるつぼなので、自分が属するコミュニティーで肌の色に基づく特権を享受しつつ、外からの圧力を経験することもありえるのだ。

アメリカ、ラテン・アメリカ、カリブ諸国、アフリカでは、カラリズムは植民地主義と奴隷制に根差している。だが一部のカルチャーでは、ヨーロッパが掲げる理想的な美と接触する前から、この差別は存在していた。白人史上主義ではなく階級に関係があったのだろう。労働者たちは外で働くから日に焼ける。特権階級は建物の中にいるから肌の色が淡い。こうして社会的に、濃い色の肌は貧困に、淡い肌は上流階級に結びつけられるようになった。現在、アジアで淡い色の肌が称賛されるのは、そういう歴史と関連があると思われる。同じような理由で〝レッドネック（首筋が赤く日焼けしている、の意。無学で保守的な野外労働者を指す）〟をホワイトネスの社会の最下層と位置づける西洋世界のカルチャーの影響もあったのだろう。

カラリズムという社会機構は、明るい肌を特権と位置づけることにより、機会へのアクセスをゆがめてきた。そのため、かつて一部の富裕な黒人コミュニティーでは、ペーパー・バッグ・テストやコーム・テストがはびこっていた。ペーパー・バッグ・テストでは、茶色い紙袋を肌に当て、紙より肌の色が濃かったら、ナイトクラブ、大学の友愛会、時には教会にさえ、入る資格が認められない。コーム・テストも同様で、目の細かいくし（コーム）が髪に通らなければ、一部の社会サークルから締め出された。今でさえ、インフルエンサーになって大金を稼いでいる〝ナチュラル・ヘアの伝道師たち〟を見れば、薄い色の肌と緩いくせ毛、という組み合わせの人が多い。

そしてカラリズムは、あらゆるコミュニティーで薄い色の肌は現実的に優遇されることを意味する。肌の漂白製品の宣伝では、薄い色の肌は収入面だけでなく恋愛面でも有利だと強調する。その結果、女性は肌の色を薄くしたいと切実に願い、漂白クリームはアメリカ、アジア、その他の国々で売れ続けている。水銀中毒、皮膚の異常、肝臓などの内臓の機能不全を引き起こすという証拠があるにもかかわらず。多くのコミュニティーにとって、そのリスクより、明るい肌になった時に得られる利益の方が重要なのだ。社会的圧力がかかっているからである。

同様に、緩いくせ毛も成功と関連があり、会社や学校はその髪質を基準にして、機会へのアクセスを好き勝手に制限している。最近では第11巡回裁判所〔アラバマ、ジョージア、フロリダの3州を管轄〕が、ドレッド・ヘアの人々に対する差別は差別に相当しない、なぜなら髪質（テクスチュア）は変えられる特質であり、差別を禁じる法律の保護対象ではないからだ、という判決を下した。統計的に見て、ドレッド・ヘアにするのはほとんどアフリカ系アメリカ人であり、人種は差別を禁じる現在の法律で保護対象になっている、という事実にもかかわらず。

カラリズムとテクスチュアリズムは、自称フェミニストのスペースにも浸透している。メインストリームのフェミニズムは、特定の肌の色に付いて回る偏見に対して免疫がないことを、わたしたちは知っている。多数派の白人コミュニティーで人目を引けない一部の白人女性は、スプレーを使って肌を褐色に染め、髪をボックス・ブレイズ〔髪を四角（箱型）に分割して編み込むブレイズ〕にして、〝黒人になったみたい〟とまで主張する（そのいい例がレイチェル・ドレザルだ。両親が白人にもかかわらず、黒人女性だと言い張り続けた）〔ドレザルは黒人女性として大学に入学し、奨学金を獲得。卒業後は人権活動家として有名になり、全米黒人地位向上協会の女性支部長、イースタン・ワシントン大学アフリカ研究プログラムの非常勤講師を務めていた。２０１５年に家族が彼女のルーツを暴露し、大きなニュースになる〕。つまり彼女たちは黒人を模倣することで、カラリズムが定める美の基準から、被害は受けずに利益だけを得られるのだ。

悪意はないと世間は主張するが、わたしたちはみな、肌の色は今でも、人の扱われ方を決定するいちばんあからさまな基準だと知っている。アメリカだけでなく世界中に、頑迷な差別と根強い反黒人性（ブラックネス）がはびこり、濃い色の肌は悪と見られ、薄い色の肌は称賛される。だから、フェティシズムやエキゾチシズム（異国へのあこがれ）が利用されている現状を無視しても、カラリズムの基準のせいで不利益を得ている人たちが直面する問題に立ち向かわないかぎり、誰も救われないのだ。

ブラック・フェミニズムは何十年も前からカラリズムと闘ってきた。肌の漂白に反対するキャンペーンを行ない、メディアに働きかけて濃い色の肌の少女や女性たちの表現を改善させ、ホワイトネスを中心としない美学を推奨してきた。しかしこれはブラック・フェミニストだけの問題ではない。権利を与えられ、自分自身と他者を愛し、世界を変えられる次世代の黒人および有色人種の少女たちを育てたければ、わたしたちはメインストリームのフェミニズムに、カラリズムに反対し声を上げてほしいと呼びかけなければならない。

　わたしたちは、肌の色をめぐる白人至上主義のナラティブが、有色人種の少女や女性たちの自己嫌悪、うつ病、不安をあおっているだけではないと知っている。このナラティブは、白人の脆弱さ〔white fragility：ささいな人種的問題を突きつけられた白人が、動揺して弁解を始めたり逃げたりするなど、自己防衛行動を取る状態〕――白人女性の涙は有色人種の女性たちの命より大切だとするナラティブ――を正当化するためにも使われる。エキゾチックであることは、自由を意味しない。有色人種の女性のフェティッシュ化に依存するフェティシズムはすべて有害だ。メディア・カルチャーでは、ディズニーのプリンセスたちでさえカラリズムの対象になる。なぜメインストリームのフェミニストたちが語るナラティブの多くで、濃い色の肌の女性は〝美しい〟ではなく〝力強い〟と呼ばれるのか、あなたは問いかけなければならない。

　さらに、身体の大きさ、障がい、特定の体型だけを称賛する、といった問題もある。黒人女性は白人やラティーノの女性より自己肯定感が高いから、ほかの人種の女性と違い、美しさを気遣わなくていい、というナラティブがある。しかし高い自己肯定感は、わたしたちのコミュニティーの中で時間をかけて形成されたものだ。あなたの身体は何をしてもうまくいかない、と告げるカルチャーと闘うために、すべての少女が必要なサポートを得られるわけではない。

美の基準は表面的なもので重要ではない、あなたの皮膚の色は誰かにとってはいちばん美しいのだから、と言うのは簡単だ。しかし、ほかのすべてのものと同様、美には政治が絡んでいる。ホワイトネスに近くない身体を美しいとするのは、抵抗行動だ。植民地主義と帝国主義が壊そうとしたカルチャーとコミュニティーを生かし続ける方法なのだ。

もちろん、かわいさは特権になりえる。だがその特権がどう機能するかは、人種によってさまざまだ。美しい白人女性を称賛や尊敬に値すると位置づける基準は、裏を返せば、濃い色の肌の女性は同じような顔立ちをしていても、人前にいるだけで性的対象になるし、ふしだらだと無条件に考えていい、ということになる。

お前は強い、お前は美しい、お前は賢いと教えられ、あなたは防御メカニズムとして差別に立ち向かう世代になった。自信が揺らいだ時でも、自信を持てば持つほど、人種差別と渡り合う準備が整うと知っている。だから外見に磨きをかける。ボディ・ポジティブ・ムーブメント〔白人のスリムな身体を美しいとする基準から解放され、体型や外見の多様性の受け入れを目指す運動〕は黒人コミュニティーが発祥だ。肌の色の濃淡、大きさ、体型、目に見える障がいは、コミュニティーの中で多くの人々をアウトサイダーと位置づけていたからだ。その人たちを支持するためであっても、結果的には同じことだった。現在でさえ、美は階級によって複雑化している。編み込みのために買うエクステンションの質、購入できる服のブランド——こういうものがすべて、あなたの身体が今のスペースにいる権利があるかどうかを判断する目印となる。あらゆる目印が正しくても問題は残る。あなたが白人でなければ、あなたの外見の特徴が商品化され、あらゆる身体を魅力的にすると宣伝されたところで、自分の身体だけはそれに当てはまらないのだ。

白人女性たちは自分の身体を変え、唇をぽっちゃりさせ、肌を褐色にするが、この流行はやがて消える。エキゾチックなアイデンティティーの模倣はいつかなくなるが、濃い色の肌の女性たちに対する抑圧はほとんど変わらないだろう。美のカルチャー、そしてわたしたちのカルチャーにある人種差別とカラリズムと闘わないかぎり。

かわいさには特権が付与される。この国に住む誰かの健康、富、成功する機会が、外見、肌の色、髪で左右されるなら、誰がかわいさを定義するかが問題になる。また、カラリズムはこの国の基礎構造に深く染み込んでいるため、わたしたち全員がその影響に良くも悪くも関与している。カラリズムのヒエラルキーのまん延は、多くのコミュニティーが直面している問題だが、それを真の意味で終わらせるメカニズムは今のところない。わたしたちのカルチャーがつながっているのは否定しようがない。だからわたしたちには同じ人種間、そして違う人種間の解決法が必要だ。カラリズムの影響について、カルチャーの境界を越えて話し合うことが必要だ。そうしなければ、よりよい健全な美学を創造するための第一歩も踏み出すことができない。

美のカルチャーにかかわっているメインストリームのフェミニストは、男性の視線とその影響に焦点を当てる。しかし、それだけが有害な要素ではない。白人であり、シスジェンダーであり、スリムな体型で、健全な身体を持つことに価値があるとする見方に取り組まなければならない。ムーブメントとして、フェミニズムは積極的に変化を起こさなくてはならない。

第８章

黒人の女の子は摂食障害にならない？

自己否定のトラウマが摂食障害を生む――すべての
コミュニティーに充実したメンタルヘルス・プログラムを

わたしはハイスクール時代に拒食症だった。昔からやせっぽちだったから、体重が減っても気づかれないだろうと最初は思っていた。健康そうに見えるありとあらゆる巧妙な食べ方をマスターした。外で食事をする時は、皿にほんの少しだけ料理を載せる。時折、目ざとい人がわたしはあまり食べていないことに気づき、皿にもっと料理を盛りつけ、あるいはもうお腹いっぱいなのかと尋ねる。ランチをたくさん食べた、デザートのためにお腹のスペースを空けておく――とにかく思いつくかぎりの言い訳をした。アピールするためにお代わりをしに行く時もあった。周りの人は、あなたがフルーツばかり食べていても気づかない。ノンカロリーの食べ物をすばやく皿いっぱいに盛っても見えていない。もし気づいても、黒人少女の身体のくびれは将来の肥満のサインだとする物語(ナラティブ)に惑わされて、全体的な問題を理解する代わりに、体重が減ったことを祝福する。わたしたちのカルチャーは、摂食障害をありふれたものとして受け入れる。わたしたちはそれをクリーン・イーティング〔加工食品を避け、できるだけ身体にいい食材を選ぶこと〕と呼び、あるいは流行のかわいらしい名前をつける。または当人の外見がおかしく見えないかぎり、食べ物との病的な関係は正常である、というふりをする。わたしたちのメンタルヘルスがほかの誰かの優先事項になることはほとんどない。黒人女性は強いという有害な神話がはびこっているせいだ。

ストレスを感じると、わたしは今でも食べ物がのどを通らなくなる。昔よりは体重が増えたから、食事を抜いても、わたしを見てぎょっとする人は誰もいない。それに症状は自分でほとんどコントロールできる。食べ物を口にする行為が、喜びではなくつまらないルーチンに感じられても、1日2回は食事を摂る。そして、こういう状態になるから、自分はまだ摂食障害だと知っている。わたしはセラピーでこれについて話す。かわいらしいドクターは、わたしが自らに課したルールに満足している。彼女がもっといい治療計画を立てているのかどうか、わたしにはわからない。黒人の少女は摂食障害にならない――だが、なる時はなるのだ。黒人少女の手に入らないものはたくさんある。安全、安心、カラリズムや人種差別といった多くの差別（イズム）を消去する魔法だ。わたしたちはよりよい選択肢がないため、大小さまざまなストレスの対処技術を編み出す。健全なスキルなら毎日の散歩やヨガ。だがそのスキルは、深刻なほど不健全にもなりえる――摂食障害や、何かの依存症という形で。

　周縁化されたコミュニティーの少女たちも、富裕なコミュニティーの少女たちと同じ心と感情の問題を抱えている（とはいえ、金満病（アフルエンザ）〔affluenza：アフルエンス（裕福さ）とインフルエンザ（流行性感冒）を合わせた造語。アメリカを発祥とする強迫的消費病〕は除く。わたしの意見では、これはメンタルヘルスの病ではなく、おぞましい振る舞いの便利な言い訳にすぎない）。だが問題に対処するためのお金も機会も表現する言語も、彼女たちはあまり持っていない。それでも膨大なトラウマを経験し、後遺症に苦しむ。

　摂食障害は食生活の習慣の問題と言われている。確かにそれが最も明らかな症状だが、問題の根源は別の所にある。実はほとんどの場合、摂食障害は食べ物に関連していない。家庭や周囲の環境が原因の場合が圧倒的に多いのだ。離婚、貧困、虐待、それらすべての混合――摂食障害（ED）はほかの問題が病の形で現れたものである。またこの障害は悲しいことに、病状が限界に達し、誰が見てもおかしいと感じるまで隠しておける。

わたしたちは一般的に、スリムであることを称賛する。とりわけ、白人との同化を掲げる美学を信奉する。有色人種の若者は、身体の発育期に白人の中産階級にあこがれる。しかし彼らと同じ身体には決してなれないから、メディアなどで正当と認められる印を持つことはない。

社会にはホワイトネスの美学に関する情報が氾濫（はんらん）し、黒人の少女たちは、お前は白人の少女より価値が低いと告げられる。そんな世界で、自分自身を愛そうと苦闘している有色人種の少女たちは、摂食障害になりやすいだけでなく、それを誰にも気づかれず治療を受けられないというリスクに直面している。治療を受けられるごく一部の幸運な少女でも、そのプログラムが対応するトラウマが、人種差別によるものか、ほかのトラウマによるものか、予測するのは難しい。

摂食障害の原因のほとんどは、思春期を迎えたことだと考えがちだが、実際には病の種はもっと早い時期にまかれている。有色人種の子どもたちは思春期前に、自分の身体をどれだけ変えても白人中心の理不尽な美の基準には当てはまらない、というつらい現実に気づいている。周縁化されたコミュニティーが直面している反黒人性（ブラックネス）、さまざまなステレオタイプ、ハイパーセクシュアリゼーション〔過剰な性的性格の付与〕といった問題を避けて通れないことも、すでに知っている。周縁化されたほかのコミュニティーでは、思春期が主要な引き金（トリガー）かもしれないが、有色人種、障がい者、ノンバイナリー〔性自認・性表現に「男性」「女性」といった枠組みを当てはめないセクシュアリティー〕、トランスジェンダーの人々の場合、摂食障害の原因の一部は、自己評価に影響を及ぼした要素にある。たとえば、カラリズムは幼い子どもにさえ影響を与える。人々は人種が混合した子どもを欲しがり、赤ちゃんの〝かわいさ〟を髪質と目の色で判断する。

摂食障害を裕福な白人少女の病気と位置づければ、わたしたちは日常的な偏見を黙殺することになる。その偏見のせいで有色人種の若者たちは、安全なスペースがない、自分は無力だと感じている。富の差は、住居、移動手段、安全など、生きていくために必要なものへのアクセスに影響を与えるだけでなく、カルチャーの文脈と自己イメージをゆがめる。自分の環境をコントロールできず、お前の身体は間違っているというメッセージをメディアから投げつけられ続ければ、コントロールできるのは自分の身体だけだと感じてもおかしくない。残念ながら、社会経済を構成するこういった変数は、医療供給者からないものとされる。構造的な先入観があるからだ。

食べ物が人種差別や貧困と闘う手段だったら、健康的な食習慣は育めない。お前の身体は存在するだけで罪だと言われ続ければ、自分の身体と健全な関係は築けない。

カルチャーが違うせいで周縁化された人々は、健康的とうたわれる食べ物を見て、疎外されたと感じる。Instagram やフード・ブログに投稿された写真。雑誌で紹介される最新の健康的なダイエットや食生活プラン。こういった急場しのぎの情報が不安感をあおる。メッセージから逃れることはできない。待合室にある雑誌を開かなくても、Facebook の広告やテレビのコマーシャルが嫌でも目に入り、セレブたちの食生活プランに関する議論が聞こえてくる。メディアに登場するそういう身体のイメージは圧倒されるほどスリムで、ホワイトで、健常で、シスジェンダーで、しかも彼女たちの食べるものはおいしそうでもないし、食べ慣れたものでもない。食の砂漠（フード・デザート）に住んでいる人なら、記事が宣伝する食材さえ買えないし、たとえ材料をそろえられても、香味料が口に合わないだろう。ちなみに、エスニック料理は何十年も前から健康に悪いと非難されているが、そういう〝高尚な〟レシピの多くは、侮辱的なやり方で郷土料理をブランド化し、高い値段をつけているだけだ。

手持ちのお金で買える食べ物が、自分のコミュニティーで目にするものとまったく違えば、健康的な食生活を送るのは難しい。あこがれの食べ物は雑誌やFacebookのビデオの中だけに存在し、現実のものとは感じられない。あまりにもかけ離れ、絶対に手が届かないから、〔『指輪物語』の〕エルフの焼き菓子みたいに思える。このどうにもできない身体を健全にする方法を見つけるより、食べないか、どか食いして下剤を使う方が簡単になる。一方、BMI〔肥満度の判定に使われる体格指数。体重（キロ）÷身長（メートル）の2乗〕は実際には役に立たなくて健康的な基準ではないし、ダイエットは効果がないとだんだんわかってきても、わたしたちは社会が推奨する〝白人のスリムな身体〟を健康の基準とみなす。医療業界なら摂食障害をもっと適切に扱うだろう、と期待しても、医師たちは、体重過剰でも死亡率は上昇しないという調査結果をすべて黙殺する。自分が肥満恐怖症（ファットフォビア）〔太ることや太っている人に病的な嫌悪を抱くこと〕だからだ。

摂食障害に対応する組織でさえ、データ不足のままの活動を余儀なくされている。医療機関がこの病気は白人女性しか発症しないと思い込んでいるせいだ。人種による差を示す調査は少なく、ジェンダーや障がいに関してはなきに等しい。摂食障害はあらゆるコミュニティーに存在するという認識は広がってきているが、専門の治療機関でも発症率のデータしかなく、病気の原因に関する知識はない。

今も使われている一次資料の大半は、社会経済的地位が食べ物との関係に与える影響を無視している。『The Eating Disorder Sourcebook: A Comprehensive Guide to the Causes, Treatments, and Prevention of Eating Disorders（摂食障害辞典：原因、治療、予防の総合ガイド）』（キャロリン・コスティン、1999年）は、第3版まで出ているというのに、人種とジェンダーの問題についてはわずか8ページしか割いていない。『Eating Disorders: A Reference Sourcebook（摂食障害の手引き）』（レイモンド・レンバーグ、リー・コーン、1999年）は、男性の摂食障害に触れているが、人種、ノンバイナリー、トランス、障がい者についての記述はない。こういった情報の欠落は非常に有害である。個人の存在を抹消するだけでなく、摂食障害に苦しんでいる人たちをさらに孤立させるからだ。家族間の力関係（ダイナミクス）、経済、ポップ・カルチャーから影響を受け、複雑な人生を送ってきた彼らを、個人として扱うのではなく、実体のないゴーストにしてしまう。ゴーストたちは機械に砕かれて、業界を肥やす飼料になる。そしてあこがれの対象になるはずだったスリムな白人女性たちと一緒に、業界の餌食にされるのだ。この構造的な偏見は、実体験を前にして一瞬で砕け散る。すべてのコミュニティーには独自の基準がある。しかしその基準はメインストリームが上げる大声のせいで聞き取りづらい。

身体と、身体と世界のかかわり方について語る時、わたしたちは自問しなければならない。わたしたちは多くのカルチャーに登場する白人の身体の特徴を愛するのに、なぜ自分の種の特徴は愛さないのか。

メディアはシアラ〔黒人のシンガー、ダンサー、モデル〕のドレッド・ヘアもどきを批判しておきながら、キム・カーダシアンが同じヘアスタイルにしたらエッジが効いているともてはやした（2018年、キムはドレッド・ヘアにした写真をInstagramに投稿。黒人カルチャーに敬意を払っていないとして炎上した）。これは有色人種の少女たちにどんなメッセージを送っているのか？　バンダナが、雑誌「ELLE」のページに登場する若い白人女性たちにとっては最新流行のホットなアクセサリーで、ハイスクールに通うラティーノの少年には手錠をかけられる理由なら（2018年、アリゾナ州のハイスクールでランチへ向かう途中の生徒が、頭に巻いたバンダナを取るよう教師に命じられた。白人の生徒たちも取るなら指示に従う、と少年は反論。教師は取らなければ警察を呼ぶと言い、実行した。到着した白人警官は「バンダナはギャングのアクセサリーだ」として、少年と言い争いの末に治安紊乱行為の罪で逮捕した）、どんなメッセージが受け取られるのか？　白人女性がコーンロウ（黒人カルチャー発祥の編み込みスタイル。名前の由来は、編み込みの列がトウモロコシに似ていることから）にすることと、黒人女性が髪を編み込むのは同じというふりをするなら、ヘアスタイルを理由に職を失うのが片方だけなのはなぜか？　わたしたちはカラリズムが存在することを知っている。だが、皮膚の漂白を批判する前に、色の薄い皮膚の方が上位だというメッセージがどんどん強化されていくのを把握しているだろうか？

　思い出してほしい。こういったことすべてが起こっている社会は、黒い肌ではなく淡い肌に特権を与え、障がいのある身体ではなく健常な身体を優遇し、シスジェンダーであることはオプションにすぎないとみなしているのだ。すべての人がこういう環境のせいで身体にまつわる心の病を発症するわけではない。しかし実際になった人は、この病気が社会的地位を手に入れる手段だと思い込む。それが症状の悪化につながる。周縁化された人は、特定の美学に自分を合わせれば、高収入の仕事を得て、高等な教育を受け、社会全般からよりよい扱いを受けられる。もっと魅力的に見られる、という利点だけではない。多くの人にとって、それは高品質の住居、さらに法制度からの扱われ方を決定する要因になる。

有色人種のスタイルをまねる白人は、「ただの髪型」「ただのハロウィンの仮装」「ただの化粧」と言い訳する。だが有色人種の少女たちはそういった言葉をすべて体重として取り込み、メンタルヘルスの問題は周縁化されたコミュニティーへと押しやられる。トラウマのレベルとしては低いかもしれないが、本人は広い世界から身を引くことができず、じわじわとストレスにむしばまれていく。

トラウマはすべての人に影響を与えるが、その後遺症に対処する手段を手に入れられる人はごくわずかだ。メンタルヘルスの人的・物的資源は、それがどんな問題であれアクセスが難しい。そのためトラウマに苦しむ人々は、それに向き合わず、別の痛みに置き換えて対処する方法を見つける。

メンタルヘルスの治療を必要とすれば白い目で見られるかもしれない。心理学や精神科ではなく宗教に助けを求めろと自分のカルチャーから期待されるかもしれない。教会を信じる地域で育った人々にとって、祈りはプロザック〔アメリカで一般的な抗うつ剤。別名ハッピー・ドラッグ〕より頼もしい治療薬だからだ。祈りに癒しを求めるのはまったく悪いことではないし、祈りは脳内の化学物質を修復してくれる。だが牧師は、入院中や誰かを亡くした時ならカウンセラーとして頼れるが、訓練を受けたセラピストのように毎週セッションを行なってはくれない。

さらに、ヨーロッパ中心の価値観とカルチャー基準を偏重しているメンタルヘルス・システムの中に、異文化コンピテンス〔cultural competence：異文化を理解し、かかわっていく能力〕の提供者を見つけるという問題もある。当人は外の世界から受ける人種差別、偏見、不公平な扱いと闘い、さらに治療でもそれらに対処しなければならない。そうやって最も人的・物的資源を必要とする人々が、周縁に追いやられていく。もちろんアメリカでは、健康保険が適切に適用されないために発する問題も常にある。

最近の調査で、PTSD（心的外傷後ストレス障害）がインナー・シティーの若者層で深刻な問題になっていることが判明した。人種差別がまん延している地域であることから、この調査結果は、若者層のPTSDは有色人種の若者の問題だと読み替えることができる。PTSDが摂食障害のトリガーになるという証拠もいくつかある。では、PTSDと摂食障害はいつも結びついているのか？　もちろん違う。だが十分なサービスを受けていないコミュニティーの人々のメンタルヘルスと、中流階級の白人たちのメンタルヘルスは、同じだと考えられるだろうか？

不健全な対処メカニズムは、摂食障害、リストカット、依存症といった形で現れる。周縁化された若者層について、メインストリームのフェミニストのサークルで語る時、わたしたちは成功例のうちどれだけが、コミュニティー内部の人的・物的資源に依存しているのか見ないようにしている。リスペクタビリティーのナラティブというより、心の健康イニシアチブの権利付与の問題なのだ。過食と拒食は不健康だが、不安とストレスに対する一般的な反応でもある。絶えず批判されていると感じるコミュニティーに住むほど、ストレスフルなことがあるだろうか？　ほかの人に気づかれず、治療も受けていないＰＴＳＤの症状として不安神経症が始まったら、どう対処すればいい？　わたしの場合、ＰＴＳＤとＥＤのどちらが先に発症したかはっきりとは言えない。だが、ついにトラウマ専門のセラピーを受けた時、すべての症状が軽くなったのは確かだ。

１章で述べたストロング・ブラック・ウーマン、賢いインディアン、従順なアジア人、奔放なラティーノの神話は、お粗末なテレビ番組に登場するだけではない。白人以外の女性は感情が乏しく、メンタルヘルスの問題で苦痛を味わわないというイメージを広げている。そのせいで、周縁化された若者たちはヘイト・メッセージにさらされる――教材から、メディアから――それが自分は安全である、暴力から守られている、という感覚を徐々にむしばんでいく。同じ抑圧を経験しない人たちには、そういう症状は通常見られない。カラー・ブラインドネス〔color blindness：肌の色にかかわらず個人の幸福を推進する施策〕は誰にでも有効ではないし、本来フェミニストの課題であるコミュニティーの健康イニシアチブ問題でも、もちろん機能しない。結局、ボディ・ポジティブと平等について訴えたければ、わたしたちがあがめる身体だけではなく、あこがれる側の身体が直面する苦闘を心に留めなければならない。

白人至上主義はさまざまな形に偽装して現れる。最も欺瞞（ぎまん）に満ちたものは、ボディ・ポジティブになれという主張だ。それに挑戦する唯一の方法は、立ち止まって、その影響を曇りのない批判的な目で見ることである。そのカルチャーを称賛してはいけない、参加してはならない、という意味ではないが、社会文化的な文脈を問わなくてはならない。極端な例がレイチェル・ドレザルだ。彼女はある人種のアイデンティティーを丸ごと盗用するという重大な罪を犯したが、満足感のためにその主張を始めた時は、おそらく何の影響もないと思っていただろう。

わたしたちは表現するという行為を、映画や本だけではなくコミュニティーの問題として考えなければならない。頑迷な偏見は、周縁化された人々のメンタルヘルスだけでなく、社会経済的な健全性にも影響を与える。身体を人間として劣っているように扱われたら、心が凍りつく。お前のためだと主張する活動に人間性を奪われたら、どこに治療を求めればいい？　フェミニストとして最も考えなければならないのは、どうやったら自分がかわいいと感じられるか、どうやったらセクシーだと思えるか、というアイデアがほかのコミュニティーにも重大な影響を及ぼす点だ。そのアイデアは、カルチャーを盗用する人物をうぬぼれさせるだけである。

ボディ・ポジティブを掲げるフェミニズムはあらゆる女性を称賛すべきだが、そのコミュニティーの中にさえ、根強い人種差別とカラリズムがある。白人女性の身体はあがめられ保護される、という考えが白人至上主義のナラティブを維持する鍵であるため、ボディ・ポジティブ・ムーブメントを始めた有色人種のコミュニティーが疎外されているのだ。ホワイト・フェミニズムが中心になり、身体に関する会話をすると、特定のタイプの身体をあがめて、別のタイプは無視するか恥ずかしいとされる。こうして有害な美学が複製されていく。ムーブメントに含まれるはずなのに、押し出された女性たちのメンタルヘルスを気遣うこともない。

偏見によるストレスとトラウマは深刻だ。受けた本人は表面的な行動からはわからないほど深く傷つき、コミュニティーも影響を受ける。お前のアイデンティティーは歓迎されないというメッセージに囲まれ、いつ誰から自覚なき差別（マイクロアグレッション）を受けるかもしれない環境では、身体に関する権利に不安を抱き続けることになる。コミュニティーが抱える全然別の問題と混合している、と読者は思うかもしれない。だが周縁化された人々は、お前の身体は間違っている、存在しなくなれば問題は解決する、というメッセージを常に感じているのだ。

武器を持たない黒人、ラテン系アメリカ人、アジア人、ネイティブ・アメリカンの人々が、ストリートで、車の中で、拘置所の待機房で、果てには教会で殺される映像を、わたしたちは毎日のようにテレビのニュースで目にする。それを見ると、つらい記憶が次々によみがえるだけでなく、代理トラウマと呼ばれる症状のトリガーになることがある。自分が直接体験していなくても、わたしたちは同じような状況を目撃し、あるいは同様のやり方でトラウマを受けたり殺されたりしたコミュニティーの人を知っている。彼らのナラティブに共鳴するあなたの目の前に、評論家たちが次々現れて、この恐ろしい事件は正義だったと主張する。犠牲者非難は性暴力だけで起きるのではない。トラウマの悪循環は永遠に続くため、自己療法に頼ろうとする。ネットのスペースに偽りの安らぎを見いだし、本来の目的を見失う。安全なスペースを探しても、アイデンティティーのせいでどうせ歓迎も治療もされないと思い込む。

周縁化された人々は、白人の中・上流階級に比べると、メンタルヘルスのサービスにアクセスしにくく、治療を受けられてもその質は低い。ストレスが高い環境にいる周縁化された人々が、適切な治療を受けていないのには、いくつか理由がある。シカゴのような地域では、メンタルヘルス・プログラムの終了が相次ぎ、治療を受けられないというのが単純な理由だ。プログラムが存続している地域でも、移動手段がない、子どもを預けられない、仕事を休めず定期的な予約ができない、といった壁が立ちはだかる。

メンタルヘルス・システムに欠陥があることをわたしたちは知っている。だがそれは、フェミニズムが有色人種のメンタルヘルスを黙殺する言い訳にはならない。周縁化された人々から人間性を奪う人種差別主義者を模倣するのではなく、フェミニズムは、この面を支持する白人至上主義を問いたださなければならない。医療従事者は、治療から最も遠い所にいる人たちの現状を変えなければならない。フェミニズムは彼女たちに焦点を当てなければならない。構造的な格差のせいで受けられない人がいる。メンタルヘルス・システムや家庭での治療を求めても、会合で、周縁化されたコミュニティーの問題に記念賞のハイライトを当てるだけでは足りない。年1回のフェミニズムは、万人にメンタルヘルスの治療が必要だと主張しなければならない。

医療供給者やコミュニティーを啓蒙するという感情労働〔emotional labor：介護士や看護師など、感情の抑制、我慢や忍耐が必要不可欠な労働〕を、サポートを求める周縁化された人々に任せてはならない。また、メンタルヘルスにかかわるキャンペーンや組織のリーダーとして、周縁化された人々を据えることも重要だ。何より大切なのは、あらゆる階層の国会議員にはたらきかけて、良質なメンタルヘルス・サービスがすべての地域で受けられるように訴えることである。わたしたちは、メンタルヘルスの問題は白人コミュニティーにだけ起こる、というふりを続けることはできない。その代わり、メンタルヘルスを切実に求めている人々に手を差し伸べ、彼女たちのトラウマを本気で受け止めなければならない。

第９章

凶暴さのフェティッシュ化

怒りの声を上げた勇敢なサバイバーたちに長期的な支援を

誰に尋ねるかにもよるが、わたしは凶暴なフェミニスト、あるいは危険人物と思われているようだ。挑戦されればいつでも喜んで議論に飛び込み、周りをいら立たせ、混乱させる。議論に対するアプローチは容赦がない。だが、わたしを凶暴だとか有害だとか言う人たちに朗報がある。わたしは何の遠慮もなく率直に話す。いつでも全力で反撃する。最近のフェミニストのサークルでは、凶暴と有害の境界線がひどくあいまいらしい（わたしはさまざまな場面でそう呼ばれてきたが、正直言ってどちらの言葉もしっくり来ない）。だが**凶暴**という言葉について気づいたことがある。とても独特な重みがあるのだ。

　凶暴と呼ばれる女性たちは、大きな社会的リスクに直面する可能性がいちばん高い。彼女たちにはアングリー・ブラック・ウーマン、奔放なラティーナといった古くさいイメージが押しつけられる。だがわたしたちは、崇拝する女性たちを自分が実際にはどういう目で見ているか、という物語（ナラティブ）を無視する。ポップ・スターのビヨンセが訴えるフェミニズム〔2013年にフェミニストを宣言するアルバム『ビヨンセ（BEYONCÉ）』を発表。ポップ・カルチャーにおけるフェミニスト・ムーブメントのけん引役となったが、自分のブランディングのためにフェミニズムを利用しているという批判もある〕は凶暴だと即断するが、実は〝男を必要としない自立した強い女性〟ではなく、夫〔ラッパー、プロデューサー、起業家のジェイ・Z〕を愛しているひとりの人間だとわかってから、見方を変える。

　わたしたちはテニス選手のセリーナ・ウィリアムズをあがめるが、薬物検査を何度も強制したり〔2018年、ほかの男女の選手より多く検査を強いられたことに対し、本人が不平等だと主張〕、審判から注意を受けたり〔2018年、全米オープン戦の決勝戦で大阪なおみ選手と対戦。審判から何度も注意を受けてペナルティーを課され、その場で審判に激しく抗議した。試合後、男子選手より厳しい扱いを受けたというコメントを発表〕するシステムに対し、彼女が怒りをあらわにすると、腹を立て過ぎだ、冷静になるべきだ、と思う。彼女たちは戦士だが、どうやら正しい種類の戦士ではないようだ。セリーナは試合後、コートで怒りを爆発させたとして激しく非難された。審判の性差別に反応した、性差別と人種差別に対する反応が礼儀正しくなかった、テニス界のよきロール・モデルではない、というのがその理由だ。

しかし彼女たちのキャリアと生き方は、男性優位の業界で成功する女性が持つパワーの見本である。労働者階級に生まれた女性が、富と名誉を手に入れるパワーだけでなく、カルチャーを形作るパワーを持つというのは素晴らしいことだ。彼女たちは若い黒人女性に、メインストリームのメディアを支配するキャリアと、美しさとセクシュアリティーを享受する権利を与える一方で、フェミニズムは少女たちにとってパワフルな力だと支持する。しかし少女たちがフェミニズムを主張するだけでなく、そのムーブメントとのかかわり方を自分でコントロールしようとすると、突然白い目で見られる。キャリアを成功させるために、自分の身体を――中傷され分析され尽くした――利用したとして。

批評家たちは女性への権利付与を今も疑問視している。彼らは女性にもっとたくさん服を着てほしい。それほど強くもセクシーでもいてほしくない。そして、そんなにあからさまに〝適切な〟フェミニストの型に当てはまってほしくない。しかし白人至上主義が設定した境界線を死に物狂いで通り抜けることは、気弱な人にはできない。結局のところ、お行儀のいい女性たちは歴史を作らないのだ。それでも、ビヨンセとセリーナへの非難が強まるなか、彼女たちに対する反感は暴走し始め、キャリアだけでなく私生活も攻撃するようになった。ふたりの子どもたちさえそれを免れることはできなかった。狂暴であることにはそれなりの犠牲が伴うのだ。

彼女たちは自分を守る人的・物的資源と人脈を持っているが、家父長制と闘う一般人の女性はそんな特権を持っていない。人種差別から守られない女性たちが直面するリスクは減らないのだ。しかしナラティブは、そういうリスクを引き受ける彼女たちの勇気を大げさに褒め称え、その後の影響についてはほとんど議論しない。警官による暴力、ハラスメント、政界における性暴力、エンターテインメント業界、テクノロジー業界などで、声を上げた女性たちは、生き抜いた人(サバイバー)ではなく犠牲者と位置づけられる。反感とともにハラスメントや脅迫が始まる。何人かのフェミニストは立ち上がるが、警察かＦＢＩに連絡しなさいと言うだけだ。誰かが有効な犠牲者支援策の欠落を指摘すると、会話は即座に方向転換し、リスクを負わない女性たちの話になる。

わたしの経験では、自分あるいはほかの黒人女性がハラスメントの標的にされた時、黒人女性たちはソーシャル・メディアでお互いをバックアップしなければならなかった。これはTwitterのようなプラットフォームで顕著だった。情報の海をフィルタリングし、ネット荒らしの声を除外するツールがないからだ。文化評論家のジャミラ・ルミュー（当時は黒人向けカルチャー誌「Ebony」編集長）が保守的なネット荒らしの標的にされた時、彼女を支持したのは黒人フェミニストのTwitterだった。ハラスメントの理由が、中絶権利擁護でも、共和党の報道官が述べた政治的選択への批判でも、アンシア・バトラー〔宗教学・アフリカ学専門家〕やイヴ・ユーイング〔社会学者、漫画家〕といった黒人の教授たちが受けたハラスメントであっても、彼女たちは白人フェミニストのライターたちから離れた場所で、凶暴な叫びを上げた。彼女たちの声は大抵なかったことにされるか、イルハン・オマル下院議員〔ソマリア難民で初のムスリム女性下院議員。２０１９年、トランプ大統領はオマル氏を含む移民議員に「祖国へ帰った方がいい」との発言を繰り返し、大きな問題になった〕のケースのように、チェルシー・クリントンといった白人フェミニストの標的にされる。それはやがて実際の肉体的暴力に発展する。

　凶暴さを称賛し、権力に立ち向かう理想をあがめていた女性が突然、自分の個人的な弱さを語り始める。結局、凶暴であることには代償が付きまとうのだ。それに、彼女たちは警察ではない。誰かを守る責任はない。安全や人的・物的資源を求める人を助ける義務はない。つまり、誰も不便は感じないのだ。頼りにできる監獄という解決法があるのだから。

　監獄フェミニズム（ジェンダーおよび性的な暴力の解決を警察、検察、投獄に頼るフェミニズム）は反撃する女性たち、特に有色人種の女性に対して使われる。世間は性暴力が起きると犠牲者を再び攻撃し、国はそれに呼応する。正義が示されることはほとんどない。監獄への依存は、暴力の告発や家父長制との闘いを試みる犠牲者たちに、フェミニズムがどうやって対処するかを示している。フェミニズムは、いったん犠牲者が犯罪を訴えれば、彼女たちのニーズはすべて満たされると主張する。これはネットを利用したオンライン・ハラスメントの場合、特に顕著だ。

　フェミニストたちはこの行為を犯罪とみなすことに異議を唱えないが、被害者を守ろうという意識が足りない。フェミニストは集団よりも個人で闘うことを期待する。監獄フェミニズムの影響のせいで、それがフェミニストの限界なのだとわたしたちはみなす。この個人主義的フェミニズム〔individualist feminism：リバータリアン・フェミニズム（libertarian feminism）とも。集団や階級ではなく、個人としての女性に焦点を当てる〕は、権利を付与された女性は何でもできる、という考えに依存している。一部の人たちが直面する経済と人種の壁を見ないようにしているのだ。

個人主義的フェミニズムはどのような形で現れるのか？　わたしたちが競技場のサイドラインに立って女性たちを応援している間、さまざまなアイデンティティーに対する抑圧に対して、共闘する努力はほとんど見られない。わたしたちは、同じ構造が自分たち全員に影響を及ぼす（ただし違った形で）という事実を見ないようにし、力を合わせるとはどういう意味か理解しようとせず、力の神話に依存する。

周囲の状況も助けにはならない。福祉改革は実行されず、政治家たちは、家庭内暴力やセクシャル・ハラスメントなどの犠牲者はすぐ復職できないか、もう仕事に戻れないという事実をないものとする。公営住宅などの社会的セーフティーネットに資金を使わなければ、低所得層のサバイバーたちはいかなる安定性も得られず、〝助けられる〟だけになってしまう。

わたしたちは反撃する女性たちの力を褒め称えるが、行き過ぎた自己防衛だとして逮捕されることがある。この傾向が顕著なのは、セックス・ワーカー、家庭内暴力の犠牲者、そして彼女たちを保護するより刑務所へ入れる方を優先するシステムに抑圧される人たちだ。監獄に入れればいいという解決法は、サバイバーにいくらかの自由があり、虐待者に依存せず自立して暮らせる社会構造でも見られる。結局のところ、家賃が払える住居と社会福祉プログラムにアクセスできる人の選択肢は、できない人より多いのだ。

自分を守ろうとするサバイバーたちの行動が、必ずしも悪かったり間違ったりしているわけではない。当局は彼女たちに、暴力から身を守る選択肢はほとんど与えず、余波を訴える方法を多く示す。不運にもメディアの注目を引いたサバイバーは、自己防衛をしたせいで、人生の何年かを刑務所で過ごすかもしれない。しかし社会問題の解決法が投獄だけだとしたら、真実の正義の出番はもちろん、治療の機会もほとんどない。

フェミニストのサークルでは、キャリアなどを失う最も大きなリスクを冒した女性たちに、名誉として〝凶暴な〟戦士のナラティブが与えられる。「まあ、告発するなんてとても勇敢ね」「彼女みたいなことができるのは強い女性だけよ」。こういう言葉は素晴らしく聞こえる。家父長制と闘った女性たちは、同じリスクを冒さなかった女性たちより強く、勇敢で、凶暴だ、という考えだ。だがわたしたちは、犠牲者たちが払った代償については口にしない。彼女たちが壁を乗り越えようと闘い、フェミニズムがサイドラインから応援している間、その闘志が冷めた時何が起こるのか？　セーフティーネットはあるのか？　経済社会的影響に対する支援策は？

リスクを冒した者が支援策をほとんど受けられず、積極的に行動したあとも貧しさは変わらず、社会的資源や心のケアにアクセスできない、という例はあまりにも多い。その上、不名誉の烙印（らくいん）を押され、さらに悪ければ犯罪者にされる。高額の示談金を勝ち取る人は（お金で幸せは買えないが、そこそこの安定性は買える）ごく一握りで、その他無数の女性たちは、敗訴したあとのネガティブな人生をどう送っていくか考えなければならない。最大のアイコンとされる女性たちの何人かは、貧しく、孤独に、ひっそりと世を去る。他人の善意に頼るか、当局の医療システムのお情けにすがって。

わたしたちはストロング・ブラック・ウーマンというアイデアを愛し、黒人のアニタ・ヒル〔1991年（当時はオクラホマ大学法学部教授）、クラレンス・トーマス最高裁判事を承認するための議会公聴会で、同氏からセクシャル・ハラスメントを受けたと証言。大きなムーブメントを起こした〕のように、余波の中でも何とかキャリアを維持する女性を称賛する。だが、同じことができない女性たちは？ 中流階級社会や大学という象牙の塔に戻るパスを持たず、機会にアクセスできない人たちは？ 闘いを支持していたフェミニズムは、闘いが終わると背を向け、サバイバーの傷にも心にも関心を示さなくなる。

非人道的な扱いを受け、告発した女性たちは、強いとか凶暴だとかいうレッテルを貼られ、最後には投獄される。残された者たちは、世界に向かって#SayHerNameと訴える。それは美談に聞こえるが、彼女たちの闘いは終わらないのだ。その問題を解決するために、もっと行動を起こさなければ、そういうラベルは何の慰めにもならない。一部の組織の設立者やアクティビストは、こういう枠組みをすでに取り入れている。だが地元の社会悪に取り組む平均的なフェミニスト、特に低所得層コミュニティーに住むフェミニストたちの目から見れば、社会全体は適切な人的・物的資源を提供していない。平等は素晴らしいが、公平さの方がいい。経済的な保障と特権を持つ人間がニーズを訴えたところで、その両方を持たない人間は彼女たちの感情が理解できないからだ。ストロング・ブラック・ウーマンの問題はほかのコミュニティーを巻き込むほど大規模だが、やはりその影響をいちばん受けるのは黒人女性と有色人種の女性だ。

わたしたちは周縁化された女性たちに、どんな障壁に直面しても大声を上げることを期待する。だが実際に声を上げると、正しい方法で正しいことを言わなかったと責めて罰する。強力な回復力を与えておきながら、それがいったん発揮されると、その人には感情がない証拠だと思い込む。もっと正確に言えば、彼女たちは感情をケアしてくれる人はいらないのだと思い込む。実際、メインストリームのフェミニズムは、白人女性の感情を最優先しがちだ。それは白人女性が被害者本人ではない状況でも変わらない。いい例が、2020年に大統領選中の夫を支持したジル・バイデンのコメントである。彼女は、アニタ・ヒル氏に対する夫〔民主党のジョー・バイデン氏。2020年に現職トランプ氏と激戦の末、勝利を収め、2021年に第46代大統領就任。1991年の公聴会では、上院司法委員会委員長として審議を指揮したが、ヒル氏の主張を裏づける可能性がある女性たちを証人として呼ばなかった〕の対応について議論するのはもうやめて、前へ進む時だ、と述べたのだ。夫自身、女性たちに不適切な行為を強要したという明確な証拠があるにもかかわらず〔2020年、27年前にバイデン氏（当時上院議員）から性的暴行を受けたとして、元スタッフの助手が告発。大統領選からの撤退を要求した。過去にも数人からセクシャル・ハラスメントの告発を受けているが、バイデン氏は疑惑を全面否定〕。あるいは女優のアリッサ・ミラノが、ジョージア州が成立させた中絶規制法案に抗議し、〝解決法〟として禁欲を呼び掛けた例もある〔同州は2019年、胎児の心拍が検知された時点（妊娠6週頃で、母体はまだ妊娠を自覚していないことが多い）で中絶を禁止する、という厳格な法案を成立させる。アリッサ・ミラノは、法案が撤回されて女性たちが身体の主体性を取り戻すまでセックス・ストライキをしようと呼び掛け、物議を醸した。

のちに連邦裁判所が、同法施行の差し止めを決定〕。彼女の発言は、ジョージア州の住民である黒人女性と有色人種の女性たちを黙殺している。発言のネガティブな影響を最も強く受けるのは、撮影のためジョージア州に一時的に滞在している女優ではなく、彼女たちなのだ。

これが凶暴とされる黒人女性／有色人種女性の弱点である。結局、凶暴さのナラティブは首にはめられた枷（かせ）であり、彼女たちを引きずり回して、生き延びるチャンスを危険にさらす。ポップ・カルチャーとメディアが、低収入の女性たちは奉仕するために存在する馬車馬であり、彼女たちのニーズは考えなくていい、とわたしたちに教えるからだ。

わたしたちは彼女たちを、冷酷で、教育がなく、生意気で、感情的で、フェミニズムの存在理由を強化するための奉仕者だと枠づけする。彼女たちの人生のナラティブに、そっと理想的なマミー像と乳母（ナニー）像を挿入する。フッドの少女たちは助けを必要としない。なぜならあらゆることから自分の身を守れるからだ――あるいは、そうメインストリームのフェミニズムが信じているからだ。少女たちは喧嘩（けんか）する準備ができている。フッドに住む口やかましい厄介者として、世界を変える力を持っている。しかし彼女たちは、コミュニティー内部で直面している問題に対しては、答えを持っていない。彼女たちは人的・物的資源を求めて最初に手を上げ、最後に受け取る者である。メインストリームのフェミニズムはフッドを恐れ、高級住宅地にならないかぎり、そこに足を踏み入れない。それと同じ理由で、フッドに住む怒りに満ちた恐ろしい女性たちに支援は不要だと考える。彼女たちが役に立つなら話は別だが。

わたしたちは、リーン・インせよ〔男性社会である企業の役員会の内側に入り込め〕と唱えるが、互いに支え合う方法を教えない企業フェミニズム〔corporate feminism：企業運営における男女平等を目指す運動〕の戦略から離れなければならない。組織を設立したり、活動の先頭に立ったりするのは、特定の社会悪に立ち向かう素晴らしいやり方だ。しかしケアやそれへのアクセスを必要とする人たちの役には、ほとんど立たない。犠牲者を中心とするアプローチは、理想論を書類に書いて終わり、では済まされない。フェミニズムが大事にする原点のために闘う女性たちに対して、わたしたちが差し出す答えの重要な鍵でなくてはならない。わたしたちはこの目標を達成するための計画を立てる必要さえない。すでに存在しているからだ。今ある被害者支援プログラムを使い、ネットでも現実世界でも、犠牲者を守るシステムを構築できる。

犠牲者中心のアプローチでは、当人の願い、安全、幸福度（ウェルビーイング）が最優先される。犠牲者中心のフェミニズムでは、特別にプログラムされたサービス、人的・物的資源、文化能力〔cultural competence：異なるカルチャーで育った対象を理解し、適切な医療・ケアを提供する能力。カルチャーに関する知識が要求される〕が必要だ。そして理想を言えば、証言、告発、告訴してトラウマを受けた女性たちのニーズに応え、ケアを提供する視点があるといい。わたしたちはサバイバーのニーズを評定するのに最適な専門家に連絡を取り、彼女たちに欠かせないサポートを提供する。事件の余波のなかでも、住んでいるコミュニティーにある犯罪者支援サービスを受ける資格がなくても、被害者は守られる。こういうスキルは、サバイバーたちのニーズに応え、安全であるという感覚を育てて、親密な信頼関係を築くために不可欠だ。

メンタルヘルスをケアする医療機関から住居まで、コミュニティーに欠かせない人的・物的資源が不足している。わたしたちはこの問題に立ち向かわなければならない。最も凶暴な戦士たちが、ケアと気遣いを必要とする場合があることを、理解しなければならない。彼女たちの怒りや叫びを恐れてはならない。瞬間的にわき上がる凶暴なエネルギーを愛するだけでなく、いつまでもその怒りを抱きしめなければならない。誰が支援にふさわしいか、という考えを改め、事件のあとはすべてが元どおりになるという思い込みから離れなくてはならないのだ。

第10章

フッドは賢い人間を嫌わない

何世代もの先祖が、生き延びるためには教育を受けろと背中を押してくれた

わたしは母が遠回しに言うところの反逆児だった。自分の思いどおりにならない子どもを説明するしゃれた言い方だ。だからといって、わたしがいつも強くて、いつも自信満々だったわけではない。もちろん、黒人の少女だから早熟で生まれながらの自信家、という物語（ナラティブ）とはかけ離れていた。わたしは臆病な子どもだった。証拠1 喧嘩（けんか）が大嫌いだった――嫌うあまり、ある時は争っている間、文字どおりずっと泣いていた。証拠2 でもとにかくその戦いに飛び込んだ。わたしはいいファイターではなかった。戦いを望まないのは無意味な時もある、と理解しているただの子どもだった。有色人種の女性たちと戦いに関しては多くの調査が行なわれている。このナラティブは、彼女たちは暴力を振るいたいから暴力的なのだ、という考えに傾きがちだ。そして、彼女たちは最も近しく、いちばん愛してくれる人たちを除けば、自分の身は自分で守るしかない、という事実をないものとする。

　わたしはクールな子どもではなかった。オタクだった。あだ名は本の虫（ブックス）。そう、わたしはきちんとした言葉を話し、山のように本を読んだのでからかわれた。でもそれは〝黒人は教育を重視しない〟という使い古された言い回しには当てはまらない。わたしが通っていたチャールズ・S・コズミンスキ小学校には、賢い子どもがたくさんいた。生徒は全員貧しかったから、着ている服はどれも似たような安物だった。重要なのはセンス。だがわたしはセンスに恵まれなかった。**皆無だった**。同学年のみんなより2歳年下で〔アメリカの小学校には飛び級制度がある〕、祖母のセンスはその年齢には合っていたが、学年の基準には及びもつかなかった。祖母が買ってくるのは、きちんとした小さい女の子にふさわしいと誰もが思うような服だった。レースのタイツ、黒いフラットなストラップシューズ、ゆったりとしたロング・スカート。わたし以外はみんなオーバーオールを着てジム・シューズを履いていた。わたしは目立っていた。それも悪い意味合いで。辞書を棒読みしているように話すことも災いした。幸い、祖父母に育てられれば社会で危険にさらされる、ということを理解してくれる友人たちがいた。彼女たちはわたしを遊びに連れ出し、大人たちが聞いていない時は、ほかのキッズたちと同じようにおしゃべりした。わたしは7年生から12年生〔日本の中学校2年生から高校3年生に相当〕になる間に、コードを切り替える術を学んだ。とはいえ、オタクであることに変わりはなかった。

フェミニストの本には、フッドは賢い人間を罰し、成功に手が届いた人々を憎む、という記述が多い。だがわたしの経験から言わせてもらえれば、それは全然違う。わたしを本の虫と呼んだ子どもたちは、今では大人になり、わたしの論文を回し読みして、あなたのことをとても誇りに思うと言ってくれる。子ども時代のからかいには、悪意がこれっぽっちも含まれていなかった。わたしはからかったし、からかわれた。子どもとは本質的にそういうものだ。貧しい子ども時代を送り学問の世界で成功した人々に付きまとう、例外主義の神話がある。わたしたちは唯一無二の存在であり、傾聴に値する発言をしなくてはならない。ただし代償として、過去とそこに属す人たちを置き去りにする必要がある。過去を振り返る時は、あの頃はぎりぎりの生活だった、自分の子どもたちに同じ思いはさせない、と言うことが期待される――もし子どもがいたら、の話だが。結局、貧困地域で育ったのは経歴の傷であり、そこはすべてを犠牲にして必死で抜け出してきた場所なのだ。

上流階級の仲間入りをしたいと切望する人は、こう考えて安心する――周縁化された人々は自分のカルチャーとコミュニティーを見捨ててこそ成功する、自分が行きたい場所にたどり着いただけでは十分ではないからだ。しかしそれは、一部の女性のために扉を開きつつ、彼女たちに直接影響を与える会話から締め出す神話である。〝そういう人々のひとり〟は特殊能力を持つ。何が自分の助けになるかを理解するだけでなく、それがどのように形をゆがめ、本来助けるべき人たちを傷つけるか察する。

ここで問題になるのが階級と階級差別である。それはどこからともなく突然現れるのではない。わたしたちは貧しいこと、インナー・シティー育ちであること、田舎の出身であることを恥と考える。誰も生まれる環境は選べないのに。人的・物的資源に飢え、タフでないと生き残れない地域を見て、「安全と、経済的な安定と、標準以上の住居を手に入れるためには、あなたを形作ったものをすべて喜んで切り捨てなければならない」と言う。そしてそれができない、あるいはそれに抵抗する人たちを罰する。これは文化変容ではなく、同化だ〔文化変容は、ある文化が異なる文化に出会って起こる変化。その変化を経験した人は、統合、同化、分離、周辺化など、それぞれのやり方で異文化に適応する〕。すでに犠牲を払い、厳しい選択をした人たちが要求するものだ。しかし問題が起こると、切り抜けるために誰もが同じスキルを必要とする。祖父母の世代の人たちに、食料の配給を待つ列や、無料食堂について尋ねてみるといい。大惨事のあと、誰が真っ先にそこへ足を踏み入れたか。それは常に、誰よりも貧しく、誰よりも寛大な人たちだった。家庭と家族を心配し、鍋でスープを煮て救助者たちに振る舞い、心の安らぎを見いだした女たちだった。マスクと手袋を着けて瓦礫の山に分け入り、すべてを持ちそれを失った人々を引きずり出した、失うものが何もない男たちだった。ものは取り替えが効くが、人は取り替えられないと言われる。残念ながら、こういう思いやりが逆に働くことはほとんどない。

　わたしは奴隷にされた人々の子孫だ。祖父の3代前のメアリー・ギャンブルはサリバン島〔西アフリカから強制的に新大陸へ連れてこられた人々の多くが上陸した南部サウスカロライナ州の島。近くのチャールストン港から、その半数が北米へ〝輸出〟された〕で売られた。わたしは彼女のルーツについてそれしか知らない。容貌から判断すると、黒人以外の血が混じっていたようだが、真実を知る術はない。彼女の子どもたちのことは少しわかっている——祖父の祖父に当たるABことエイブラハムは、奴隷主の一家がサウスカロライナ州を出てアーカンソー州へ引っ越そうと決めた時、白人の異母きょうだい〔白人男性が奴隷の黒人女性を性的に搾取し、奴隷を〝繁殖〟させるために子どもを生ませることが珍しくなかった〕のひとりに譲られた。彼の子どもたちは生まれながらにして奴隷だったが、南北戦争後に自由を得た。曾祖父の地所は今も正式に一族のものだが、祖父は子ども時代をそこで過ごしただけで、大人になり北へ向かって以来、二度と故郷に帰らなかった。かんしゃく持ちだったから、そこにとどまればいずれ誰かに殺されるか、誰かを殺すのではないかと恐れたのだろう。あの気性の激しさを考えると、祖父の心配はもっともに思える。わたしが初めて祖父に会う頃、彼はブラックウェルA.M.E.ザイオン教会〔ミズーリ州セントルイスにある黒人教会。アフリカン・メソジスト監督教会（African Methodist Episcopal Church）の支部〕のアッシャー（礼拝当番）の一員になっていた。だが人々は、強盗に襲われた時、祖父はその男を近くの病院の救急車専用駐車場に置き去りにした、と噂していた。

祖父と祖母はシカゴで出会った。彼女は奴隷にされた人々の孫だった。祖母のルーツについては、一族にほとんど伝わっておらず、大部分が秘密のヴェールに覆われている。しかし祖母の母のペニー・ローズが、母方の一族で初めて字を読むことができたのを、わたしは知っている。ペニー・ローズの母親はジョージア州で、父親はルイジアナ州で、それぞれ奴隷生活を送っていたことまでは突き止めた。だがどうやって出会ったのか、どんな人生を送ったのかは、まったくわからない。リンチがあり、殺人があり（わたしにはうまく説明できない理由により、一族は復讐の信奉者だ）、一家は引っ越した。シカゴへ来て、デトロイトへ移り、はるか西のカリフォルニアを目指した。一家の主導権を握っていたのはペニー・ローズだった。彼女の鶴のひと声で、わたしは祖母の信者であるドロシーに育てられた。悪徳と犠牲が道を拓いた。

生き延びることは、それ自体が信仰になり得る。多くの人は、持てる時間のすべてを使ってその術を体得しようとする。住む場所を替え、教育を受けさせることで、テーブルに食べ物を載せ、次の世代により大きな成功のチャンスを与えようとする。フッドに欠けているのは答えではない。お金やチャンスだ。だから生き延びるという最低限の基準が満たされれば、次の世代に成功の機会を与えるために、どうやってお金を貯めるかが最優先事項になる。

わたしはイリノイ大学アーバナ・シャンペーン校〔イリノイ州を代表する難関大学〕を卒業し、シカゴのデポール大学〔カトリック系で全米最大の名門私立大学。多様な人種の学生が通う〕で修士号を取得した。祖母の姉妹たちは教育を受けたが、祖母自身は戦時中にカレッジを中退し、アメリカ陸軍通信部隊に勤務した。実は暗号解読者として働いていた、という話も伝わっている。ドロシーは祖母にまつわる謎、ミステリー、暗号を愛した。祖母は天才だったが、世間には決して認められなかった。しかし彼女は強くて賢い子どもたちを育て上げた。扱いにくい子どもたちだったが、それでも、わたしたちがここにたどり着くために、どれほどの犠牲が払われたかをきっちり教えた。

わたしは一度ハイスクールを中退しようとしたことがある。16歳で学年はシニア〔日本の高校3年生に相当〕。みじめな学校生活を送っていたから、高卒認定試験（GED）を受けようと思ったのだ。わたしは退屈してイライラしていた。そして祖母に壮大な計画を打ち明けた。彼女は乳がんによる乳房切除手術を受けたばかりだった。わたしが祖母によくまとわりついていたのは、そう、わたしのコミュニティーでは年長者に大いなる敬意が払われていたからだ。彼らの話に耳を傾け、彼らとともに過ごすのが当たり前だった。わたしは祖母に毎日あらゆることを話した。その日もなごやかに会話は始まったが、約30秒後、中退してGEDを受けようかと思うと口にした途端、にわかに雲行きが怪しくなった。プロによるアドバイス：ジム・クロウ法時代を生き抜き、奴隷にされた祖父母に育てられ、子どもたちによりよい生活を与えるため身を粉にして働いた母親がいる女性に、高校卒業証明書を手にするチャンスを放り投げたいなどと言うことなかれ。つまり、お望みなら言ってもいいが、鋼鉄よりも固い手に襟首をつかまれて立たされ、お前に教育の機会を与えるために先祖代々がどれだけ犠牲を払ったかわかっているのか、と説教されるのに耐えられるなら。

議論の的になったのは教育だけではなかった。わたしは芸術とともに育った。祖母の姉妹のひとりが女優志願で、もうひとりは教会で歌っていた。読者はそろそろ、わたしはどんな一族に囲まれて育ったか気づいたかもしれない。決して裕福ではなかったが、欲しいものを買えるぐらいのお金はあった。当時はまだアパート暮らしだったり、誰かと相部屋だったりしたが、図書館に通い、49番街にあるジョセフィンの店でわたしの髪をセットし、資金は乏しいがとても優れた学校に通わせる余裕があった。中流階級になりたいと切望する労働者階級の家族で、リスペクタビリティーはものを与えてくれないが、勤勉な労働はさまざまな意味で何かをもたらすと知っていた。

黒人でありブラック・アメリカンであることに、ほかの由来があると考えたことは一度もない。だがわたしは一時期、自分のルーツに強く魅せられた。その興味は今も続いているが、一族の種は海を渡ってきたと知っているし、自分のルーツはここアメリカにあるとわかっている。わたしの子どもたちは第6世代か、あるいは第7世代に当たる(母方の祖母の祖父母、マリアとアンドリューの出自はあいまいだが、ペニー・ローズは身元がはっきりした夫婦として子どもたちに伝えた)。一族に関する情報は、そこからさかのぼれない。祖先たちを育んだカルチャーをわたしが知ることはない。そういうカルチャーに対して権利を主張することもできない。それはわたしのものではないし、DNA鑑定を受けてルーツの国だと判明した国に引っ越したところで、その主張はできない。道は閉ざされている。だが構わない。前へ進む道はある。わたしたちは常に前進する。

年長者に敬意を払わない人間や、コミュニティーの哀しみを卑しんで侮辱する人に囲まれた時、わたしは必ずしも人当たりのいい人間ではない。わたしが定義する〝親切〟と、ほかの人が使う〝親切〟という言葉の意味は違う。自慢できることではないが、そんなわたしでも、決して恥ずかしいと思わないことがある。それは、ブラック・アメリカンは唯一無二の文化を持ち、その文脈ゆえにリスペクタビリティーに値する人々であり、離散(ディアスポラ)の憂き目に遭ったほかの民族同様、注意深いアプローチが必要である、と知っていることだ。白人至上主義が生み、アンチ・ブラックネスが育てた概念がある。ブラック・アメリカンは守るべき固有の文化を持たない、という考えだ。だから、誰でもわたしたちのカルチャーやコミュニティーに入り込んで、文脈の外側に立ち、犠牲と苦難の上に成り立ったものの一部に自分はなれる、と主張できるのだ。それは黒人のクールさを商品化して白人が身に付けることであり、ブラック・アメリカンは怠け者だとするナラティブであり、権利と特権を持つブラック・アメリカンという誤った像を超可視化することだった。ディアスポラに遭った人なら誰でも、わたしたちが掘り進めた道をたどって構わないし、自分で道を掘ってもいい。だが、わたしとわたしの子どもたちのためにその道を敷いてくれた人々の遺産を守るためには、一歩も譲らない。

ブラック・アメリカンは機会を利用していない、コミュニティーが何世代にもわたって受けてきた人種差別とアンチ・ブラックネスを理解していない、という思い込みから、奴隷制が持ち出されることが多い。話し合いのために集まったわたしたちは全員、健全な場所で生まれ育ったと思い込むのは簡単だ。しかし現実的に、それはあり得ない。過酷な環境でも花は咲くが、多くの植物はただ枯れるだけだとわたしたちは知っているからだ。わたしは幸運だった——わたしを受け入れ、育て、食べさせ、つまずきそうな時は支えてくれる人がいた。わたしは恩返しをするだけでなく、わたしたちを抹消しようとし、尊敬を欠く態度を取る人がいたら、立ち向かう義務がある。わたしが育てている子どもたち、そしてわたしに育てられている子どもたちは、鎖につながれ、それを引きちぎった人々がこの地に築き上げた、誇るべき忍耐の遺産を受け継いでいると自覚しなければならないからだ。

フッドであれ、先住民保留地であれ、ヒスパニック地区であれ、教育や成功を嫌うコミュニティーはひとつもない。オタクもあらゆる階級に生まれる。だが周縁化された人々にとって、必要なお金やチャンスが黙っていても舞い込んでくるというライフスタイルにアクセスするのは難しい。

「賢いのは白人のまねだ、だからほかの周縁化された人々はお前を嫌う」というナラティブを多くの人が信じるのも無理はない。結局のところ、そのナラティブは黒人、ラティーノ、アジア人、先住民族に押しつけられた、視野が狭いステレオタイプのイメージを反映しているからだ。それは、かつて異端視され、つま弾きされた大人たちの偏見を正当化する。自分は賢いが学校の人気者ではなかった、と説明するのは簡単だ。子どもたちも大人と同じように、心の奥底で影響を受けると考える必要はない。学問の世界で成功した子どもの親の陰には、死に物狂いで勉強した子どもたちの努力があるという事実を、彼らは見ないようにしている。教育の成果を漠然と期待しても、子どもは一時しのぎに態度を改めるだけで、実際の投資にはならない。

この論理は、自分はかつて唯一無二の存在だったと感じたい人にアピールするだけでなく、学業の成果を子どもたちの背中に丸ごと背負わせる保守的なイデオロギーも正当化する。文化に特有な病理をケアする機会を作らず、不平等、人種的偏見、人種隔離をまん延させた結果、サバイバーたちはホワイトネスにすり寄り、コミュニティーに関する責任を放棄した。グレード6〔日本の中学1年生に相当〕で疎外感を覚えるのは珍しいことではないが、服、衛生状態、社会的不適応といった一般的な問題ではなく、賢過ぎることを問題にされるコミュニティーはごく一部だ。

自分のカルチャーを受け入れる方法は、人それぞれだとわかっている。あらゆる犠牲を払って成功することが何を意味するか、集団として理解することは不可能だということも。だがわたしたちは、フェミニズムとブラック・ガール・マジックと道なき場所に道を作る人々について語る時、肝に銘じなければならない。わたしたちの背中を押してくれた人たちは、個人としてのわたしたちのためにそうしてくれたから尊いのではない。その人の存在そのものが尊いのだ。彼女たちが作り上げた非公式経済〔公式の取り決めに基づかない労働に従事する人々による経済活動〕はサバイバルと成功に焦点を当てている。だが彼女たちはまた、何が起こっても未来は常に選択できると知っている。白人のサバイバーに関するナラティブは、脱出しない人間にはかかわる価値がない、進歩的なイデオロギーに導かなければならない、というフェミニストの論理に組み込まれていた。だがフッドと丘（ヒル）の間に必要なのは、異なる障壁に直面しつつ同じ目的地を目指す、平等な者同士の会話なのだ。

第11章

行方不明と殺人

行方不明者の命の価値はすべてのコミュニティーにおいて平等だ

わたしはこれまでの人生で何度か行方不明になった。8歳の時、友人の家でひと休みしている間に寝入ってしまった。16歳の時、信頼できると思い込んだ元ボーイフレンドと車に乗り込み、何かを飲まされて気絶し、何百マイルも離れた場所まで連れていかれた。最初の時は、わたしと友人がいないことに小学校の先生が気づいた。2回目の時は、誰も気づかなかった。しかしわたしはその経験でもっと賢くなった。傷は負ったけれど。20代初めにドイツのマインツを歩いていた時、3度目に行方不明になりかけた。

でもその頃には、本能の声を無視するようなまねはしなくなっていた。特に、マインツとマインツ・カステルを結ぶ橋の下に伸びる薄暗いちっぽけなトンネルの中では。真夜中で、ひとりの男が車で出口をふさぎ、パーティーに加われと強引に誘った場合は。わたしのドイツ語はひどいものだったが、それでも自分が参加したいのはパーティーではないとわかった。わたしは彼に駆け寄り、車のボンネットの上を走った。安全を求めて疾走する途中で、片足が男の顔をかすめたかもしれない。橋の下のトンネルで、自分が本当の危険にさらされているかどうか確信はなかったが、真実を突き止めるつもりはなかった。幸い、たくさんの幸運と、踏んだ場数の多さと、狙いすましたキックが、あなたを救うこともある。怖かった。家主のトルコ人の老婆に説教されたが、とにかくその夜は、どうしても自分のアパートに帰らなければならなかったのだ。

同じような恐怖を味わったことはない、とは言えない。わたしはシカゴ育ちの少女だった。ここでは多くの理由によって、黒人は行方不明になる。先住民族が行方不明になり、ラティーノが行方不明になり、トランスや有色人種が行方不明になるのと同じくらい、いとも簡単に。誰かが殺され、誰もそれを知らない時がある。最初から犯罪の足取りがないからだ。ミッシング・ホワイト・ウーマン症候群（白人女性の行方不明事件をメディアが大きく取り上げ、時には何十年にもわたり報道する現象）のせいで、周縁化されたコミュニティーの女性たちが姿を消しても、事件はほとんど注目されない。言い訳はいくつもある——ドラッグ絡みだろう、リスクの高い行動をとったんだろう、行方不明になったのは大人だから誰かとほかの場所へ引っ越したんだろう。遺体が積み重なっても、警察は人種を理由にそれらを黙殺しかねない

２００１年以降、シカゴでは黒人や有色人種の女性たちが次々と殺されている。多くの遺体が見つかっているが、事件は解決されていない。シカゴ警察は、シリアル・キラーが殺人を繰り返している証拠はないと主張しているが、殺人事件の検挙率がわずか25パーセントの街では、これらの事件についてどれだけ捜査が行なわれているのか、評価するのは難しい。殺人事件の検挙率はアメリカ全土で低下しており、国の平均は59パーセント。そしてシカゴの検挙率は最下位だ。シカゴ市警が、20年の間に50人が犠牲になったあと、シリアル・キラーが野放しになっているかもしれないと認めたところで、こういう犯罪が解決されるチャンスがあるのか？　目撃者になりそうな人々は、細部を忘れ、あるいは引っ越し、あるいはもう亡くなっているというのに。

ＦＢＩの全米犯罪情報センターによれば、ブラック・アメリカンが国の人口に占める割合はわずか13パーセントだが、毎年の行方不明者に占める割合は平均34パーセントだ。世間の注意を引くためには、ブラック＆ミッシングといったネット上の地道な草の根運動とチラシの配布〔同団体はネットで行方不明者の登録を受け付け、家族向けのサポート・ツールなどを提供〕、Twitter や Facebook で

行なうソーシャル・メディア・キャンペーンが重要なツールだ。しかしこういった活動はメインストリームのニュースでは取り上げられず、政府の重い腰を動かすこともない。ソーシャル・メディアは、自分たちだけではメディアの興味を引けない家族にとって救いの道だ。情報が素早く広がり、より多くの人たちが、いなくなった愛する者を探す手助けをしてくれる。

だが人種に関する詳細なデータを見ると、政府が行方不明の黒人を探し続けているという証拠はある。事件を解決しようという努力はほとんど見られないが。データの追跡に使われるカテゴリーは、二元論的なアプローチの上に成り立っている。すなわち、アメリカの人口を構成するのは黒人または白人であり、ほかの人種や民族が含まれているかどうかは不明なのだ。やっとこの10年ほどで、ＦＢＩが行方不明になった先住民族の女性たちの数の調査に乗り出した。カナダ政府は失踪事件の追跡に人的・物的資源を投入しているが、アメリカ政府は今後捜査に尽力すると約束しつつ、大幅に遅れを取っている。Urban Indian Health Institute（アーバン・インディアン衛生研究所）の調査によれば、２０１６年には先住民族の女性５７１２人の失踪が報告された。しかし司法省のデータベースには１１６件しか記録されていない。データを分析すると、一部の州では先住民族の女性が殺される率は、国の平均の10倍以上だった。残念ながらこのデータは正確ではない。進んで警察に暴力を訴えた人の数と、当局が彼女たちの死を殺人事件と認定した数を根拠にしているからだ。２０１４年に『American Journal of Public Health（アメリカン・ジャーナル・オブ・パブリック・ヘルス）』〔公衆衛生に関する調査、政策、教育の推進を目標とする雑誌〕が行なった調査では、１９９９年から２００９年の間に、先住民族のコミュニティーで殺人事件の犠牲になった女性の数は、白人女性の3倍だった。

同様に、ラティニクス〔ラテン系を指すジェンダーを限定しない用語〕の身の安全を守る人的・物的資源も不足している。白人至上主義者の男性たちが牛耳る政府が支援プログラムを実施し、白人至上主義の女性たちが自分は安全を求める資格などありませんというふりをしているからだ。共和党が反移民政策を掲げ、メキシコ国境沿いに壁を築いている悲しい事実の陰になっている〔トランプ大統領時代の遺産〕が、UNHCR（国連難民高等弁務官事務所）の報告によれば、安全な場所を求めて中央アメリカから来た女性たちの多くが、ジェンダーに基づく暴力（GBV）にさらされている。

女性と子ども、特に少女は、LGBTQIAの人々同様、アメリカをはじめ世界中でGBVに遭う確率が高い。フェミサイド（女性が標的の殺人）は世界的な問題だ。たとえば、女性の殺害事件が世界一多いエルサルバドルでは、2017年に469件のフェミサイドが報告された。平均すると、2017年には毎週9人の女性または少女が殺されたことになる。保護施設を求めるラティニクスの多くは女性や子どもであり、LGBTQIAの人々はギャングのメンバーや家族の一員による肉体的・性暴力にさらされている。残念ながら、彼らはアメリカでもカナダでも安全な場所を見つけるのは難しい。アメリカでは、毎日平均3人の女性が知人に殺されている。犯人のほとんどは現在または元パートナーだ。しかしアメリカでは、無数の人々が行方不明になり、周縁化されたコミュニティーに住む女性、少女、女性のように振る舞う人々の未解決殺人事件も多いため、フェミサイドの正確な率を知ることはできない。

記録によれば、アメリカでは毎年1万5000人が殺され、その22パーセントが女性である。一方のエルサルバドルでは、殺人事件の犠牲となる女性はわずか11パーセントだ。カナダ全体の殺人事件発生率はアメリカより低いが、犠牲者の30パーセントが女性である。欧米以外の国は文化的に遅れているから、女性や少女たちは多くの危険にさらされている、という物語（ナラティブ）に反し、現実にはアメリカにおける暴力の発生率が世界一高い。

　障がいを持つ人々にとって、頼らなければならない介護者自身が最大の脅威になることもある。確かに、わたしたちが愛する人たちを、誠意を持って素晴らしいケアをしてくれる介護者は大勢いる。だが障がいのある女性や子どもは、とりわけ暴力に対して無力だ。自分の弱みにつけ込む人に頼らなければならないからだ。介護される人の基本的な権利と幸福より、自分の快適さと便利さを優先する介護者は、ほかの選択肢がない人にとって、必要だが危険な存在となり得る。

　虐待者は、生活に疲れて障がい者に共感を持てない家族かもしれない。患者の幸福より賃金に興味があるヘルパーかもしれない。障がいのある女性が結ぶのは、虐待を伴う関係だけではない。恋愛のパートナー、家族のメンバー、雇用者との関係が原因で、食糧、入浴介助器具、コミュニティーへのアクセスを失う恐怖が報告されている。また、社会サービス・プログラムから入ってくる最低所得の補助金のために利用されるケースもある。アンバランスな権力の力学（パワー・ダイナミクス）に加え、介護の別の選択肢がないため、犠牲者はどうしようもない危険な状況に捕らわれたと感じる。

　ある人が暴力的な死を迎えても、世間は健常者である介護者に共感を抱く。社会には女性と子どもに対する暴力がまん延していると知りたくないからだ。障がい者の活動グループは、この問題を世間に訴え、介護者による虐待から人々を保護する法改正を求めているが、苦しい闘いを強いられている。

この闘いを成功させるには、最も影響を受けるコミュニティーの要求に政府が応える必要がある。だがそういうコミュニティーは同時に、警察の圧力に最も脅え、最も尊敬されないコミュニティーなのだ。もちろん適切な人的・物的資源の供給もない。これは特に、暴力の標的がトランスやノンバイナリーの場合に顕著だ。

最近の調査によれば、アメリカのトランスの人々が暴力の被害に遭う率は上昇し、殺害される率はかつてないほど高くなっている。ただしこの数値はあまり当てにならない。暴力に関する統計記録のジェンダー分類に欠陥があり、トランス嫌悪(フォビア)の家族が出生時の性別と異なるアイデンティティーを報告するのをためらうからだ。

一部のトランス女性、たとえばセセ・マクドナルドは、襲撃者たちに反撃して身を守ることに成功したが、個人的には高い代償を払った。セセと友人たちは、ミネソタ州ミネアポリスのバーの外で3人の酔っ払いに絡まれた。セセは叩き割られたガラスのコップで顔を殴られ、縫合が必要な傷を負った。逃げようとしてディーン・シュミッツに追われ、身を守るために彼を裁ちばさみで刺した。シュミッツは死亡し、セセは第2級殺人罪〔殺意はあったが計画的ではない殺人〕で起訴された。セセは司法取引を受け入れ、同罪で懲役41か月の判決を言い渡された。だが真の問題は、彼女の恐怖が合法だったことだ。多くのトランス女性は、同じような暴力を生き延びることができない。殺人事件の犠牲になったトランスたちの90パーセントが有色人種だ。しかし自己防衛は、都合のいい犠牲者のナラティブに当てはまらなければ、刑務所行きを意味する。その代表的な例がシントイア・ブラウンだ。彼女は性的虐待を振るった男を殺し、51年の懲役を言い渡された。検察とメディアは16歳の少女に、セックス・ワークに従事する性悪な大人の女というイメージを押しつけた。彼女が人身売買の犠牲者であり、虐待されていたのは呪いであるかのように。こういうケースでは、少なくともわたしたちは何が起こったのか知っている。だが多くの場合、彼女たちはこつ然と姿を消し、警察は捜索に最低限の努力しか払わない。

行方不明者が未成年で、アンバー・アラート〔誘拐事件の情報をメディア、ネット、携帯電話などに迅速に通達するシステム。1993年に誘拐殺人事件の被害者になった少女、アンバーの名前とAmerica's Missing: Broadcasting Emergency Response（アメリカの誘拐事件：緊急応答放送）の頭文字にちなむ〕の対象であっても、警察が家出人と判断すれば、アラートが発令される頃にはもう手遅れだ。人が行方不明になる理由は、病気、事故、暴力など数え切れないほどある。原因は家庭内暴力を逃れるため、人身売買、連続殺人の犠牲など、実にさまざまだ。その原因の多さが障壁になり、行方不明事件はどのコミュニティーでも捜査が進まず、解決にも至らないのが現状である。

原因は明らかだ。メディアと警察の無関心、人種差別、資金や時間、人手の不足、部族と連邦政府と地元警察の複雑な管轄問題、包括的な視点の欠落。ではもしそれぞれのグループが、自分のコミュニティーのために人的・物的資源が欲しいと訴える代わりに、行方不明になった白人女性に割かれる人的・物的資源にアクセスできると考えたら？　これを社会の周縁に追いやられた人だけではなく、全員の問題と枠づけしたら？

行方不明になった白人女性は注意を払うに値せず、ケアも世間の関心も警察もマスコミも必要ない、という意味ではない。同じレベルの関心を全員に払うべきだ、という意味だ。そのアプローチをしてこそ、危険に直面している人々を救える。彼らは逃げ込める場所があると知っているからだ。捕食者たちは、黙殺されるコミュニティーはひとつもないと知れば、誰かを標的にしなくなるはずだ。

現在、周縁化された女性たちを殺している連続殺人者たちは、完璧な犠牲者集団を見つけたと感じているだろう。薬物乱用者、ホームレス、セックス・ワーカーを標的にしても、チアリーダーやサッカー・ママ〔郊外の一戸建てに住み、子どもの教育や習い事に熱心な中流階級の母親〕を殺した時より注意を引く心配がない。だからといって、セックス・ワーカーをはじめとする周縁化された人々が、彼女たちより価値が低く、愛されず、いなくなっても惜しまれないという意味ではない。わたしたちは、どちらの犠牲者に価値があるかというおぞましいナラティブを押しつけられているのだ。

女性として振る舞う人々は犠牲者になって当然だ、という憂慮すべき風潮がある。わたしたちはシスジェンダーの女性と少女が傷つけられるのを恐れ、危険を避けろと彼女たちに警告することにエネルギーを使う。こう振る舞えば危険が減るはずだと思い込み、勝手に設定した基準から少しでもはみ出した女性は犠牲者とみなさない。いら立たしいことに、どの犠牲者が注目されるかは、階級と人種が大きく影響している。さらに、行方不明事件の報道が事件解決に貢献しているとは思えない。結局のところ、継続的に報道されても、一部の人々は見つからないままなのだ。

しかし公平な報道は重要だ。誰に価値があり、世間の関心と同情を集めるか、世間の見方を決めるからだ。

愛する人が行方不明になった時、家族や友人たちは、その人に何があったのかわからず苦しむだけでなく、社会的、経済的、法的な手続きにも対処しなければならない。しかも、社会経済的にひどく不公平な状況に置かれているため、長期的な支援は受けられない。愛する人に犯罪歴や薬物使用歴があり、完璧な被害者の枠からはみ出していると、事件直後の扱いだけでなく、長年にわたってアクセスできる人的・物的資源が制限される。

愛する人が行方不明になった時、初期の段階で家族が世間の注目を集めるのは難しい。メディアとのかかわり方を知らないからだ。メディアの方から接触してくるのを待つしかない。そして実際に取材を受けても、行方不明になった状況に犯罪や性的人身売買やドラッグが絡んでいるため、答えるのにちゅうちょする。メディアに注目されず、家族はプレッシャーを受け、しかも暗黙の偏見があるため、大量の仕事を抱えた資金不足の警察は、白人が犠牲になった事件に注力した方がいいと判断する。

ジェンダーに基づく暴力は明らかにフェミニストの問題だ。しかしこの問題は、人種と階級によって人的・物的資源へのアクセスとメディアの扱いが分断されているだけではない。さまざまな**差別**が、リスクの高い人々への対応を分けている。トランス嫌悪（フォビア）、アンチ・ブラックネス、イスラム嫌悪（フォビア）、外国人嫌悪。こういった差別のせいで、ジェンダーに基づくバイオレンスへの対応に差が生じる。

複雑な危険すべてを迅速に解決する方法はない。だがVAWA〔Violence Against Women Act：女性に対する暴力法。1994年制定。女性に対する暴力と闘うためのプログラムに10億ドル超の資金を供与〕のように、監獄に入れてすべて解決としてはならない。わたしたちは会話を始めなければならない。罰せられる加害者が少ないため、捕食者たちはさらに図に乗る。そしていちばん保護を受けそうにない者を次の犠牲者に選ぶ。ライオンがガゼルの群れで最もか弱いメンバーを選ぶように。わたしたちは協力して、こういう暴力に立ち向かわなければならない。立ち上がってともに闘わなければならない。

わたしが理想とする例を挙げよう。インドとケニアで、ジェンダーに基づく暴力に遭った女性たちが打ち立てた解決法だ。彼女たちは団結し、女性は家父長制に守られなければならないという通説的なナラティブより、自分たちの身の安全を優先した。人種の境界線を越えた真のフェミニストの団結は、互いを守り、自分が属していないコミュニティーで女性が行方不明になったら声を上げ、捕食者による暴力はあらゆるコミュニティーで起こり得ると訴えることだ。わたしたちはこの危機に対処するため、自分のコミュニティー、学校、教会で起こる危険に立ち向かわなくてはならない。わたしたちは姉妹（シスター）の真の守護者として投資しなければならない。トラブルに巻き込まれている人を見たら介入して、暴力から身を守らなければならない人々を支援するのだ。

暴力に対し、刑罰として拘禁する解決法は、複雑な問題だ。捕食者を逮捕すれば解決すると考えるのは簡単だが、暴力に対する国の法律は、加害者より犠牲者に不利な内容になっている。さらに、リスペクタビリティーの力関係は、行方不明者の報告に対する国の態度を左右するだけではない。容疑者に対する態度にも影響するのだ。しかし暴力に対して最も無力な人々の安全を最優先し、今起こっている、あるいはエスカレートしている暴力の防止を最優先すれば、あらゆる人が直面する危険を減らす方向にカルチャーを転換できる。家父長制が喧伝する女性支配のナラティブに対し、粘り強い挑戦に身を投じるだけでなく、特権を持つ捕食者たちが重大な危害を加える前に、カルチャーのメッセージを取り消すのだ。

わたしたちは保護観察制度を使うより、刑罰代替策としての加害者プログラムをもっと活用すべきだ。学校でプログラムを開始し、女性に対する暴力は正常ではないと教えるべきである。

第12章

恐怖とフェミニズム

ホワイト・フェミニズムよ、白人至上主義の家父長制から抜け出し、異人種への恐怖を手放して、全女性のために立ち上がれ

わたしは大学でセクシャル・ハラスメントの心理学講座を受講した。講師はルイーズ・フィッツジェラルドという博士号を持つ女性だった。そこで得たさまざまな知識は、のちに職場でセクシャル・ハラスメントを受けた時に役立った。わたしの身を守ってはくれなかったが、心の準備ができた。それには感謝している。講座で最も印象に残っているのは、アニタ・ヒル〔クラレンス・トーマス最高裁判事候補をセクハラで告発した黒人女性。第9章〕について話していたわたしたちに白人の女子学生が近づいてきて、「どうして黒人女性はいつも黒人男性を支持するの?」と尋ねたことだ。彼女は自分が〝フェミニストらしい〟と思うやり方で行動し、アニタ・ヒルを支持する黒人女性が少ないため、気分を害していた。多くの黒人女性たちが、**かつて**ヒルの味方だったという事実を、彼女はないものとしていた（というより知らなかったのだろう）。彼女が知っていたのは、ヒルを支持しているのが全員白人女性だということだった。それから彼女は延々と話し続け、男性の特権と家父長制は人種の違いをまったく意識していないという物語（ナラティブ）を作り上げようとして、わたしたちの怒りをあおった。彼女の理論は、わたしと、黒人男性の教育助手と、さらに同じ講座を受けている白人女性から集中砲火を浴び、砕け散った。

今思えば、彼女はあんなにも大勢から攻撃されて、少しばかり動揺しただろう。わたしたちはアニタ・ヒルを支持する黒人女性たちを持ち出しただけでなく、それはメディアが押しつけるナラティブだ、人種差別主義だ、あなたの記憶は歴史全体から見ればほんの一瞬にすぎない、とまくし立てたのだから。救いだったのは、その会話が敵意にあふれたものではなく、活発だったことだ。彼女の主張に対して反論はしたが、敵意への扉は開かれなかった。彼女の質問は深みに欠けていた。彼女の話を聞くうちに、自分が予想するやり方には見えないから黒人女性たちが行なうフェミニズムは誤っている、と信じていることがわかった。彼女は会話の間ずっと、根拠のない人種差別的発言を繰り返し、ホワイト・フェミニズムこそ黒人コミュニティーに対する答えだと思い込んでいた。

ある意味、目からうろこが落ちた瞬間だった。彼女の態度はすべて見慣れたものだったからだ。彼女は家父長制と闘う覚悟があり、それを実行する正しいやり方はひとつだけだと信じていた。家父長制という言葉を聞くと、巨大な一枚岩のような存在に思えるが、実は有色人種の男性たちは白人男性のように女性を抑圧する権力を持っていない。わたしは疑問に思う——最高裁判事候補に指名されたブレット・カバノーに対し、公聴会で過去の性的暴行を訴える証言がなされ、彼が適任かをめぐり大騒動〔2018年にトランプ大統領が保守派の同氏を指名。これに対し、心理学博士のクリスティン・ブラジー・フォード氏（スタンフォード大学医学部教授、白人）が、学生時代に彼から性的暴行を受けたと告発。両者が聴聞会で証言し、最終的にカバノーの就任は承認された〕になったあと、あるいは性差別主義者として有名なドナルド・トランプが2016年の大統領選で選出されたあと、彼女は白人女性について同じ質問を自分に投げ掛けただろうか。あれから長い月日が流れたが、白人女性たちは白人の家父長制の影響に立ち向かえなかった自分たちを、互いに責めただろうか？　自分たちは白人男性による家父長制に加担して、ほかの女性たちを抑圧してきたと説明する責任の基準はどこにあるのか？

娘を持つ白人の母親たちは、さらに一歩踏み出して「痴漢行為は大したことじゃない」〔201

6年の大統領選中、女性たちの身体（プッシー）をつかんだと自慢するトランプの音声テープが流出し、問題になった」と主張し、捕食者の振る舞いを正当化している。デモ行進をしてトランプとカバノーを支持するプラカードを掲げる。カバノーの人格は最高裁判事としてふさわしくないという報道が相次ぐなか、歴史を振り返り、自制ができない不適切な人物に大きな権力を与えることの危険性が語られる。カバノーが最高裁判事に就任したことから、大学生たちがバーで喧嘩する事件が発生。中道右派のカナダのジャーナリストで政治評論家のジェン・ガーソン（白人女性）は、Twitter にこう投稿した。「バーでの喧嘩に関するわたしの立ち位置について：バーでの喧嘩に参加するような気質を持っている男性は比較的少ない。そういう男性たちは問題になり得る。でもゾンビが襲ってきて世界が終末を迎えたら、そういう男性たちは必要。彼らは払いのけられない必要悪なのだ」

彼女の論理は筋が通って聞こえる。だがわたしたちは世界の終末ではなく、最高裁について話しているのだ。ゾンビの襲撃による世界の終わりを現実問題として話していたとしても、レイピストになる可能性がある短気な男性と、世界の終末を迎えたくはないだろう。彼らはきっとあなたに危害を加える。最悪の場合、あなたを盾にして自分を守る。家父長制の下女になるのを拒否するしか、生き残る道はないのだ。まあ少なくとも、わたしの計画にその選択肢はない。だが、メインストリームのフェミニズムから恩恵をこうむっている女性たちは、家父長制に仕え、自らの権利と自由を台無しにしている。

白人中心主義のメインストリームのフェミニズムは、有色人種の女性たちだけでなく、白人女性も裏切り、安全も権力も賢さも女性たちにもたらしていない。白人至上主義を盲従し、その目標を支持した挙句、大統領選では白人女性の53パーセントが、女性を蔑視し虐待してきた人物に投票した。つまり彼を支持するシステムに票を投じたのである。白人女性を取り巻く状況は、よくなっているとは言えない。実際、こういったパターンは過去の枠組み（パラダイム）への回帰を表している。彼女たちの檻は金メッキで、ほかの女性たちの檻はみすぼらしい。違いはそれだけだ。

「ああいう人たちはフェミニストじゃない」と言って、フェミニズムはリベラル派だけがアクセスできるものだ、というふりをするのは簡単だ。しかし現実には、わたしたちは政府に働きかけ、選択権や、労働力としての女性の価値について議論し、レイピストが最高権力者として誰かの権利をはく奪することの是非を問わなければならない。フェミニズムは確かにすべての女性に権利を付与しているが、周縁化された人々に権利を与えるとはどういうことか、真剣に考えていない。白人女性は自分たちを守るために投票しようとさえしない。さらに悪いのは、組織票を持つ集団として、彼女たちはほかの人々を傷つける力を持っている。メイン州出身のスーザン・コリンズ上院議員は、フェミニストとして人気を得、選挙で勝利した白人女性だ。しかし彼女は中絶の合法化を支持しているにもかかわらず、あきらかに中絶反対派のカバノー判事を承認した〔共和党穏健派のコリンズ議員はカバノー氏の承認を留保していたが、最終的に賛成〕。

　保守派のフェミニストたちは、自分にはほかの人々の犠牲の上に平等と安全を手にする権利があると考え、その理由をひねり出す。『Who Stole Feminism? How Women Have Betrayed Women（誰がフェミニズムを盗んだか？　女性たちを裏切る女性たち）』『The War Against Boys（男の子たちとの闘い）』の著書があるクリスティーナ・ホフ・サマーズ教授〔フェミニズム評論家、作家、哲学者。女性中心のジェンダー・フェミニズムに対する批判で知られる。２０１５年、キャンパスにおけるフェミニズム運動について「男女の賃金格差をなくしたい？　ステップ１：専攻をフェミニストのダンス・セラピーから電気工学に変えなさい」とTwitterに投稿し、物議を醸した。また17年にはレイプ・カルチャーという概念に疑問を呈し、性暴力への抵抗運動は女性たちを「幼児化」しており、自らが提唱する「エクイティ（公平）・フェミニズム」は、「犠牲者フェミニズム」と女性をか弱い存在とする「フェインティング・カウチ・フェミニズム」に取って代わられている、と発言した）は、少女や女性を社会的に援助する政策を一貫して非難しつつ、我こそは真のフェミニストであると名乗っている。ジェンダーではなく公平さに興味がある、というのがその理由だ。彼女にとっての公平さは、性差別の構造的な問題を含んでいない。なぜなら彼女は今や、望むものを手に入れたからだ。奇妙なことに、彼女は自分と似ていないほかの女性たちの人生に無関心らしい。カリン・アグネスが２００４年、さまざまな大学の保守的な女子大生で構成されるNetwork of Enlightened Women（ＮｅＷ。啓蒙された女性たちのネットワーク）を設立した時、目標は学生の交流による知識の多様性だった。しかしいざ活動が始まると、彼女たちが熱を入れたのは、キャンパスでジェントルマンとして振る舞う男性たちの〝業績〟であり、犠牲者非難であり、「ヴァギナ・モノローグス」（劇作家イヴ・エンスラーによる戯曲。２００人を超える女性にインタビューし、自分の性器について語ってもらった話に基づく。１９９６年にブロードウェイで初演されて以来、各国で上演され続けている）の上演に反対することだった（カリン・アグネスがヴァージニア大学に入学してから2年間、キャンパスで同演劇が上演された。3年生でＮｅＷ設立後、アグネスはクリスティーナ・ホフ・サマーズを大学に招き、「セックスと嘘とヴァギナ・モノローグス」と題した講演を開催。サマーズはこの戯曲が女性をオブジェ化し、男性を哀れに見せ、レイプを賛美していると非難した〕。これはすべての女性のためのフェミニズムではない。自分は白人至上主義の家父長制社会の中にいるから安全だ、と考える人々のものだ。共感も、思いやりも、気遣いも、関心も必要としていない、定義だけのフェミニズムだ。保守的なフェミニズムは、女性を守る女性を装い、最悪の政策を決定できる。

自分を正当化する理由が、中絶反対でも、人種差別と性差別は共和党に支持されているという誤解でも、彼女たちはフェミニズムとアファーマティブ・アクション〔積極的格差是正措置〕から利益を得て満足し、自分が権力にアクセスできるようにした概念そのものを弱体化させている。結局のところ、自分たちはメインストリームのホワイト・フェミニズムと一線を画しているという主張は、投票者の数だけでなく、メインストリームのフェミニズムが彼女たちを喜んで支持する事実を無視しているのだ。アラバマ州が〝ロウ対ウェイド裁判〟の判決〔1973年、米最高裁が妊娠中絶を女性の権利として認めた事例。70年、望まない妊娠、出産をしたノーマ・マコービーが〝ジェーン・ロウ〟という仮名で、テキサス州のダラス郡地方検事ヘンリー・ウェイドに対し訴訟を起こした〕以来、最も厳しい中絶禁止法を成立〔2019年、妊娠週にかかわらず、レイプや近親相姦による妊娠でも中絶は認めないとする州法〕させた時、その後押しをしたのは白人男性たちではなかった。テリ・コリンズ州議会議員が草案を書き、ケイ・アイヴィー知事が署名をしたのだ。ふたりは保守派の白人女性で、ほかの女性たちを傷つける権利をフェミニズムから与えられていた。

フォックス・テレビのニュース・キャスター、白人のメーガン・ケリーは2016年、当時大統領候補だったトランプ氏に対し、女性嫌悪的な発言をした件について大胆にも質問した〔トランプ氏は不当な発言だとしてケリーを非難。彼女が司会に抜擢された同局主催の候補者討論会をボイコットした〕。トランプ支持者たちは彼女を糾弾。一方この「勇敢なフェミニスト」を守ろうとする人々が彼女の周りに集まった。だが実際には、ケリーは（たとえばサンタクロースは白人だと頑固に主張するように）複雑極まりないカジュアル・レイシズム〔悪意のない日常的な差別〕によって売名行為を行なっただけだ。フォックス・ニュース寄りの偏見に凝り固まった人々は、突然一方的なシスターフッドの波にさらわれた。ケリーは自分のポリシーをまったく変えず、フェミニストを装って振る舞ったおかげで、のちに大手テレビ局NBCに引き抜かれた。彼女は女性嫌悪（ミソジニー）に関する経験から学んだ〝ふり〟をかなぐり捨て、元どおり白人至上主義を支持した。このイデオロギーに従えば、彼女と違う女性たちにはごく狭いスペースしか残されず、限られた成功しか望めない。ケリーが移籍後に解雇された理由は、トランプを非難したことでも、女性の権利を擁護したためでもなかった。ケリーは昼間のトーク番組のキャスターに収まったが、そのキャリアは、始まった時と同じ理由――人種差別で終わった。今回はブラックフェイスを熱烈に擁護し、視聴率が急落。ケリーの冠番組は打ち切りになった〔2018年、ケリーは番組でハロウィンの仮装に限ってはブラックフェイス（黒人をまねて顔を黒く塗ること）は容認できると発言。非難を浴びて謝罪したが、解雇された〕。

保守派の価値観はフェミニストのイデオロギーと相いれない、という意見もある。だが結局のところ、質問は「どの女性たちに権利を付与するか？」だけでなく「彼女にどんな権利を付与するか？」でなくてはならない。白人女性たちは人種差別の抑圧から受動的に利益を受けるだけでなく、それに積極的に参加している。白人女性たちはずっと前からアメリカの保守的イデオロギーの基盤である。古くはフィリス・シュラフリーによる男女平等憲法修正条項（ＥＲＡ）への反対運動〔シュラフリー（１９２４〜２０１６）は保守活動家、憲法学者。１９７０年代に女性が家にいる権利を主張した〕から、現在の中絶反対運動まで。白人のメインストリームのフェミニズムにとって、こういった議論は政治を離れているものの、いまだに排他的なのである。

アビゲイル・フィッシャーがアファーマティブ・アクションを大学不合格の理由として訴訟を起こしても〔白人女性のアビゲイル・フィッシャーは２０１６年、テキサス大学オースティン校に合格できなかったのはアファーマティブ・アクションのせいだとして同大学を提訴。最高裁は大学側の措置を正当とした〕、シェリル・サンドバーグ〔Facebook初の女性役員、最高執行責任者（ＣＯＯ）。著書『LEAN IN（リーン・イン）女性・仕事・リーダーへの意欲』で、野心を持って挑戦しようと女性たちに呼び掛けた〕が一歩踏み出して（リーン・インして）、オルタナ右翼の陰謀を拡散するFacebookの役員になっても〔Facebookが２０１９年に開設したニュース専用タブFacebook Newsには、情報源のひとつとしてオルタナ右翼メディアのBreitbartが参加〕、メインストリームのホワイト・フェミニズムに求められるのは、ほかの女性たちに害を及ぼす権力を持っているという事実に直面することである。フェミニズムの影響を取り巻く政治は、より広い世界からもたらされている。そのいい例が、黒人や有色人種の人々がランチを食べていた、駐車場にいた、といったさまざまな理由で、白人女性が警察に通報する事件が最近急増していることだ。そういう女性たちにはあらゆるスペースを占領する権利がある、とフェミニズムは擁護する。しかしその声は、彼女たちは自分の気まぐれに誰でも従わせる権利はない、というメッセージにはならない。

誰もがウィメンズ・マーチは平和だったと祝い、白人女性たちはピンク色のプッシーハットをかぶって警官たちとポーズを取った写真を投稿し（トランプ新大統領の差別発言に抗議し、2017年にワシントンD.C.で開催。参加者の多くはピンク色の帽子をかぶって不快感を表した）、「見て、これが本当の抗議活動よ」と真剣にアピールした。その一方、ブラック・ライブズ・マターのデモに参加した人々は、暴徒鎮圧用の装備に身を包んだ警官に迎えられ、犬をけしかけられた。家父長制への挑戦は、ほかの女性たちや彼女たちのコミュニティーへの挑戦にもつながる。人種差別はフェミニズムに浸透している。そのため、たとえホワイト・フェミニズムがほかのグループと連帯して白人至上主義に反対しようとしても、ホワイト・フェミニストたちは有色人種、特に黒人に対する恐怖から逃れられない。自分たち自身や教えられた物語（ナラティブ）に疑問を抱く代わりに、なじみのある考え方に落ち着く。彼女たちは、警察は守るためにいると教えられる。そして警察は白人女性を守るために駆けつけるかもしれないが、多くの女性にとって、警察と当局は一般的に暴力の源であるという事実を忘れるか、完全に黙殺する。

白人女性たちは、居心地の悪さや不安や恐怖を感じると、家父長制に保護を求める。保護（それ自体疑わしいが）を失いたくないため、便利な時だけ家父長制を支持し、直接脅かされた時だけ立ち向かう。だが彼女たちは、家父長制が挑戦を受ければ、自分たちは利益を受けると知っているため、いちばんつらい任務をほかの人々に押しつける。彼女たちは、家父長制との矛盾した関係に気づいていない。臆病な自分たちは家父長制に歯向かえず、その代わりほかの女性たちが進んで挑戦しているという事実に目をつむっているのだ。

それでも白人女性たちは、有色人種の女性たちを批判する。有色人種の女性たちが自分のコミュニティーで男性の振る舞いに抗議したり、白人女性を差し置いて公の場で議論したりするのが気に入らない。白人女性たちにとって、フェミニズムは他者と共有する領域であり、(公平とは言わないまでも)平等を目指して全員で取り組むものではないのだ。自分たちが属していないコミュニティーの欠陥をあげつらい、自分たちのコミュニティーはもっと健全かつ安全だというふりをするのは、ただの虚構にすぎない。

白人女性たちは有色人種が抱える問題を病的だとみなす一方、自分たちは白人男性による家父長制に直面していることを見ないようにする。そして有色人種、特に黒人女性は、勇敢なフェミニズムの完璧な見本だという枠組みを作り上げる。自分でその見本になるのは拒んでいるのに。わたしたちが自分のコミュニティーに集中していることに気分を害し、わたしたちなりの複雑な状況に立ち向かっていることを見抜けない。わたしたちは自分自身の主(あるじ)である——それが身体でも、命でも、子どもでも、わたしたちの最優先事項はコミュニティー全体であり、彼女たちにも同じことを求める、というアイデアを認めようとしない。

では、フッドの女性たちは家父長制に挑戦しなくていいのか？　もちろん違う。微妙なバランスを取り、監獄に入れられる以外の解決法を探すのだ。抑圧が一方向からではなく多方向から来るなら、自分と同じ外見の人を抑圧する人々に、安全や連帯を求めてはならない。そういう枠組みを作る必要がある。

周縁化されたコミュニティーの女性たちにとって、それは警察に通報しないことを意味する。

ある形の暴力を止めるために、別の形の暴力を引き入れるのは、自分にも自分が愛する人にとっても安全ではないと知っているからだ。有色人種の女性がお互いの行動や動機を根掘り葉掘り聞くのは好戦的だ、という考えがある。だがその挑戦的な段階を経ないと、助けを求める人は警察の手によって命を奪われることになる。

コミュニティー内の介入は個人的レベルで行なわれる。電話、会話、時には喧嘩。秩序とは程遠いやり方だ。しかし長期的にコミュニティーを救う解決法はなかなか見つからない。ホワイト・フェミニズムが武器なら、インターセクショナルなフェミニズムは弾力包帯だ。傷を治すことはできないが、血を止めてコミュニティーに自分で治る機会を与える。

役に立つより、恐れられたり不快に思われたりしないことを優先する――そんな恐怖が支配する場所に由来するフェミニズムは危険だ。自称〝フェミニスト〟の選択の影響を考慮する余地が失われる。その結果、監視が増やされ、警察が呼ばれ、そのスペースは誰かにとって安全ではなくなる。ほかの白人女性たちを恐れ、立ち向かうのを拒んだり、人種差別を理由に彼女たちへの支援を拒んだりすれば、全員にとって安全な場所を作るというフェミニズムのコンセプトを根本的に破壊することになる。

わたしたちは白人至上主義の危険性について話す時、白人男性の怒りは本質的に危険だと考える。しかしその怒りは白人女性に対する恐怖に根差し、凶器となっていることは無視する。白人女性に対する恐怖は、すべてのコミュニティーの未来を台無しにしかねない。同じことが、周縁化された人々が抱く怒りの〝恐ろしさ〟にも言える。フェミニズムがその恐怖に怖気づき、恐怖が白人至上主義の構造を支えているのだという考えをナラティブに注ぎ込むたびに、フェミニズムは平等を訴えるための第一歩を踏み出しそこねている。

では恐怖は効力のない感情なのか？　もちろん違う。しかし恐怖が募って限界を越えると、問題が積み重なって解決できなくなる。黒人男性に対する恐怖がリンチを正当化する理由として使われたように、ほかの白人女性の気分を害することの恐怖は、白人女性が自分たちに加えている危害に立ち向かわないことの言い訳になっている。そして白人の特権が提供する限られた保護にしがみつく。

恐怖――カバノーのような人間を裁判官にすることで生じる危害への、骨身にしみるほどの真の恐怖――は、その結果が目に見えて現れるまで冷笑される。右派の人々が変化を恐れ、家父長制が平等を恐れ、一部のホワイト・フェミニズムが公平を恐れるなら、周縁化された人々は何を恐れればいい？　どうやって恐怖に対処すればいい？　最悪の大統領候補にこぞって投票しても問題は解決しない。自分たちのコミュニティーや外の人々の過ちに立ち向かうのを拒否することでもない。どのコミュニティーにも、危険を覚悟し自由を求めて闘うより、現状維持を選ぶ人たちはいる。しかし白人の脆弱さが、白人女性たちの間に存在するダイナミクスに奇妙な影響を与え、メインストリームのホワイト・フェミニズムは、有用であることを犠牲にして、礼儀正しさにこだわる。

カバノーをはじめとする判事たちだけではない――正義の執行者を名乗る資格が疑わしい過去を持つ人々――それが問題なのだ。特権階級の息子たちを守るために、使い捨てにされるとわかっていても自分の娘を喜んで差し出す母親だけではない。問題は、その危険が公になるまで、ほとんど黙殺されることだ。白人女性たちが偏見にかき立てられて恐怖を抱き、ジェンダーより人種を選ぶからだ。この恐怖に満ちた考え方が、すべてのコミュニティーに危害を及ぼす。黒人に対する恐怖。移民に対する恐怖。他者に対する恐怖。白人女性たちが、ポジティブな変化をもたらす力を自分が持つことを自覚しないかぎり、このサイクルは永遠に続く。

一部の白人女性が父親、夫、息子、牧師の意見に影響されているというのは真実だ。しかし彼女たちには当局が味方につき、家族を古くさいナラティブから遠ざけて、よりよい未来へと押し出す。アメリカを女性嫌悪（ミソジニー）の時代へ引き戻すナラティブの味方をする代わりに、彼女たちは自分が心を惹かれる候補者に投票することができた。捕食者たちを支持するドラマチックなショーを見ないで、自分自身の自由を支持することもできた。

おかしな話だが、白人女性たちは女性嫌悪（ミソジニー）に抵抗すれば、現在手にしている権力が失われると恐れているようだ。白人男性が権力をゼロサム・ゲーム〔誰かが1点勝つとほかの誰かが1点失い、参加者全員の得点と失点の合計が常にゼロであるゲーム〕だとみなしているように、白人女性も当局とやっと手に入れた自我にすがりつきたいのだ。彼女たちは、こういう家父長制の化身を防御すれば、利益を得られると心の底から信じている。それがほかのみんなを犠牲にすることになっても。

自称フェミニストの白人女性たちによるカジュアル・レイシズムを目にした時、彼女たちが自分を守るために積極的にやっていることはすべて、平等に抑圧される権利のために、他者を犠牲にしていると理解しなければならない。わざとやっているわけではないし、それこそがフェミニズムという連帯の弱点であると指摘されれば傷つくだろう。だが現実は、内部で行なわれるべき仕事が、白人男性による家父長制への闘いではなく、あきらめてそれを支持する方向に傾いている。

白人至上主義は人種差別を常態化するだけではない。白人女性が白人至上主義にまみれた社会の現状維持をサポートすれば、彼女たちはより大きな権力を得ることになる。さらに白人女性は、昔から自分たちの関心を常に中心に据えてきたため、今も自分の身の安全と自由を最優先する。だが白人女性全員が同じ政治的意見を持っているわけではない。彼女たちの家族も社交生活も、政治的に対立する人々と密接にかかわっている。

人種差別撤廃による融合や移民に抑圧を感じる人々は、平等に反対する活動に積極的に参加し、あるいは自ら先頭に立つ。白人至上主義の秘密結社ＫＫＫへの入会でも、差別のない学校へ通う途中の黒人の子どもに対する嫌がらせでも、自分が他者と平等でない怒りをつぎ込むことができる。自分が機会やアクセスに恵まれない責任を、父親や兄弟や夫に代わり、他者に押しつけることができる。

〝そういう白人女性たち〟を指摘するのは簡単だ。すべての白人女性は同じコミュニティーに属しているからだ。会話は国家の安全や経済に終始し、家族の団結のためにコミュニティーや宗教組織の基準を維持するという話にまとめられる。その結果、中絶反対（プロライフ）、アンチＬＧＢＴＱＩＡ、銃所有支持（プロガン）、アンチ移民の候補者に投票したおばが、中絶権利擁護派（プロチョイス）でＬＧＢＴＱＩＡ支持だが、おばさんやその子どもたちを戸惑わせるようなことは絶対しないと誓っている先進的な姪（めい）と休日のディナーの下ごしらえをすることもあり得る。

彼女たちの心配事が、白人至上主義の同じ家系から生じるのは驚くべきことではない。結局のところ、彼女たちはスーザンおばさんと考え方は違うけれど、うまくやっていけるからだ。ほかのみんなもできるはずでしょう? スーザンおばさんが姪に親切なのは、肌の色が同じだからだ。その結果、白人女性たちは〝他人化〟された人々を黙殺する。そして自分たちとは優先度が違う白人女性たちから、政治社会的影響を受ける危険に直面する。

多くの事例で見てきたように、白人女性に他者への思いやりがないという議論ではない。彼女たちは気遣いが足りないだけなのだ。問題は、移民を阻む壁を建設してムスリムを不当に扱う人物や、性的暴行で告発された候補者に投票するのは危険だとわかっていながら、我が身に直接的な危険が及んだり、投票した家族が社会的な批判を浴びたりするまで、行動を起こさないことだ。彼女たちは、自分の決断がどれだけ他者を傷つけるか気づいていない。最悪の政策でも、彼女たちは他者と違って傷つかない。白人至上主義が守ってくれるからである。そういう視点で見ると、もちろん彼女たちが最優先するのは、自分の人生に存在する家父長制の人々を守ることだ。彼女たちの父、兄弟、夫は人種差別的・性差別的な振る舞いをしたからといって非難されることはない。結局のところ、白人至上主義のシステムを維持する最高権力にアクセスできなければ、白人女性は白人至上主義が作り上げたはかない夢の外にいるしかないからだ。

一方、白人至上主義にネガティブな影響を受けて危険にさらされている人々は、説明責任を逃れようと躍起になっている白人女性に同感できない。やるべき任務があり、家父長制が自ら変わることはない。だからホワイト・フェミニズムは、人種差別主義者のおば、両親、いとこたちに立ち向かい、白人女性全員に責任があるというアイデアを受け入れるべきだ。

第13章

人種と貧困と政治

投票権は民主主義の柱である
万人のために確約せよ

わたしが16歳でハイスクール3年生だった1992年、民主党のビル・クリントンが初めて大統領に選ばれた。わたしは選挙権を得るまで2年あった当時でさえ、前任者ブッシュ〔共和党〕よりマシだけれど、だからといって万人にとっていい大統領ではないということを理解していた。気さくで誰をも魅了し、サックスを吹き、たばこは吸わないと明言〔大統領選中、オックスフォード大学留学時代にパブで大麻を吸ったという疑惑に対し、「試したが味が気に入らず吸引はしなかった」と釈明〕。そんなビル・クリントンが大統領になれば、アメリカ国民全員に助けの手が差し伸べられるように思えた。だがクリントンの初代内閣は、10年前のレーガン大統領の陣営と同じくらい貧困者に厳しかった。クリントンが〝福祉から就労へ〔Welfare to Work：福祉への依存から脱却し、就労・経済的な自立を促す政策〕〟というスローガンを掲げ、ほかの社会的セーフティーネットも形骸化されていく中で、彼の政権が最優先するのは貧困の撲滅でないことは明白だった。わたしは大統領としてのクリントンのファンではなかったし、正直言って、ヒラリー・クリントン〔2016年に出馬し、共和党のトランプ氏に敗退〕が大統領になるというアイデアにも特に熱中しなかった。わたしは政治が腐敗したところで、どの政党も気にしない国に住む異端者だった。福祉改革のせいでわたしは貧しくなり、支援プログラムはあったものの、この福祉改革は貧困の解消ではなく貧困層への罰だということは、誰の目にも明らかだった。

貧困はどの世代にもスローモーションで起こる終末であり、止めることはできない。個人的な終末の時もあり、コミュニティー全体が破滅することもある。この大災害は聖書に描かれている洪水と違って単独では起きない。『ヨハネの黙示録』に登場する四騎士〔次々に現れて世界に災厄をもたらす騎士。白、赤、黒、青白い馬に乗った者はそれぞれ征服、戦争、飢饉、死を象徴する〕のように、次々とやってくるのだ。政治家たちが労働者階級とラスト・ベルト〔さびついた工業地帯の意。鉄鋼・車などの製造業が衰退した中西部から北東部の州の総称〕について語る時、彼らは長期に及ぶ貧困の影響を理解している。貧しいのはモラルに欠けているせいではなく、個人的な責任でないことも把握している。長年にわたり、悪い政策が続き、機会が限られているからだと承知している。だがインナー・シティーの話題になると突然、貧困はモラルの欠如のせいだという議論が出てくる。そこに労働者階級の人々が住んでいる、という考えは霧のように消え、都市機能はその人口に頼っているという話になる。ボーター・サプレッション〔voter suppression：投票者の抑圧。ライバル派の有権者（特に黒人などのマイノリティー）に嫌がらせをして、投票を妨害する行為〕と選挙への無関心が相乗効果を引き起こし、住民から選挙権をはく奪する〔有権者名簿への登録不備や受刑歴などが理由〕。そのせいでアメリカをはじめ各国における政治的な展望がどんどん右寄りになり、リベラルな民主党でさえ、貧しい非白人でも自立心と根性さえあれば成功できるという論理を主要な政策にする。

投票率が低いのは怠惰なせいだ、情報やモチベーションに欠けるせいだ、というのは安易な思い込みである。荒廃した地区の住民は、長年にわたってなきものとされてきたせいで、どの政党も政治家も貧困の流れを断ち切ることに興味はないと感じている。そして貧困者の話題は、選挙期間中の政治論には決して出てこない。わたしたちは残忍な貧困と黙殺が人の感情をどれほど傷つけるかも口にしない。しかし無数の女性たちがここに住んでいる。彼女たちは足を踏み外せば奈落という環境で大きくなり、そこで子どもたちを育て、破滅の影に脅えながら人生という荒波を航行していかなければならない。

労働者階級イコール郊外の白人と枠づけし、彼らは経済不安を抱いていたから2016〜17年の大統領選でトランプに投票したのも仕方ないとするなら、それはインナー・シティーだけでなく全米および世界各国にある有色人種コミュニティーに加えられた危害を黙殺することになる。過去の多くの政権同様、トランプ政権は外国人の国外退去政策を掲げ、不法移民を強制送還している。それだけでなく、保護を求めて来た人々を無条件で収監し、貧困者に苦痛を強いている。国境の外では、アメリカの外交政策が貧困者を犠牲にして富裕層に特権を与えている。アメリカの帝国主義は、欧米諸国の利益に貢献する独裁者たちに権力を与えてきた。だが今のトランプ政権下〔2017年1月20日〜21年1月20日〕で、わたしたちは彼の掲げる大義に対し、口先だけでお世辞を言うこともやめている。

偏見に凝り固まった一部の白人たちは、ドナルド・トランプをはじめとする共和党の政治家の発するメッセージを聞いて――君たちの心配事は大きな問題だ、メキシカンやムスリムの移民に対する偏見から生まれた恐怖はもっともだ――共和党こそ自分たちの損失の代弁者だと思い込んだ。そうして白人女性の53パーセントが共和党候補のトランプに投票したのである。だが見逃してはならないことがある。この国では長年にわたり、多くの白人投票者が問題のある候補者と政策を積極的に支持してきたのだ。

調査によれば、白人の怒りと失望の原因は、自殺率の増加、ドラッグやアルコールへの依存、大卒の学位を持たない人々の就職率の低下、アファーマティブ・アクションといった政策のせいで不当に扱われているという思い込みに起因する。また、権威主義のアピールや、昔ながらの人種差別や性差別にすぎないという研究結果もある。

政治学者のダイアナ・マッツは「Pacific Standard（パシフィック・スタンダード）」誌のインタビューで、民主党から共和党支持に転向してトランプに投票した人々は、社会的地位の低下を恐れたのだと指摘している。「結局のところ、彼らはそれまでの特権階級という地位を失うのが怖かったのだ」。周縁化された人々の大学入学率は上昇しつつある。だがトランプを支持した人々は、だからこそ自分たちのスキルを向上しなければならないと考えるのではなく、現在の特権と地位を失う脅威とみなした。こういう投票結果になった原因は、お金でも人種差別でも性差別でもない。アメリカの歴史から目をそらしたためである。アメリカ人は何よりも実力主義の神話を愛する。そうすれば頑迷な偏見が及ぼす影響を黙殺できるからだ。

バラク・オバマ政権〔2009～17年の2期〕に続くこの反動は予想の範囲だった。黒人が成功するという考え（そして現実）は、常にアメリカ社会に怒りを引き起こす。南北戦争後の復興の取り組みは、人種差別主義により失望に終わった。すべてのアメリカ人に自由と平等を与えるという理想の代わりに、アメリカ社会はアンチ・ブラックネスと不平等に依存している。結局のところ、奴隷制度廃止と女性の権利を主張する活動家たちはほぼ重複しているにもかかわらず、女性参政権の運動の目標は、白人男性と同じ権力を白人女性に与えるという白人至上主義に終始しているのだ。

白人至上主義を主張した代表的な例が、ローラ・クレイ（1849～1941）をはじめとする婦人参政権論者である。クレイはケンタッキー州平等権利連盟の共同設立者兼初代会長だった。黒人に投票権を与えれば白人の支配権が脅かされることを恐れ、クレイはこう主張した。「白人男性は教育を受けた白人女性に強化され、すべての州で黒人の投票数を圧倒できる。白人種はニグロたちを堕落させることも脅かすこともなく、白人至上主義を維持できるだろう」。同じく婦人参政権論者で白人至上主義者、ベル・カーニー（1863〜1939）の例もある。ミシシッピ州初の女性上院議員に選ばれたカーニーはこう述べた。

> 女性に参政権を付与すれば、直ちに永続的な白人至上主義が保証され、確実に実現される。疑う余地のない権力に基づき、ここに宣言する。1州を除き合衆国南部のすべての州で、白人、黒人、ネイティブ、移民を問わず、無学な有権者たちより教育のある女性たちの数が多い。みなさんもご存じと思うが、読み書きのできる南部の女性全員の中で、11人のうち10人が白人だ。人種別に見ると財産の保有率の割合は、白人が黒人を格段に上回っている。

100年の歴史を俯瞰して、経済不安を考慮すると、トランプに投票した白人たちは性別にかかわらず、人種的な不満に駆り立てられていたのは明らかだ。しかし最も不利な証拠は、フェミニズムとアファーマティブ・アクションの利益を受けた白人女性のうち、いったい何人の白人女性が、自分たちに権力と自由を与えてくれた政策を弱体化させるために奮闘したかということだ。

彼女たちはその後も欠陥のある候補者たちを支持し、政府の政策も財政状態も、人種差別・性差別主義の候補者たちの成功に関係ないことを証明し続けた。「アメリカを再び偉大な国に（メイク・アメリカ・グレート・アゲイン）」という大仰なスローガンは、人種差別主義の残酷さを隠す薄っぺらい偽の希望にすぎなかった。平等という理想と人種差別の現実を調和させるのがどれほど難しいか、延々と時間をかけて証明しただけだ。アメリカの偉大さという考えは、ジム・クロウ法時代の神話に基づくものであり、今でも多くの人の心をとらえている。彼らは今も、多くの反証があるにもかかわらず、白人至上主義を信じている。しかしパワフルな白人女性の数が増えたからといって、すべての女性のためになる政策や候補者を支持することにはならない。

ブレット・カバノー裁判官が最高裁判事に指名されたのがいい事例だ。公聴会が開かれている間、「わたしはブレットを支持する」「カバノーのための女性たち」と書かれたTシャツを着た女性たちが、マスコミで盛んに報道された（〝カバノーを支持する女性たち〟バス・ツアーでは、白人男性の数が白人女性を上回っている有名な写真もある）。10人から15人の女性たちが、自信満々の表情で抗議者たちの集団をかき分け、候補者への支持を見せつけている。その人物は、これから生殖の正義、さらに医療へのアクセスを阻もうとしているのに。彼女たちの年齢は少女から老人まで。その誰もが、家父長制を支えるために、自分たちが全女性の権利に反しているという事実に気づいていない。これは権利だけの問題ではない――バーニー・サンダース〔２０１６年、民主党の大統領候補予備選挙に出馬。大学の学費と医療費の無料化などを掲げ、リベラルな若者たちの支持を集めたが、ヒラリー・クリントンと接戦の末敗退。２０２０年にも予備選挙に出るがジョー・バイデンに敗れた〕の熱狂的な支持者たちの大半は、彼を批判する有色人種の人々を言葉で攻撃するのがよい政策だと思い込まされているようだった。

バーニー・ブロズ（兄弟）という呼び名がある。サンダースの真の支持者と、ネットに悪意ある投稿をする〝荒らし(トロール)〟に奉られたものだ。彼らは一丸となり、バーニーを支持しない人をソーシャル・メディアで糾弾した。一部の支持者はバーニー・ブロズには実体がない、全員トロールだ、その呼称はバーニーを支持する女性たちを抹消する、と主張した。しかし本当の問題は呼び名ではない。左派を名乗るサンダースの支持者たちが２０２０年、対立候補のジョー・バイデンに投票したという理由で、黒人と有色人種の投票者を「無知」呼ばわりしたことだ。

調査によれば、投票者の40パーセントがカバノーの承認に反対票を投じたが、彼を支持する共和党の女性の数は、過去の性的暴行被害を訴えたクリスティン・ブラジー・フォード（白人の心理学者）と本人が公聴会で証言したあと、69パーセントに上がった。

共和党支持者は、カバノーの証言は強制されたと受け取った。一部の評論家や政治家は、彼女を襲ったのはカバノーではないと信じている、と屁理屈を並べ立てた。どんな理由にせよ、明らかなことがひとつある。党利党略（政党の利益のために策略をめぐらすこと）は、理屈の通らない偏見によってあおられる。そして多くの人を駆り立てて、大統領（性的暴行と不当行為で20人近い女性から告発された）だけでなく、女性対策について口約束だけを繰り返す政党を支持させる。その政党は、フォード博士だけでなく、権力を持つ男性に勇気を奮って立ち向かうすべての女性の信頼性を貶めたのだ。

教育を受けた白人女性が、メインストリームの有名フェミニスト組織から支持されても、カバノーの任命を止められなかったのは衝撃的に思える。しかしこの出来事に至る道を拓いたのは、人種や性別や階級に基づき〝誤った〟犠牲者たちを見ないようにしてきた彼女たちの姿勢だ。一部の犠牲者を使い捨てできるとみなせば、最後にはすべての犠牲者が使い捨てできることになる。白人至上主義の家父長制が、白人の女性らしさを保護するために努力していると主張しても、その事実に変わりはない。フェミニズムは、派手な決戦に現れるだけではなく、すべての闘いに参加しなければならない。さもないとあっという間に力を失い、こういう瞬間を迎えることになる。

白人女性の政治力が、ほかのグループと同じように扱われることはほとんどない。黒人、ラティンクス、アジア系の有権者はそれぞれ一枚岩のように扱われるが、白人女性が一丸となって投票するなどと誰も期待していない。これは選挙の結果を見るたびにわかる。白人女性に選挙権を与えているはずが、実は白人の幅広い特権を維持するために機能しているのだ。なぜか？　白人至上主義の女性たちは常に存在し、平気で人種差別をするからだ。

一方で有色人種、特にみんなを救うと期待される黒人女性の有権者は、自分たちの票がいちばん興味のある候補者に流れたふりはしないし、候補者たちよりいい考えがあったというふりもしない。選挙活動中に、最も貧しい人々や傷つきやすい人々の関心事やニーズを最優先する候補者はいない。口約束だけはするが、現状を見るかぎり、アメリカの政策と政治家は金を重視している。メディアは最も富裕な者が最も貧しい者を助けるというアイデアに傾きがちだ。しかしトリクルダウン理論〔富裕層がもっと富めば、貧困者に自然に富が浸透（trickle down：トリクルダウン）するという仮説〕などというものは存在しない。コミュニティーを支援する効果的なトップダウン式アプローチも、もちろん存在しない。だが現実には、直感に反する小さな声に導かれて、白人女性が黒人女性と同じように投票すれば、上げ潮はすべての船を持ち上げるという格言どおりのことが皮肉にも起こるのだ。

　黒人女性の方が政治に熟知しているという意味ではない。実際、最も貧しい人々が熟知しているのは、生き延びる術だ。そのため、彼らは金持ちのポケットを膨らませるよりも、仕事を失わず子どもたちに食べさせて、ささやかな楽しみを得ることに焦点を当てる。そしてある時、こんなことは初めてだと気づく——自分は同じくらい豊かな隣人をねたんでいない。力を合わせれば、つらい時期をともに乗り越えられると知っているからだ。これは利他主義でも単純な計算でもない。自分が必要としている助けを隣人が差し出してくれると知ったら、隣人と張り合うことに意味はなくなる。

　人的・物的資源がなくてひとりではその月を越せなくても、友人や隣人と資源を共有すれば、どちらも新しい月を迎えられる。そしてあなたはみんなにもっと資源を与えたくなる。わたしたちは政治と投票を勝つか負けるかのゼロサム・ゲームと決めつけるが、実際にはハーム・リダクション〔harm reduction：危害の削減。共和党が力を持つのを防ぐために民主党に投票すること。もともとは公衆衛生の用語で、自身や社会に危険を及ぼす行動習慣を持つ人に、行動を変えさせるのではなく、危害をできるだけ減らす施策〕なのだ。他者に共感を示さない政党は、笑いを取るか、さもなければ悲惨な事態を招くことになる。

共和党所属のシンディ・ハイド＝スミスは、リンチに関して冗談を言ったが、住民の44パーセントを黒人が占める州の上院議員に当選した〔2018年の上院補欠選挙。白人女性の同氏が〝公開絞首刑に招かれたら進んで出席する〟旨の発言をしたビデオが公表された。黒人男性で民主党の対立候補、マイク・エスピー元農務長官はスミス氏の発言を批判し、支持を集めたが敗北〕。そういう国でする質問は「黒人はどうやって投票しているのか？」であってはならない。「白人の投票方針をどうやって変えるべきか？」あるいは「投票機会へのアクセスをどうやって守るか？」であるべきだ。フェミニズムは周縁化された人々に注意を向けず、中流階級の白人女性のニーズとウォンツが満たされることに集中し、ほかの人々の投票権を守ろうとしていない。これはアメリカ人だけの問題ではない——結局、候補者たちと支持者たちが、アメリカにいる有色人種を保護と支援に値する人間とみなさなければ、この国の外にいる人々にはどんな機会があるというのだ？

人間性の抹殺は、ほかの人々の権利に反対票を投じる行為を正当化する第一歩だ。それはアメリカでもほかのどの国でも同じである。アメリカと同じほどの軍事大国であれば、広い影響を考えず個人的な興味だけで投票するのは自分勝手である。そして白人至上主義に投票するのは自己嫌悪である。その結果ほかのコミュニティーが直面する事態が、結局我が身に降りかかってくるからだ。

わたしはもうひとりのクリントン（ヒラリー）に投票したくはなかったが、最も危害の少ない選択肢はひとつしかないと妥協した。結局のところ大統領選は、一般投票ではなく獲得した選挙人の数で決まるのだから。そして人種と政治について議論が交わされる時、この部分が諸悪の根源となる。黒人女性の投票者がすべてを変えられる、という情報が拡散しているが、現実には周縁化された投票者たちが団結しても、長続きする変化は起こせない。

周縁化された人々がハーム・リダクションに基づいて投票する事実は否定できない。だが自分を犠牲にして人種差別主義者に投票する愚かな白人よりはマシだ。共感しろと大人に教えることはできない。しかしアメリカでは白人至上主義が勝利を収め、多くの白人女性のために投票ブースが用意されている。投票権が攻撃にさらされている国では、投票率に関する質問は意味がない。有権者ID法はバスで来る投票者を締め出すのが目的だ〔2020年の大統領選では、35の州が不正投票を防ぐために投票所でのID提示を義務づけた。運転免許証など身元確認ができるものがないと投票できない。またID取得には数千円相当の費用がかかるため、貧困層での取得が進まず、投票率の低下につながっている〕。投票所を早く閉所する、州の中でIDを取得できる場所の数を減らすといった戦術は、オバマ氏やほかの中道派、革新的なリーダーたちを政権の座に着けた人々から、投票にアクセスする権利を奪うことになる。フロリダ州では、元重罪犯は選挙権を回復するために罰金と費用をすべて払わなければならない〔2020年の大統領選を前に控訴裁判が下した判決。支払い能力のない人から、実質的に投票権を奪うことになる。また同州は民主党と共和党の激戦区であり、この判決は選挙に大きな影響を与えるとされた〕。あるいは登録された有権者が名簿からまとめて削除される〔一部の州では有権者名簿から名前を定期的に削除するため、本人が再登録する必要がある。2020年の大統領選では、激戦区のウィスコンシン州で選挙管理員会が送った削除通知に30日以内に回答しなかった13万人を、名簿から削除するべきかどうかで訴訟に発展した。住所不定で連絡が取れないかもしれない低所得層、マイノリティー、若者などから投票権を奪うことになる」。投票者に対する昔ながらの抑圧戦術が復活したのだ。人種に基づく強引な学校割り当て制度が、強硬な妊娠中絶反対派の政治家を生み出す。誰が投票権を得るかというリスペクタビリティーの問題が、どれだけ大きな影響を与えるか想像してほしい。

かつて婦人参政権論者の多くが、奴隷廃止論者であるにもかかわらず白人至上主義を支持したように、現在のホワイト・フェミニズムは人種差別が選挙に及ぼす影響に目をつむり、参政権と投票へのアクセスの間に広がるギャップを見ないようにしている。婦人参政権論者の嫌悪すべき代表的な例がレベッカ・ラティマー・フェルトン〔１８３５～１９３０年。１９２２年、前任上院議員の死去により、穴埋め候補としてジョージア州知事に指名され、１日のみ議員を務めた。刑務所の制度改革を推進〕である。女性として初の上院議員に就任し、一部のサークルではフェミニストのアイコンとして崇拝されている。しかし彼女は差別主義者だった。リンチに賛成し、投票権をはく奪する監獄フェミニズムの論理を支持したのである。黒人の命だけが大切なのではない。黒人の投票権も大切だ。そして危険にさらされているのは黒人の投票権だけではない。前科のある女性は誰でも投票権を失うかもしれないのだ。

The Sentence Project（センテンス・プロジェクト）〔人種差別に基づかない公正な刑事司法制度を目指し、統計によって量刑判決の改革を推進する団体〕が２０１８年5月に行なった調査によれば、アメリカでは常に約11万人の女性が投獄されている。女性の国民の１パーセントに当たる計算だ。収監者の数は１９８０年以降、大幅に増加しており、収監率が上がるにつれて、棄権を強いられる投票者候補が増える。法律により、重罪犯の投票は違法とされているからだ。法律は州によってまちまちだが、有色人種のコミュニティーにおけるドラッグ戦争の影響にも、警官の違法行為や暴力にも配慮されていない。投票権を失う危険が最も高い人々にとって、投票こそが政権にアクセスする唯一の道なのだ。たとえそれが蜃気楼であっても。

アメリカを苦しみから解き放つためには、投票が完璧な解決法なのか？ もちろん違う。だが投票権を持てば、国政に声を届けることができる。その声がコミュニティーに安定と安全をもたらす第一歩になるのだ。

２０１６年の大統領選よりはるか前、メインストリームのフェミニズムは、周縁化された人々の投票権が攻撃されているのを黙殺していた。投票者への抑圧の記録は詳細に残っている。１９２０年、女性は投票権を勝ち取ったものの〔修正憲法19条として発効〕、実質的には１９６５年に投票権法〔南部の州で行なわれていた黒人の有権者登録の制限を廃止〕が成立するまで、一部の州は投票税や読み書き試験を課し、黒人やネイティブ・アメリカンの投票を妨害していた。いくつもの訴訟が起こされ、法律が成立して、そういった障壁が取り除かれたのである。しかし多くの州の政治家たちは、ジム・クロウ法が撤廃されると、即座に新たな壁を築き始めた。こんにちに至るまで、一部の議員は投票権をはく奪する政策を推し進めている。調査により不正投票はデマにすぎないとわかっても、選挙の制限強化の賛成派は、数年前から反対派を上回っている。

不正選挙と闘うと見せかけて、多くの州が投票者のＩＤ提示を厳密化し、投票所の数を減らしている。特に２０１６年の大統領選に先立ち、こういった選挙妨害工作が行なわれた。実施した一部の州は、人種差別に基づく投票制限の長い歴史があり、最近まで、投票に関する法律や手続きの変更をする場合、連邦政府の承認を求めなければならなかった。選挙権の支持者が、こういった方策は無数の低所得層と有色人種に障壁を生むと指摘したところ、右派と左派からの回答は、現在と過去の障害を無視し、周縁化したコミュニティーのために投票せよ、というものだった。右派の政治家たちの目的は投票率の制限だったから、この反応はわかる。しかし左派が投票権法の存在を黙殺したのは衝撃である。

投票権はアメリカの民主主義の柱だ。しかし壁に阻まれて投票できないアメリカ人は無数にいる。投票権の保護を最優先するフェミニストの団体も少数あるが、偏見を抱いた白人女性が全女性の利益に反して投票することを考慮した組織はほとんどない。女性を蔑視するカバノーを最高裁判事候補として支持した女性たちや、彼の任命を強行に推進した共和党の政治家たちは、女性の権利を大いに傷つけた。投票権を持つのはごく一部の女性だからである。

女性たちは人種や階級などに関係なく、共通の目的を掲げて連帯した投票者集団だという物語（ナラティブ）は、近視眼的であり完全な誤りだ。フェミニストの政治史を振り返れば、周縁化された女性たち、シスジェンダー、トランスの業績を黙殺する危険がわかる。それはファニー・ルー・ヘイマー〔1917～77年。ミシシッピ州出身の公民権活動家。44歳で黒人にも有権者登録する権利があると知ってから、多くの迫害に遭いながら活動に身を投じた〕やアイダ・B・ウェルズ〔1862～1931年。テネシー州ミシシッピ出身の反リンチ活動家、ジャーナリスト。親友がリンチに遭ったのを機に活動を始め、国内外に反リンチを訴えた〕をはじめ、さまざまな社会問題のリーダーを務めてきた多くの女性たちの長い歴史だ。彼女たちの業績はあらゆる人々の状況を改善してきたが、白人のアメリカ人はそれを無視し、敬意も払わない。現代のフェミニスト・ムーブメントは万人の投票権を無視できない。その理由は、白人女性の大義を擁護するために人数が必要だからだ。フェミニズムの目標が万人の平等なら、フェミニズムの未来は過去とまったく違うものでなければならない。フェミニズムは長年にわたり強力な政治勢力だが、重大な選挙で勝つためには、その焦点を拡大しなければならない。

貧困、刑事司法制度の改革、生活賃金、移民の保護、ＬＧＢＴＱＩＡ問題など、女性に影響を与えるあらゆる問題を包括するフェミニズムは、基本的な課題として万人に投票権を確約するべきだ。

第14章

価値のある教育を誰もが受けられる権利を

教師によるいじめ、学校から刑務所へのパイプライン、常駐警官への依存を断ち切る

少女の頃の記憶に強く残っていることがある。政治家たちが次々とテレビに登場し、自分は「脅威となる」ドラッグの密売人たちから街をいかに守るか、とくとくと語っていた。当時は「超凶悪な捕食者（スーパー・プレデター）〔暴力的な罪を繰り返す未成年のギャングの意。1995年に社会学者のジョン・J・ディウリオ・ジュニアが提唱し、少年による凶悪犯罪の増加に警鐘を鳴らした。この用語が広まったため、貧困層の黒人は犯罪者というレッテルを貼られることになる。96年にはヒラリー・クリントンが口にし、2016年の大統領選で謝罪〕」が問題になっていて、わたしたちはみんな法と秩序を最優先するリーダーたちに感謝するよう期待されていた。だがわたしの知り合いにスーパー・プレデターはひとりもいなかった。わたしが知っていたのはドープボーイズとガールズ――ドラッグを売り、運び、保管し、時には自分でもやる少年少女たちだ。わたしは彼らの一員ではなかった。未来のあるガリ勉で、放課後の特別学級で何度も警告された話と違い、誰もわたしを仲間に誘う気はなかった。わたしは彼らにとって本の虫（ブックス）であり、わたしにとって彼らは幼稚園の頃から知っている幼馴染だった。

　わたしの周りには祖父母とおばたち、のちには母と義父がいた。だがほかの子どもたちには、悲惨な状況を見てそれを改善しようと親身になってくれる人がひとりもいなかった。ドラッグを売っている少年たちは、ほとんどが里親に引き取られているか、キンシップ・ケア〔政府の監督・支援を受けない親族里親（キンシップ）〕に頼っていた。一緒に住んでいる親族は、自分の子どもに食べさせるのが精いっぱいで、たとえ親族でも、よその子どもの世話をする余裕などなかった。その頃、少女たちは、普通はドラッグの売人ではなく運び屋の役で、もちろんコカイン（ホワイト）やマリファナ（グリーン）を密売する少年たちや男たちと（大抵は親密に）かかわっていた。わたしと違い、彼女たちには目を光らせている祖母も、いったいお前たちは何をしているんだと叱る祖父もいなかった。

その代わり、冷蔵庫の食料を切らさず、ガス代を払うのは彼女たちの役目だった。その責任は5年生や10年生〔高校1年に相当〕の彼女たちの肩にのしかかった。あるいは生活に必要なものはすべて彼女たちが調達した。わたしはドラッグを売った経歴はないが、一緒に育ったドラッグ・ディーラーたちについて、ふたつの物語を語れる。人は手にしているもので満足できず、すぐもっと欲しがるようになることも、悪の道に入らないとそれは手に入らないことも知っている。まずデオン・Jの話をしよう。

デオンはいい子だった。学校で一緒になってから数年間、彼はわたしやほかの大勢の子どもたちとまったく同じだった。シカゴのドレクセル通りにあるアパートに祖母、妹、時に母親と一緒に住んでいた。家族の収入は少なかったが、ほかの隣人たちがみんなそうしていたように、何とかやっていた。クールなおもちゃや子どもが欲しがるものを全部買う余裕はなかったが、手足がはみ出さない服を着て、いつも清潔で、食事も十分に摂っているようだった。読むのが苦手で学校では苦労していたし、肌の色が明るいとか、安売りチェーンのペイレスの靴を履いているとか言われて、からかわれていた。1980年代のシカゴで、生徒の99パーセントが黒人の学校ではそれが普通だった。コズミンスキは人種別学校だったが、わたしたちはそれを知らなかった。持っていないものを失うことはできない。というわけで、生徒たちの誰ひとり、自分たちは何を失っているのか知らなかったと思う。

両親が家にいないのは普通だった。別の世代、時には2世代と住むのも普通だった。家族は団結するものだ。少なくともわたしたちが小さい頃はそう思えた。しかしすべての子どもたちが同じ支援システムを受けられるわけではない。わたしの具合が悪くなった時、祖母はわたしをベッドに入れ、祖父かおばがジンジャーエールやクラッカーを食べさせてくれた。だがデオンは家でほったらかしにされ、3年生で水疱瘡にかかった時は、わたしたちが学校で授業を受けている間、近所をふらふらさまよっていた。4年生と5年生で、彼は靴と服に使うお金をほかの誰よりも多く持ち、6年生を終える頃には、彼がギャングとつるんでいるだけでなく、その仲間になろうとしていることは誰の目にも明らかだった。

デオンの母親はほとんど家に顔を出さず、祖母は病気で、彼と妹は食べ物が必要だった。家賃は払わなくてはいけなかった。暖房はつけておかなければならなかった。彼がいつドラッグを売り始めたのか、わたしは正確には知らない。知っているのは、家族がいつの間にか、彼をまっとうに育てるだけのお金では足りなくなり、デオンにもっと多い稼ぎを要求したことだ。彼はストリートのヒエラルキーをのし上がり、それを自慢した。わたしたちは大きくなり、大半がハイスクールに進んだ。一部は職業専門学校や単科大学（カレッジ）へ行き、軍に入る子もいた。だがデオンはストリートにとどまった。ストリートこそ彼が頼れるものだった。祖母が亡くなり、母親が家にまったく寄りつかなくなっても、妹と自分を養うことができた。彼はストリートを抱きしめた。自分が助けを必要とした時、ストリートが彼を抱きしめてくれたからだ。わたしは祖母の家を訪ねる時、彼を時折ストリートで見掛けた。幸せそうとは言えないが、大抵はうまくやっているようだった。妹はハイスクールへ行き、カレッジへ進んだ。デオンはストリートと刑務所を行ったり来たりしていた。事情が違えば彼はどんな人間になっていたのか、わたしにはわからない。でも彼にはストリートしかなかった。30歳を迎えずに、彼はストリートに殺された。デオンのような子どもを批判するのは簡単だ。自分が抜け出せたのだから彼もできたはずだ、と思い込むのは簡単だ。でもわたしには彼より多くの選択肢があり、よりよい人的・物的資源に恵まれていた。

もうひとつ、ラトーヤという名の少女の話をしよう。同じ小学校に通っていたが、彼女は学期の途中で引っ越してきたから、幼稚園からの幼馴染ではなかった。愉快で、魅力的で、7年生と8年生（中学1、2年に相当）の頃は、不器用なオタクだったわたしに驚くほど親切にしてくれた。親友というわけではなかったが、わたしは彼女のいとこたちと知り合いだったから、小学校を卒業したあとも何年か、彼らからラトーヤの消息を聞いていた。彼女は賢かったので、カレッジへ行くこともできただろう。しかしいつの頃からか、ラトーヤはボーイフレンドのためにドラッグを保管するようになった。母親は死にかけていて、ほかの家族の収入は不安定で、彼女はティーンエイジャーだった。ボーイフレンドはドラッグを売ったお金の中からラトーヤに取り分を渡し、母親あての請求書を支払った。彼女はドラッグを保管し、彼の指示でそれを運んだ。ボーイフレンドは天使ではなかったが、ほかの選択肢――ストリートに出るか、イリノイ州の里親に引き取られるか――よりはマシだった。ふたりは逮捕され、ラトーヤは刑務所でしばらく過ごした。しかしボーイフレンドよりかなり若く、わたしの記憶が正しければそれが初犯だったので、出所後に向けた自立支援プログラム（現在は廃止）を受けることができた。職を得て、子どもたちと一緒に住める場所を手に入れ、ついには〝モデル市民〟になった。仕事と、住む場所と、自分で作り上げた安定した環境のおかげで、彼女は望むことを何でもできるようになった。ただひとつ、投票を除いて。

なぜこのふたつの物語を紹介したか？　そう、わたしはドラッグ密売にはかかわらなかった。彼らよりわずかに手厚い家族のサポートがあり、わずかに厳しい監督者がいたからだ。だからといって、法を破らなかったわけではない。不法侵入を犯し、万引きをして、マリファナたばこを吸い、14歳でお酒を飲み始め、門限を破り、ちょっとした破壊行為もした。わたしが犯した罪はごく平凡だったから、警察の注意を引く可能性は少なかった。フッドは希望のない場所ではないが、平凡な生活のなかにも障壁は潜んでいる。たとえば、学校に警官が現れることもあるし、家族が予定より早く帰宅する可能性もある。

道に外れた行為をするたびに、肝に銘じていたことがある。これをやったせいで外部から介入されないように、こっそりやること。祖父母をはじめとする親族が敷いた道から外れてはならないこと。それを実行するのは、先のふたりより簡単だった。誰が請求書を払うのか、一度も心配しなくてよかったからだ。一緒に住んでいる家族の誰かに何かが起こったら、どこにも行く所がないと恐れる必要もなかった。母がわたしを育てられない時は、おばたちや祖父母、あるいは家族の友人たちの家に住んだ。思春期に祖父が亡くなった時、わたしは母と義父と一緒に暮らしていた。ジュニア・ハイスクールとシニア・ハイスクールの頃、両親とうまくいかなかった時は、友人たちの家に行ったり、祖母の家に戻ったり、おばと暮らしたりした。わたしとデオンとラトーヤは、全員複雑な家族関係を抱えていた。３人とも両親は生きていくのに必死で、時に失敗した。デオンにはきちんとサポートしてくれる大人がいず、妹のために彼が大人になる必要があった。ラトーヤはそれなりのサポートを受けたが、いつも不足していた。わたしには、時に自分が望む形ではなかったとしても、必要なものが与えられた。

わたしたち3人には、ケアしてくれる教師たちと、変化をもたらそうとする隣人たちがいた。だから少なくとも未来を想像することができた。たとえそれに手が届きそうにないと思えても。読んでおわかりのように、デオンの物語はいちばん悲しい。だが同じような境遇の現代の子どもに比べれば長生きだった。今なら彼は、公共の場で銃のように見えるものを持っていたという理由で、12歳で警官に撃たれたかもしれない。あるいは校内で手錠をかけられるか、スクール・リソース・オフィサー〔学校の常駐警官。犯罪・薬物乱用・暴力を減らし、生徒や学校設備を守るのが任務〕に警棒で殴られたかもしれない。ゼロ・トレランス方針〔zero- tolerance policies：クリントン政権が学校現場に導入。ゼロ・トレランスは無寛容の意。学校規律の違反行為にペナルティーを課し、それを厳格に適用して、規律の維持を図る考え方〕が導入される前だったから、デオンは家に居場所がなくても、いつも学校で安全な場所を見つけることができた。人種差別廃止後〔1964年に成立した公民権法〕、学校の規律が厳しくなり、警官を学校に常駐させるといった安全策が導入された。その結果、学校から刑務所へ直行するパイプラインが出来上がった。トラブルを起こす生徒たちには、罰として拘束、停学、退学の処分が課される。校内で逮捕されることさえある。学校はカウンセリングをしたり介入サービスを提供したりする代わりに、ささいな規律違反でも警察の戦術を使うことが多くなっている。

学校から追い出されて少年司法制度に委ねられる若者たちに見えているのは、わたしやラトーヤではなくデオンに近い未来だろう。これはフェミニストと人種的正義の危機だ。追い出される生徒たちは有色人種に偏っていて、しかも女性が増えているからだ。また多くが障がいを持ち、LGBTQIAの生徒も含まれている。偏見は学校のドアの前で立ち止まらない。周縁化された生徒たちがこういう政策の影響を受けやすい原因は、彼らの振る舞いよりもアイデンティティーに関係がある。

厳格な罰を与えるゼロ・トレランス方針は、1980年代から90年代にかけて広まった〝タフ・オン・クライム（犯罪を厳しく取り締まる）〟政策から生まれた。だが当時は今ほど厳しくなかった。少なくとも教師たちは生徒たちとその家族を知っていて、彼らの基本的な人間性を認めていたからだ。だが現在は教員構成に多様性が欠け、学校制度が不安定だ。しかもチャーター・スクール〔1990年代初期から増加した公費運営の初等中等学校。公立学校では改善が難しい教育問題に取り組むため、保護者、教師、地域住民などが、学区や州の認可（チャーター）を受けて設置〕は軍隊あるいは刑務所スタイルの懲戒制度が生徒の成功の鍵だと決めつける。これでは生徒たちの学業達成も安全も危うくなるのは当然だ。しかも多くの公立高校が閉校になったため、生徒たちにはほかの選択肢がない。もしあなたが規則違反の色の靴を履いていたせいで教室から追い出されたら（そういう規則のチャーター・スクールは何校かある）、周りの大人に、教育より服従の方が大事だと言われるだろう。そしてもし、大人たちがあなたやあなたの未来に価値を認めないなら、あなたが同じことをして何が悪い？

教師は教室で差別を行なう。その典型的な例が、特定の生徒に期待をかけないことと、問題行動報告書の記入内容である。偏見を持った教師は、ある生徒のアイデンティティーを理由に、ほかの生徒より厳しく頻繁に罰する。本人が望む代名詞（彼女／彼）で呼ぶのを拒み、望む性のトイレへ行くのを妨害するクラス方針を決める。あるいは特定の生徒が絶対守れないようなルールを独断で作る。こういった事例はハイスクールの黒人とラティンクスの生徒に特に多い。わたしの長男は16歳で問題報告書を書かれそうになった。何度か衝突していた教師に、不法侵入をしたと決めつけられたのだ。どんな不法侵入かって？　テストに備えて勉強するため、誰もいない教室で机に向かっていただけだ。テストはその教室で行なわれることになっていた。報告書を書くと息子を脅したのは担任ではない。担任の先生は何の問題もなかった。

脅迫した教師はコントロール・フリークだったのだろう。だがわたしの息子は頭が切れ、挑戦的な性格だ。ささやかな権力を振りかざされても、どこ吹く風だった。息子が教室にいることを禁じるルールはなかったし、ドアは開いていた。だがその教師の考えでは、息子は捕まったのだから罰を受けるべきだった。わたしが（読者の方々もそうするだろう）報告書を書く正確な根拠は何か、子どもが勉強できる静かな場所を探すのは当たり前だ、息子と同じことをする子たちはほかにどれだけいるのか、と尋ねると教師は引き下がった。ちょっとした規律を教えようと思っただけだと主張しながら。だが息子は勉強していたのだから、その言い訳は通じなかった。教師による差別は別の形でも現れる。不公平な採点。教室内でほかの生徒が差別的な振る舞いをしても、それを許容したり、あおったりする行為。

学校で行なわれるいじめ問題の話し合いに出席しない教師もいる。つまり少なくとも一部の教師は何が起こっているか知りつつ、それを黙殺しているのだ。その結果、周縁化された地域に住み感情ケアの人的・物的資源に乏しい生徒は、周り中から攻撃されたと感じる。問題はそこで終わらない。差別的な行動を学校の運営陣に報告しようとした生徒は、別の厄介者と向き合うことになる。

そしてもちろん教師たち自身も、周縁化された生徒をいじめ、権力を使って追い詰めることができる。耐え切れなくなった生徒は（学校とは言わないまでも）教室から飛び出していく。周縁化された生徒たちは教師の標的にされると、恥と無力感を感じる。そして学校の中で別のポジティブな関係を確立しようと必死になる。2007年、あるオルタナティブ・ハイスクール〔標準的な学校に適合できない生徒を受け入れ、教育を提供するハイスクール〕の生徒たちを対象に行なわれた調査では、学校で味わった最悪の経験には同じ学校の生徒ではなく教師がかかわっていた。また80パーセント以上が、教師から肉体的・心理的に傷つけられたと報告している。教師によるいじめは伝染性がある。ある特定の人物をいじめるのは認められると生徒たちに示唆し、当人をさらなる虐待にさらす。最近になってようやく、教師によるいじめは悲惨な結果を招くと認められた。いくつかの調査はまだ継続中のため、こういう事例がどれだけの頻度で起こっているか、確かな数字はまだ判明していない。

教師によるいじめで最も悲惨なのは、いじめに加担した大人たちが釈明して、簡単に〝なかったこと〟にされてしまう点だ。共謀者たちも自らの偏見を生徒たちに投影しているのだ。親は子どもが嘆くのを聞いて、教師の振る舞いを知るが、退学させるしか道はないと感じる。学校関係者に報告しても、彼らは行動を起こさないからだ。偏見を持つ教師たちは、生徒にやる気を出させるためだったと言い、不当な扱いを隠すこともある。規律によって学力格差は小さくできるという物語（ナラティブ）のせいで、教師たちは生徒の成績が悪いのは自業自得だと指摘し、自分の行為を正当化する。面と向かって抗議されると、犯人たちは自分の振る舞いをささいなことだと言い訳するか、そんなことはしなかったと否定し、コミュニケーション不足だったと主張する。教師によるいじめ問題がかかわっていることはしらんぷりして。教師の傍観が、ターゲットになった生徒を四面楚歌の状況に追い込み、学習を続けるのが難しくなる。親はそれと闘うため、さまざまな手段を取らざるを得ない。通学日にはできるだけ学校に顔を出し、子どもに記録をつけさせるか携帯電話で映像を撮らせ、学校の運営陣に掛け合う。あるいはメディアに頼るしかないこともある。

わたしの9歳の息子は、4年生の時、教師にいじめられた。わたしは最初、宿題をちゃんとやらなかったから説教されたことに、息子は過剰に反応しているのだと思った。だがだんだん、その教師は息子に限って、宿題の提出方法をコロコロ変えていることがはっきりしてきた。わたしは彼女と冷静に話をした。学校の運営陣とも話した。スクール・カウンセラーにも相談した。結局その教師が息子いじめをやめたのは、夫とわたしが教室の外にしょっちゅう姿を現すようになってからだ。「じゃじゃーん、わたしたちはここよ！」の瞬間が何回か続いたあと、教師のおかしな振る舞いは収まった。わたしたちは記録を取り報告した。だが息子の場合も、多くのいじめ案件同様、彼女にとっては犠牲者が反撃できないのが愉快だっただけなのだ。

残念ながら、学校運営陣が関連する人種差別は、教師による差別よりも一般的だ。小学校やハイスクールの校内で、有色人種の生徒と白人の生徒が同じ望ましくない行動をした時、前者を過剰に罰し、後者の罰を軽くする傾向がある。周縁化されたコミュニティー出身の生徒たちは、こういう学校で多数派に比べて停学や退学処分になる可能性が高い。公立高校の問題だけではないのだ。

教育現場における人種差別の最も典型的な例が、白人生徒による有色人種の生徒へのハラスメントである。それは人種差別に基づく肉体的な攻撃、学校の壁に落書きされた悪口、集団によるヘイト行為といった形で表れる。標的にされる周縁化された生徒たちは、自分は邪魔者で安全ではないと感じる。校内でひとりの生徒が単発的に起こす事件は、警察の注意を引かないかもしれない。だが攻撃が繰り返されたり、事件が起こったりした時、違反者に適切な対処が行なわれなければ、広い意味でのカルチャー的な問題があるということだ。しかし有色人種の生徒たちが反応すると——口による抗議、あるいは肉体的な反撃——彼らの行動は常駐警官から犯罪者として扱われる。

有色人種の若い女性は、生まれた時からすでに警官によるいじめの危機に直面する。オフィサー・フレンドリー〔警官が子どもたちや若者と親しくするプログラム〕とは縁がない。有色人種の若者たちは、肌の色が違うというだけで、白人より危険だとみなされる。その偏見に気づかない組織にいたら、子どもたちの安全は保障されない。有色人種の生徒たちに対して攻撃的な方針は高くつく。政府は年間57億ドルを、学校ではなく少年司法制度につぎ込んでいる。平均すると、アメリカ各州が若者を投獄するために使う費用は、ひとり当たり8万8000ドル。だが子どももひとりの教育には平均1万ドルしかかけていない。

学校の資金もスタッフも不足していて、子どもたちはコミュニティーの中で十分なサービスを受けていないと考えるなら、ない資金やスタッフの代わりに警官たちへ投資するのは単純におかしな話だ。資金にアクセスできる特権階級は、子どもを公立高校ではなく私立校に入れる。そういう教育改革を支持するフェミニズムから利益を得ている者はいくらでもいる。サービス不足のコミュニティーを含む学区拡大に反対する中流階級のホワイト・フェミニストもたくさんいる。だが彼女たちはおかしなことに、常駐警官を増員せずに学校の環境を改善する方法については口を閉ざす。

彼女たちは親がかかわる問題が起き、PTA会合の日程を決めなければならなくなると、一般的な勤務スケジュールでは働いていない親たちも出席できるように調整しなければならないため、あたふたする。あるいは、白人学校（白人が少数派のシカゴのような街にさえある）の特権が脅かされるような、学校運営資金の偏りや学区変更に直面すると、どうしたらいいかわからなくなる。わたしたちはそういった瞬間をリアルタイムで観ることができる。たとえば、ニューヨークで開かれたある学校理事会の流出ビデオ。そこでは白人の親たちが、人種の多様性を目指す方針に抗議していた〔2019年、クイーンズ区の白人生徒の両親たちが、有色人種・移民の多いジャマイカ区を含む学区拡大に反対するため、教育省主催の会議に赴いたが、座席不足のため出席できず騒動に発展〕。また、あるアジア系アメリカ人の両親がその改革プロセスを止めるために裁判を起こしたことも、わたしたちは知っている。

周縁化されたコミュニティーに住む多くの親は、学校を閉校させないために闘うだけでなく、子どもたちを就学前から犯罪者にさせないために闘う。実際、全国で常駐警官を増員するために使われている金額は、犯罪者になりやすいアットリスクの生徒たちやその家族のカウンセリングに使われるメンタル・ヘルス・サービス費用より多い。生徒たちには、安全という言葉の定義を拡大して、より学校に密着したカウンセラー、ソーシャル・ワーカー、看護師、放課後や週末や夏季休暇のプログラムを含むような学校と政治家が必要なのだ。

学校の安全性強化を叫ぶ人たちは、警察による取り締まりが有色人種の生徒たちにどれほど影響を与えるか気づかない。のびのびと過ごし、機会を与えられるべき場所にいて、つきまとわれ、監視され、ハラスメントを受けていては、安全など望めない。

きれいな水へのアクセスから閉校まで、不公平が世界中を覆っていることをわたしたちは知っている。その顕著な例が、2002年から18年にかけてシカゴで閉校が相次いだことだ。これによって影響を受けた生徒の数は、白人533人、ラティンクス7368人、そして黒人6万1420人。ではなぜ、教育へのアクセスはフェミニスト・サークルで優先されないのか？　問題への無関心が原因でないのははっきりしている。

活動家たちはミーティングに出席し、マスコミとコンタクトを取り、州都を行進し、市長室を訪れ、時には自宅まで押し掛ける。メディアの編集者に手紙を書き、閉校反対を訴えて座り込みを行なう。だがほとんどの場合、学校を守るために武装した人間を派遣するバカげた〝安全対策〟を受け入れないかぎり、運営費はもらえない。そういう〝常駐警官〟が生徒に非人道的な振る舞いをしたり、勢いで銃撃をしたりすると、コミュニティー出身の生徒に対する教育の失敗が嘆かれ、教育の充実ではなく警官による規制が強化される。

Dignity in Schools（学校における尊厳）〔学校から追い出されるシステムと、学校から刑務所へのパイプラインの廃止を目指す〕といった団体は、何人の子どもたちが不利な影響を受けているか、詳細なデータを集めている。それによれば、黒人の生徒たちが停学・退学になる確率は、白人に比べ3倍。また、学校で逮捕あるいは通報される生徒の70パーセントは黒人とラティンクスだ。アメリカではK－12〔小学校1年からハイスクール3年までの12年間の義務教育期間〕の生徒のうち黒人は16パーセントだが、学校関連の問題で逮捕される黒人の子どもは約31パーセントにのぼる。最も気掛りなのは、停学処分を受ける障がいを持つ生徒が、持たない生徒に比べ2倍以上いることだ。常駐警官になるための一貫した訓練システムはない。警官は子どもたちや若者と交流を重ねながら、経験を積んでいくとは限らない。そして子どもたちが年齢相応のノーマルな振る舞いをすると、示威行為や犯罪行為と受け取る。

警官が常駐している学校に通う生徒たちは、器物損壊といった非暴力的な行為でも有罪になるのが多いことを、わたしたちは知っている。だが子どもたちが校内で警官にどれだけ非人道的な扱いを受けているか、わたしたちは知らない。そういう事件を誰も記録していないからだ。もちろん、何件かはニュースになり、世間の抗議を浴びて、当の常駐警官が交代する。だがあちこちの街で黒人の女子生徒が常駐警官に投げ飛ばされるビデオが公開されても、メインストリームのフェミニスト・グループはほとんど反応を示さない。その代わり、そういう女子生徒たちの権利を支持する仕事は、人種差別撤廃組織に丸投げする。

常駐警官による非人道的な行為、学校から刑務所へ直通のパイプライン、学校からの追い出しの犠牲者は、有色人種の生徒が多い。しかしだからと言って、フェミニストの課題から除外されるわけではない。ようこそ、インターセクショナルなフェミニスト・アプローチ講座へ！　わたしたちの中で、より安全な選択肢を持ち、コミュニティーによって信念を曲げられ、特権で守られている人々は、人生を台無しにしようとするシステムから子どもたちを守るために、立ち上がって介入しなければならない。大人たちのせいで家庭生活が危険にさらされている子どもたちがいることを、わたしたちは知っている。その危険が依存症でも、貧困でも、暴力でも、わたしたちは学校を安全ではない場所にしてはならない。

一般的に、低収入層の子どもたちは放校される危険性が高い。両親が子どもたちの将来に期待していないという誤った思い込みがあるからだ。子どもの未来のために力を注ぐことが、周縁化された生徒と特権階級の生徒の学力格差を埋めるのに必要だ、とよく言われる。しかし、人としても学力でも自信が持てない環境で、いったいどんな大志を持てというのだ？　誰がそういう基準を設定するのか？　文化的感受性〔culturally sensitive：相手の文化的背景や知識水準を十分把握し、対話を通じて適切な対応をする能力〕に欠け、適任な教師もいない広い世界で、どうやって成功できるというのだろう？

フェミニズムは教育へのアクセスを支持するだけでは足りない。誰もが価値のある教育を受けられるように働き掛けなければならない。量と同じく質も重要だ。学校で虐待を受け、運営陣が加害者を罰しないせいでトラウマを負うなら、学校に通えるようにしても生徒のためにはならない。白人女性教師の大半は、自分で教室をコントロールする代わりに、警察を武器として利用して安心している。その内在化された偏見に立ち向かうことが、学校から刑務所へのパイプラインを根絶するために必須なのだ。

教師たちはいじめる側に回ることがある。有色人種の生徒たちは髪型からアクセントまで、あらゆることで規律違反を報告される。

子ども時代、わたしの家庭生活はめちゃくちゃだった。わたしは白い囲い柵に囲まれた郊外の家に住むような中流階級ではなかったが、家庭環境が全然安定しない時でも、幸い学校の環境には恵まれていた。8年生〔中学2年生に相当〕の時、わたしは科学実験室で火事を起こした。ミセス・アーチボルドはわたしに焼け跡を掃除させたが、警察は呼ばなかった。10年生〔高校1年生に相当〕で授業をサボって退学になりかけた時、教師が介入してきて説教をされたが、少年院送りにはならなかった。もう少し大きくなり、悪い場所を遊び歩いていて、間違った道へ足を踏み入れそうになった時、ひとりの教師が、18歳になるまではつるんで大いに遊びなさい、その後は自分の生き方を決めることができる、と言ってくれた。わたしは人生の岐路でいつも、わたしの可能性だけでなく、セカンド・チャンスにふさわしい人間だと認めてくれる黒人の教師たちに囲まれていた。学校で不適切な振る舞いをする子どもたちのビデオを観て、人はいろいろな感想を抱くだろう。だがあなたは自分に問いかけなければならない。どうしてあの子たちは大声を上げているのか？　なぜ怒っているのか？　彼女たちにとって安全な場所はどこか？　フェミニズムは子どもたちやそのコミュニティーにどうやって権力を付与してきたか？　それがあの少女たちの助けになっているだろうか？　結局のところ、わたしたちが今のように有色人種の若い女性たちを見捨てていれば、それは彼女たちとわたしたちの未来を苦しめることになるからだ。

第15章

黒人女性の住宅危機

ジェントリフィケーションの功罪——
長期住人が安心して住める住環境を

飢えについては先の章で述べた。ここでは同じく貧困につきものの深刻な問題、住宅危機についで話そう。貧困とは切り離した話題にする方が、確かに簡単だ。無難な視点から語ることができる。だが現実には、家賃の上昇と賃金の低下により、周縁化された女性たちは安定した住環境と個人的な安全からどんどん遠くに追いやられている。月収の約30パーセントを家賃または住宅ローンに回せばいい、という通説は理にかなっているように思える。だがそれも、最低賃金の30パーセントと、手の届く住宅を見比べるまでだ。

理屈の上では、公営住宅とセクション8プログラム〔section 8 programs：借り主を探す大家と、アパートを探す低所得層の間を政府が取り持ち、家賃の一部を補助する制度〕がそのギャップを埋めるべきだ——結局のところ、それが政府の目的なのだから。しかし多くの家族は家賃が払えず、建築基準法の建物用途を無視して、狭いアパートにぎゅうぎゅう詰めになって同居する。テトリスはブロックで遊ぶゲームだ。人はピースではない。そして住宅危機の影響を受けるのは主に女性だ。賃金格差のせいで、女性は収入が低いため、収入に対する出費率が多い。そのため女性が家計を支えている家庭では、収入に対する家賃の割合が平均より高くなる。賃金格差はジェンダーや人種に起因することをわたしたちは知っている。だから白人女性の賃金は白人男性より安く、黒人、ラティーナ、先住民族の女性の賃金は白人女性と白人男性より安いのだ。つまり一生を通じて、可処分所得が低く、収入の中から住宅費に回す率が高く、経済的な安定と独立の達成が難しいことになる。

この傾向は虐待を伴う関係を見ると明白だ。わたしの物語は異性愛（ヘテロセクシュアル）の女性のものだが、現実には住宅危機は虐待を伴う力関係（ダイナミクス）にある誰にでも影響を及ぼす。シスとトランスの女性たちが影響を受けやすいのは、ジェンダーは男性か女性かの二択ではないにもかかわらず、女性であると自己表現することで、経済的なペナルティーが課されるためだ。女性嫌悪（ミソジニー）は強烈な中毒性のあるドラッグだからだ。

２００２年、シングル・マザーになったばかりで大学に通っていたわたしは、アパートの家賃が払えないと気づき泣いた。幸い、公営住宅に引っ越すことができた。しかし政府が予算を削減したため、そのレイクサイド・テラスに対する補助金は大幅に削られ、わたしが離婚後2年間住んだ公営住宅は、今ではなくなってしまった。いくつかの区域ではセクション8の順番待ちリストが満員のため、何十年も前から新規募集を停止している。住宅の保証が得られる区域でも、低収入の賃貸人に対する家賃補助は、物価の上昇と同調していない。古い公営住宅に代わって建てられた新しい物件の家賃は公約より高く、シカゴのような街では建物が無人のまま何年も放置される。お役所仕事がまったく進まず、最も影響を受ける人々は変化を起こす政治的権力を持たないせいだ。

住宅危機は偶然起こったのではない。周縁化された人々が被害を受けると承知している人々が、いくつもの決断をしてきた結果なのだ。わたしは生きていくのに必要なこういうプログラムがまだある時に、前夫との悪い関係を終わらせることができて幸運だった。しかし多くの女性は、安全に男性と別れられたとしても、別居して自分で家賃を払うことはできない。家賃を払える住宅を見つけることは、フッドだけの問題ではない。住宅費が市街地よりわずかに低い郊外でも、手頃な家賃の家は見つからない。しかし収入が低ければ生活費は少なくなる。それが郊外の悲しい現実だ。都会のワーキングプア層を取り巻く環境と同じく、抑圧された地域に住み、そこで働く人々には、経済的な機会が限られている。彼らが住んでいる住宅の多くは、人の住まいとして適していない。しかしほかの選択肢はないのだ。不在の大家やいちばん近い不動産業者に苦情を申し立てることはできる。だがそうすれば、今借りている住宅を失い、新居を確保できない危険にさらされる。あるいは大家が仕返しに立ち退きを命じるかもしれない。そういうタイプの大家は、持ち家が荒廃するのに任せ、抜本的な修理が必要になるか、売り払えるようになるまでほったらかしにする。

質が低く危険な住環境は、都会でも郊外でも珍しくない。今住んでいる家の家賃が払えない、あるいは手頃な家賃の引っ越し先を見つけられない人は、家なし(ホームレス)になるのを避けるため、親戚と同居せざるを得ない。ストリート暮らしになる人々と違い、そういうレベルのホームレスは目に見えない。行く場所がある人は(そこがどれだけ安普請でも)統計にカウントされないからだ。ホームレス救済プログラムの多くは、車やストリート、人の住宅としてまったく適さない場所に住んでいる人を最優先している。

社会学者マシュー・デズモンドの著書に、ピュリッツァー賞を受賞した『Evicted: Poverty and Profit in the American City(強制退去:アメリカの都市における貧困と利益)』がある。この本は、家賃が払えず強制立ち退きさせられることがさらなる貧困を招くと指摘している。著者の調査によれば、2016年に退去させられたケースは1分に4件。彼はプリンストン大学と協力して強制退去研究所を立ち上げ、退去ケースを追跡調査して、初の全国的データベースを構築した。それを見れば、どれだけ多くの人々が住宅を維持するのに悪戦苦闘しているかわかる。しかしその確かな調査からも、どれだけ多くの女性が影響を受けているかははっきりしない。

デズモンドが指摘しているように、貧困が住宅の不安定性を生み、それがさらなる貧困を引き起こす。住宅は成功するための基本的な条件だ。住む家があってこそ、人々は学校や仕事へ行くことができ、子どもを育て、老人や自分たちの面倒を見られる。だが物価の上昇と賃金の停滞のせいで、住宅の確保と維持が難しくなり、住宅危機は破滅的な局面を迎えている。

わたしと友人たちは、わたしの住宅問題を〝家の呪い〟と呼んだ。それでも信じられないくらい幸運だった。大家のせいで建物が差し押さえられたこともある。大家が刑務所送りになり、あるいは死に、あるいは単に物件の管理を放棄して住めなくなるまでほったらかしにしたこともある。だがわたしには、どんどん手薄になっていく社会的セーフティーネットに頼らず、そういう問題のいくつかを解決する知識とお金とチャンスがあった。夫とわたしはカレッジで学位を取得し、共働きで、子どもが自立したあとの空の巣（エンプティ・ネスト）に住む、まだ若い40代の夫婦だった。わたしたちには経済的な特権があり、社会的資源にアクセスできた。

しかしダブルインカムの家庭にもかかわらず、わたしたちは数年前、ホームレスになる危機に直面した。住んでいたアパートでカビが繁殖し、人体に有害なレベルだと判明したからだ。ホームレスに転落するのは簡単だが、そこから抜け出すのは至難の業だとよく言われる。家族で入れるシェルターはごくわずかで、緊急入居できる家が不足しているため、資金やチャンスが限られている人は悲惨な状況に取り残される。わたしたちには資金やチャンスがあったから、ホームレスを受け入れているホテルに泊まり、子どもたちを学校に通わせ続け、すぐ新居を見つけることができた。カビのせいで所有物のほとんどを廃棄しなければならなかったが、不便を感じるだけで済んだ。

20代初め以来、今に至るまで自分がどれだけの特権を得てきたか痛感した。あの頃だったら、安定性のかけらさえ手に入れることができなかっただろう。わたしの物語に、特別なことはひとつもない。フッド、この国、そして同じニーズを持つ世界中の貧しい女性たちと、わたしは同じだ。しかしわたしたちは住宅危機についてフェミニストの問題として真剣に話し合わない。この問題の影響をいちばん受けるのは女性だというのに。もちろん、いくつか記事は目にする。ひとりかふたりの活動家がフェミニストの問題として取り上げるからだ。だが大々的なキャンペーンは行なわれず、派手なスローガンを掲げ有名なフェミニストの後援を受けたプログラムも存在しない。力を合わせて万人のために状況を改善しようとする動きは見られない。その代わりメインストリームのフェミニズムは、住宅問題をほかの誰かが解決すべきだという態度をとっている。

手頃な家賃の住宅を取り戻そう、ドメスティック・バイオレンスの犠牲者にペナルティーを与える法律を撤廃しよう、と活動する人たちにとって、安定した住宅を持つ人々の権力と人的・物的資源にアクセスすることは、絶対に必要だ。住宅の不安定という問題に取り組む活動家は、大抵資金やチャンスに乏しく、さばき切れないほど多くの仕事を背負っている。そのため高級住宅地に住む人たちに助けを求める。特権を持つ彼女たちは、こぢんまりとしたブティックやコーヒー・ショップで地域を活性化できるからだ。再開発プロジェクトの先頭に立つのは、大抵若い白人女性たちだ。ジェンダーによる賃金格差のせいで、白人女性は白人男性と違って希望の地区に住めない。だが人口統計に載っているほかの大部分の国民より収入が多いため、有色人種のコミュニティーで家賃が安くスペースが広い物件を手に入れることができる。マヨネーズ専門店を開きたい？　それなら派手なラベルを製品に貼り付けて、はるかに安い家賃を払い、おまけのボーナスとして、ねえみんな、わたしはここにいる、有色人種だらけの区域に経済進出できるチャンス到来よ、とアピールすればいい。わたしたちはみな「（ネイティブから奪った）アメリカという盗まれた地」に住んでいる。だがレッドライニング〔redlining：住宅所有者資金貸付会社（Home Owners' Loan Corporation、HOLC、1933年設立）が、融資リスクを査定する際に使った人種差別的な指標。4種類あり、地図では4色で表示された。赤で塗られたレッドライニングは4種の最下位で、完全に劣化したコミュニティーとされ、大部分が黒人居住区だった。銀行などはこの地図を基に、レッドライニング地区を融資から除外。70年代、法によりこういった人種差別的措置は禁止されたが、過去にレッドライニングされた地区には今も影響が残る〕やサブプライム・ローン〔低所得層など信用力の低い個人を対象にした住宅融資。信用力の高い借り手に貸し付けるプライム・ローンより金利が高い〕の影響をほとんど受けないコミュニティーがあるのは確かだ。理論的には、ジェントリフィケーション〔gentrification：都市の富裕化現象〕は、サービスと雇用をコミュニティーにもたらす。だが実際にはプロジェクトは誰かに機会を与え、ほかの誰かを犯罪者にする。その地区に引っ越してきたばかりの人なら、警官が増えたという居住者たちからの苦情を、思い込みだと簡単に聞き流せるだろう。しかし大都市に数十年も住んできた人たちは、近隣地区に投資されないのを、子どもの頃から目にしてきた。ジェントリフィケーションはアメリカのあちこちの大都市で普通に見られるようになったが、街路に突如出現した花の鉢の列とブティックとコーヒー・ショップのそばを車で通り過ぎると、その先には荒廃した都心が広がっている。低収入層の地区では、昔ながらの住人や店が姿を消し、白いシャツを着た事務員が働いている。中心へ向かうに従い、1ブロックごとに、選択肢と人々の多様性が狭まっていく。ストリートを進むにつれ、交通機関やごみ収集の選択肢が変わり、道路の舗装さえ違ってくる。再開発によって経済は再構築され、雇用が生まれ資金やチャンスがもたらされる、だからジェントリフィケーションは恵みなのだ、という一般的な通念は、残念ながら現実を見ないようにしている。長期居住者は必ずしも職を必要としていないし、隣人たちの習慣を知らない新参者から目の敵にされて、アイスクリーム売りのトラックがうるさい、バーベキューをしている、といった日常生活の一部を理由に、警察を呼ばれる。ジェントリフィケーションの率が増加するにつれ、隣人の犯罪化は無視できないレベルになり、有色人種のコミュニティーに不公平な影響を及ぼす道具となっている。ジェントリフィケーションは最も困窮している居住者たちを新しいチャンスから遠ざけ、荒廃した地区に追いやる。彼らはそこでまたもや、最も基本的なレベルの物資やサービスにアクセスするため、悪戦苦闘することになる。

低収入の理想的な隣人たちが、高収入の住人と彼らのビジネスの流入を目にした時、社会的なダイナミクスと期待が衝突する。黒人女性が玄関先で楽しむたわいないおしゃべりが、ストリート・ハラスメントというゆがんだレンズを通して見られるようになる。有色人種の男性が白人女性に話しかけているからだ。最も典型的な例は、数年前にアンチ・ストリート・ハラスメント組織のHollaback!（ホラバック！）がソーシャル・メディアで行なったキャンペーンだ。そこではおかしなことに、女性にあいさつをするラティンクスの男性と、彼女の身体に無理やり触ろうとする白人男性の映像が並べられていた。そのキャンペーンを覚えていない人がいても、驚くことではない。ほとんどの白人男性の映像が原因不明の編集カットをされたことによるインターネット上の猛攻撃があり、ローンチからわずか数時間でキャンペーンを失敗へと導いてしまった。安全と社会秩序への期待と、それを提供する政府の役目は、特に住宅問題において衝突している。静かなストリートと大勢の警官を見て、白人女性はこれで安全だと思う。だが同じ光景を目にした有色人種の女性は、当局による暴力的な介入の前触れだと察知する。有色人種のコミュニティーでは、ストリートをぶらぶら歩くことは本当の犯罪ではない。だが警官は言いがかりをつけ、玄関のポーチに座っていたり、床屋の外で煙草を吸っていたりする誰かに嫌がらせをする。郊外から引っ越してきた白人にとって、ストリートでつるむのは深刻な問題らしい――訪問販売員だろうが、車で商売をする人だろうが、とにかくそういった社会的行動は、人種的に多様化して白人が過半数を占める地区では犯罪とみなされる。住み慣れた地域で高齢になっても自立した生活を送りたいと望む人々は、この変化を受け入れられず混乱する。コミュニティーが予想より早く衰退していくため、危険にさらされることもある。

富の格差が原因となり、人的・物的資源が十分ある地区で手頃な価格の住居を最も必要とする人たちが、自分はここでは歓迎されていないと感じるようになっていく。わたしの親戚のひとりは、ワシントン・スクエアに近いハイド・パーク地区のウエスト・エンドに家を持っていた。その物件を購入した時はリフォームが必要だったから、彼女は修理に必要な費用を払った。23年後に退職し、ローン完済まであと少しという家でのんびり暮らそうとした時、持ち家を売れという圧力を山のように受けた。見知らぬ者たちがドアをノックして、この家はあなたには分不相応だと言う。「ええと、ここは売り物件なの？」という気軽なものだけではなかった。あるいは、**あなたの**サンルームでブランチを摂っている自分たちが目に浮かびます、という長ったらしい手紙を送ってくる。その手紙を書いた女性は、自分を含め白人の中流階級の家庭構成を詳細に書きつづっていた。そしてある日、わたしたちが庭仕事をしていると、手紙の描写にぴったり当てはまる人たちが立ち寄って、おばに庭仕事の賃金はいくらですかと尋ねた。おばが家主だとは思いもしなかったのだ。おばは喜んで、卵を割るのを格安でお引き受けいたしますよと告げた——自分の家のキッチンで。

おばは幸運だった。低価格で家を購入し、税金を払い続け、体力的に無理な仕事は家族に頼ることができた。家主だから、退職して収入が上がらなくても、ジェントリフィケーションのせいで2倍、3倍と跳ね上がっていく家賃を払わずに済んだ。家賃の相場が上昇し、家賃補助を受けている低所得層のシニア向けのアパートまで引っ越しを迫る脅迫を受けるようになった。そういった開発を進めると、物件の運営資金が不足する。今あるアパートもそうだ。閉鎖され、二度と建て直されない。これまでの事例と同じように。そういう閉鎖された団地の住人が、再び賃貸市場に参入しようとしても、顔なじみの隣人たちのほとんどはいなくなっているし、必要なサービスにアクセスできる地区の物件には手が出ない。

ジェントリフィケーションで発生する退去のほとんどは、家賃の上昇、固定資産税の値上げ、手頃な価格の物件から贅沢な団地へのコンバージョン〔conversion：既存の物件を用途転換して資産価値を向上させる〕といった直接的な理由だが、時にはコミュニティーの排除というシンプルな形で実行される。ジェントリフィケーションが引き金になり、間接的な立ち退きが強制され、年長者たちは自分のコミュニティーで疎外感を感じるようになる。若い白人の住人は、カフェやブティックを持ち込めるかもしれないが、ずっと前から住んでいる住人を押し出すと、人口の変化は地元の組織を弱体化することになる。年長者たちは配達をしてくれる薬局も、安い値段で食品を届けてくれる食料品店も、隣人たちと交流する公園もない状態に取り残される。家賃は払えるかもしれないが、予算が限られているせいで、周りの世界に参加しているという実感が持てない。社会的な死は、特に隣人たちとのつながりが断たれたと感じる老年の女性にとって、対処し切れない問題だ。

住宅とフェミニズムの問題は、起業を目指す若い女性や、家族で住める家を探している女性だけの関心事ではないことを、わたしたちは思い出さなければならない。自分のコミュニティーのリズムと規範に頼り、尊厳を保ちながらそこで年をとっていきたいと願う年長の女性たちの問題なのだ。シニア向けをうたったぴかぴかの新しい団地にはアクセスできない。交通手段がないからだ。年長者は、食料も掃除用品も、それまで慣れていた感情的なケアも受けられない。これはフェミニストの緊急課題である。老人、障がい者、周縁化された人々でなければ、ホームレスにならないというのは思い込みだ。若くても特権があっても、急増するホームレスの仲間入りする可能性はある。

ホームレス率が上昇するにつれ、空き家が多くなる。これはシンプルな事実だ。しかしジェントリフィケーションは予想外の影響をもたらしている。警官を武器として利用し、自分たちのこじゃれたライフスタイルを守ろうとする人たちのせいで、ホームレスを含むコミュニティーが必要なサービスを受けられなくなっているのだ。ホームレスになるのは、家賃が払えない老人、精神的な病を抱えた人、障がい者である。近くにある住宅は家賃が高く、最低限のリソースしかない人たちはそれにアクセスできない。わたしたちは住宅不安について語る時、これはほかの人たちが解決すべき問題だとみなす。だが貧富の格差に直面し、退去を迫られる危険が最も高い女性たちは、住む家を確保しよう、今住んでいる家を死守しよう、と必死になっている。住宅問題はフェミニストにとって、最も差し迫った問題のひとつだ。住宅不安の影響は、ひとりの人生だけでなく、その人の周囲の人々の人生にも、長きにわたって影響を与えるからだ。

しかしフェミニストたちが救世主として乗り出す必要がある、という意味ではない。こういう問題は複雑で、多大な知識があるだけでは対応できない。現在ある人的・物的資源を利用し、政策の改善を求めてロビー活動を行ないつつ、住宅は人権に含まれないという態度を変えさせるカルチャー面からのアプローチが必要だ。活動家や組織の主催者の意見を聞き、公営住宅を閉鎖しようとする政治家たちを崖っぷちで押し戻し、人種も収入も混合した地区が標準だという方向に顔を向けさせる。そうすることで、住宅は都会、郊外、地方に共通の重大な問題であり、ひとりのための政策は万人のための政策でないと、政治家に理解させることができる。フェミニズムはひとりの女性も――シス、トランス、障がい者、貧困者、セックス・ワーカー――見捨ててはならないというアプローチを取ることができる。そして、彼女たちの住宅問題は、女性の権利を主張するあらゆる組織の最優先事項として扱わなければならない。

政界入りを目指すフェミニストは、いつもどおり中流階級をサポートするだけでなく、扱う範囲を広げてホームレス問題と闘わなければならない――担保、低価格住宅への資金投入の増加、豪華な団地を多く提供する住宅開発業者の必要性。つまり、レント・コントロール〔家賃統制。借主を保護するために、家賃の値上げ率に上限を設けて、退去にも制限を設ける制度〕と地域再開発について、長期にわたる住人を追い出さずに済む、実際的な計画を立てる必要がある。そうすれば新世代の問題を新世代が解決する手助けになる。そして家庭での介護、家で年をとること、そういった多くのプログラムが、中流階級並みの収入は決して望めない女性たちをサポートすることになる。彼女たちは選挙と労働で政治を支えている。だからこそ、政界入り候補者とシステムから、同じレベルのケアと気遣いを受ける価値があるのだ。

第16章

生殖の正義、優生学、妊産婦死亡

人種、トランス、障がいの有無にかかわらず、万人に性と生殖の正義（リプロダクティブ・ジャスティス）を

妊産婦死亡の危険にわたしが触れたのは5度目の妊娠の時だ。わたしにとって妊娠はいつもつらい体験だった。生まれた子より流産した子の方が多かった。そして5度目がわたしにとって最後の妊娠になる。最初からトラブル続きだった。妊娠の正常な基準をひとつも満たしていなかった――月経が止まらず、生理中の症状が重くなっていたので、子宮筋腫と子宮内膜症が専門の産婦人科医にかかっていたのだ――だから妊娠がわかった頃にはもう10週目に入っていた。そのニュースを知らされた夫とわたしは（手術前の手続きとして標準的な妊娠検査を受けて判明した――結局のところ、そのテストは必要だったわけだ）、話し合い、中絶について議論した。わたしはクリニックにまで行った。そして最終的に、わたしたちはやってみようと決意した。もう息子がふたりいたし、今この時期に3人目を育てる余裕があるかどうかわからなかったが、娘が欲しかったのだ。医師からは、今この時点ではうまくいくかどうか保証しかねますと言われた。あなたは内膜症と大きな筋腫を抱えていますよね。妊娠は大きなリスクになると思います。気負わずにいきましょう、という彼女の言葉をわたしは正確に実行した。お腹の子に最高のチャンスを与えてやりたかったからだ。しかしそれから8週間たっても断続的な出血が止まらず、わたしは妊娠を継続できない可能性が高いことを悟った。

　昼寝をしていた時、出血が始まった。目を覚ますと、わたしは血だまりの中に横たわっていた。あんなことは誰にも経験してほしくない。医師から、胎盤早期剥離が起こるかもしれませんと聞いていた。わたしは自分と子どものために最善を尽くさなければならないことも。夫は職場にいて、もうすぐ2歳になる息子は緊急ダイヤル911に電話をかけることができない。だからわたしは自分で電話をかけ、病院へ行く準備をした。そこからスプラッタ映画のような展開になるわけだが、詳細についてはお話ししないでおこう。とにかく病院に着く頃、母体を救うために中絶を必要とする状態になっていた。わたしは出血にもかかわらず、なかなか手術に同意しなかった。最初に対応した医師がミスを犯したため、わたしはオンライン雑誌「Salon」に投稿し、自称〝妊娠中絶反対派〟の人々から何か月にもわたってハラスメントを受けた。攻撃してくる人の中にはジル・スタネクを信奉するグループもいた。スタネクは元看護士で、イリノイ州オーク・レーンのある病院では未熟児たちをユーティリティー・ルームの棚に放置し、死ぬのを待っていると告発した人物だ。

彼女の信者をはじめとする人々は、殺害予告を送りつけ、そもそもお前は退役傷病軍人だから妊娠するべきではなかった、と主張して（わたしは自分の負傷した脚と子宮がどうやってつながっているのか、どうしても理解できなかった）わたしを生き地獄に突き落とそうと全力を尽くした。何人かはわたしの前の雇用主に連絡を取り、すでに辞職していた職場でわたしをクビにしようとした。恐怖を感じた。家族を守りながら、精いっぱい立ち向かおうとした。一方、わたしと同じ経験をしたことのない多くの人々からは、お前はこうするべきだった、もう個人的な詳しい医療体験の話は聞き飽きた、と言われた。わたしはうまく対応していたが、人生最悪の瞬間のガイドブックどおりにものごとが動いているようだった。

フェミニストたちから支援されているように感じた、と言えればよかったと思う。だがそういうことはわたしの身に起きなかった。メインストリームのフェミニストたちは、わたしには支援が必要だと口先だけで述べつつ、わたしに要求をしてきた。集会でスピーチしてほしい、証言してほしい、診療記録のコピーが欲しい。わたしの記事はネット上で拡散し、注目を集めたが、ネガティブな反応の方がポジティブなものよりはるかに多かった。弁護士や活動家たちが救いの手を差し伸べてきたが、わたしが恐怖を感じていることは誰も気にしないようだった。家族が脅迫を受けていること、支持を申し出る人々が当たり前のように享受する警察のサポートが、わたしは期待できないことも。わたしを支えてくれたのはフッドだった。国会で証言するかどうかより、わたしの安全と正気を優先した人たちだった。確かに、中絶する権利は本質的にフェミニストの課題である。しかしあいまいにされているのは、良質の医療に常時アクセスすることは、誰もが一生を通じて必要とする権利だ、という点だ。そして多くの人にとって、人生でつまずいた時、最初に必要なのは訴訟ではない。生き残ることだ。

・・・

近年、アメリカでは妊産婦死亡率が悪化している。それをきっかけに、人種差別が医療に与える影響に注目が集まっている。アメリカでは黒人の妊婦の死亡率は白人の3～4倍。女性の健康に関する人種的格差の中で、最も広範囲にわたる問題のひとつだ。たとえその人が健康であっても、黒人の妊婦は高いリスクにさらされる。テニス選手セリーナ・ウィリアムズがその典型的な例だろう。彼女は出産した翌日に息切れを感じた。以前患った肺動脈塞栓症と同じ症状だったため、スタッフを呼んで必要な医療ケアを要求しなければならなかった。彼女は裕福で有名人だ。夫も同じだ〔人気投稿サイトRedditの共同創業者であるアレクシス・オハニアン〕。彼女は自分に医療が必要だと熟知していだが、必要な治療を受けるために、スタッフと言い争わなければならなかった。

しかし、中絶はフェミニストの問題に見えるが、医療へのアクセスは必ずしもその枠組みに当てはまらない。性と生殖の正義（リプロダクティブ・ジャスティス）〔Reproductive Justice：有色人種など周縁化された女性・トランスの生殖の権利を訴えるために設立されたSister Song（シスター・ソング）の造語。自分の身体のことは自分で決め、子どもを生むか生まないかを選択できて、安全で継続的なコミュニティーで子どもを育てられる権利〕は、女性の健康にかかわるあらゆる段階での選択肢として、枠づけし直す必要がある。アメリカは医療危機に何度も直面してきた。その問題がシステム的な欠陥に起因すると気づいている人は少ない。

アメリカではオバマケア（患者保護及び医療費負担適正化法、Patient Protection and Affordable Care Act of 2010）〔２０１０年に成立した医療保険への加入を義務づける医療改革。国民は手頃な価格の民間医療保険に加入できるようになった〕が成立する前、毎年約４万５０００人が無保険のため亡くなっていた。保険に入っていないという理由だけで。生涯支払い限度額〔保険1契約につき生涯で受け取れる最高額〕に達したせいで死んだ人、未承認の治療を受けたため亡くなった人を加えると、この数字はさらに上がる。先ほどまでは、人種に起因する妊産婦死亡率の格差について話してきたが、ここで方向転換して、医療へのアクセスに関して考えなければならない。保険商品や選択肢ではなく、権利としてみなす必要がある。医療提供者は患者の治療にどんな偏見を持ち込んでいるか、自問しなければならない。

治療とその成果における人種的格差の原因は、薬を信奉する頑固な人種差別主義者だ。これは21世紀の医療提供者への挑戦であり、周縁化されたコミュニティーが質の高い医療にアクセスできるよう奮闘している人たちに対する挑戦である。問題は医療システムに埋め込まれている無意識の偏見によって増幅され、ささいだが厳然とした形で医療の質に影響を与える。わたしのような体験――妊娠は継続できなかったが、わたしが判断すべきだったことは山ほどあった――から、ほったらかしにされて妊婦が死亡するケースまで。

これは黒人、ラティーナ、先住民族のコミュニティーに共通する関心事だ。そこの女性たちは偏見のせいで同じ複雑な問題を抱えている。黒人女性が受けたのは〝ミシシッピ虫垂切除〟(Mississippi appendectomies：南部の教育研究病院で黒人女性に対して行なわれていた不要な子宮摘出手術)〔1920年代から80年代にかけて、生殖に適さないと判断された貧しい黒人女性などに対し実施。6万人以上が被害に遭ったとされる〕。先住民族の若い女性たちは、1970年代から80年代にかけて不妊手術を受けさせられた。虫垂切除だと言われ、実際には卵管結紮術を強制されたのだ。1970年から76年にかけて、先住民族の女性のうち約25～50パーセントが断種された。強制断種プログラムはプエルトリコの歴史の一部でもある。この国の不妊手術率は世界一高いとされる。近年では2006年から10年にかけて、カリフォルニア州の女性の囚人たち約150人が、当局の指示により強制不妊手術を受けたとされる。

優生学に基づく強制避妊が、国の恥ずべき歴史だというだけでなく、現在も続く問題だとしたら、優生学の影響を最も受ける国民が質の高い医療になぜアクセスできないのか、わたしたちは問いたださなくてはならない。偏見にあおられたこういったプログラムは、移民や人種差別に関する政策の特徴だった。そして今、その偏見は妊産婦の医療に影響を与えている。

有色人種の家族をさげすむ風潮の社会で、子どもを持つ権利がいまだに紛争の的になるのは、何もおかしなことではないだろう。リプロダクティブ・ジャスティスはもちろん、選択する権利の保持に焦点を当てている。しかし彼女たちが提唱する避妊方法にアクセスするには、それ以外の障壁にも直面しているコミュニティーの犠牲が必要だ。真のリプロダクティブ・ジャスティスは、手頃な費用のバース・コントロール、中絶、医療だけでなく、刑務所や移民拘留施設にいる女性たちにもアクセスを提供しなければならない。彼女たちは多くの理由から、自分の命をコントロールする資格がないとみなされている。さらに、トランス、ノンバイナリー、インターセックスの人々の問題もある。シスで中流階級の白人女性のニーズが最優先される影響を強く被るのが彼らなのだ。

リプロダクティブ・ヘルス（性と生殖に関する健康と権利）のケアは身体的インテグリティ（不可侵性）に関するものだが、トランスの人々はこの権利を否定されることが多い。トランス嫌悪（フォビア）のせいだ。アイデンティティーと異なる性に生まれついた上、医療にアクセスしようとするとさまざまな障害に突き当たる。医療のプロたちから偏見の目で見られ、あるいはしらんぷりされるため、質の高い治療が受けられない。基本的な医療はもちろん、安全なホルモン療法も受けるのが難しい。あるいは医療機関の場所や医療費のせいで、治療そのものが受けられない。残念ながら、受け持ちの患者がトランスだとわかると、一部の医療提供者は差別的な態度を強め、処方箋を書くのを拒否したり、次の予約を拒んだりする。トランスのコミュニティーのニーズはわからないと主張する人たちもいるが、欠けている知識を補うために勉強しようとはしない。そのためトランスの患者たちは、自腹を切って次の診療を予約しながら、医療提供者に無料の教育を施すという皮肉な立場に追い込まれる。

国外で性転換手術を受けたわたしの親友が、数年前乳がんにかかった。彼女はまっとうな治療を受ける資格があった。高い収入を得て、クオリティの高い保険に入り、長年にわたり法でＬＧＢＴＱＩＡの人たちを保護している州に住んでいた。しかしそのクオリティの高い保険が彼女に紹介した専門家は、徹底した人種差別主義者で、性転換手術についてほとんど知識がなかった。だから友人はそのがん専門医の予約をとるたびに、治療とは無関係でプライバシーを侵害するような質問に答えなければならなかった。彼女は病気を治したかったし、その医師に助けてほしかったから、治療の最中に、ジェンダーについて自分の気持ちを整理しつつ、プレッシャーを感じながらも親密な関係を保とうと努力した。彼女が会話を別の方向に向けようとするたびに、自分はよりよい医師になりたいだけなのだとその男性医師は主張した。彼は職業倫理を重んじるよりも、純粋な好奇心をむき出しにして、彼女の妻が夫の性転換にどう対応したか聞き出そうとした。それでも、彼女は必要な治療を受けることができた。とりあえずそれを勝利だと受け止めなければならなかった。

アメリカにはジェンダーのアイデンティティーに基づく差別を医師に禁じる規定がある。トランプ政権（当時）は最近、このトランスジェンダー差別禁止規定を覆す提案をした。政府は、医師たちにトランスの患者の治療拒否を許すだけでなく、この差別を積極的に奨励するよう促す立場を示したのだ〔ただし2020年8月、ニューヨーク連邦地裁はトランプ政権の決定を差し止める判断を下した〕。つまりジェンダー・ノンコンフォーミング〔ジェンダーが社会通念に当てはまらない人〕の誰かが、せきが長引いているため医師にかかると、肺の検査をされる代わりに、門前払いを食らう。それを訴える法的手段はない。せきの原因が気管支炎だろうが結核だろうが肺がんだろうが関係ない。いい医師を見つけるまで、彼女たちの健康は危険にさらされたままだ。

自分の健康について学べば、よりよい治療を受けられる。しかしそれが、周縁化されたコミュニティーを搾取することにつながる。トランスの患者の治療を拒否する医療提供者のせいで、すでに治療を受けるのが難しい人々は、専門知識を持つ医師を探すのがさらに困難になる。彼らの偏見が、そういう医療文化の形成に貢献するのだ。そしてトランスの患者は、どんなレベルの治療にもアクセスできないことが重なり、性同一性障害を発症する。

性同一性障害は治療しなければ命にかかわる病だ。トランス・コミュニティーの何と41パーセントが自殺を試みた経験がある。リプロダクティブ・ヘルス・サービスでトラウマを受けたトランスの人々は、医療システム全体に恐怖を感じるようになる。周縁化された人々は差別と恐怖を感じ、なかなか病院へ行かない。トランスの人々は予防治療を受ける機会がさらに少なく、治療が遅れたせいで合併症を引き起こす可能性が高い。これには中絶や妊娠中の治療も含まれる。ノンバイナリーとトランスの人たちにとって、生殖に関する医療へのアクセスはもともと厳しい。経済社会的な障壁があり、アクセスが限られているからだ。医療で受けたトラウマや、助けを受けられるはずの場所が、さらなる感情の地雷原になりかねない。

ほかにも議論すべき重要な問題がある。胎児がみんな正常とは限らないから、中絶へのアクセスは残しておかなければならない。また誰ひとり、望まない子どもを無理やり生まされてはならない。フェミニズムは差別を根絶するためのムーブメントだが、選択する権利の中心となる信条は、差別的な論理に依存してはならない。障がいが中絶の理由であると主張するなら、障がい者は健康的で満たされた人生を送れない、と法で枠づけする必要がある。だが障がいを持つ人が存在する権利を侵害せず、選択する権利を訴えることはできる。

障がいは死亡宣告書であってはならない。では選択する権利は廃止すべきだろうか？　いや、違う。中絶するかどうかの決定権は妊婦にあるとわたしは固く信じている。だが中絶率をめぐる関心事は、要求に応じた中絶は優生学の発動だという考えを中心にしている。リプロダクティブ・ジャスティスの支持者は、優生学の美辞麗句を決してまねてはならない。特に一部の人間だけが存在に値するという考えは。

リプロダクティブ・ジャスティスは、基本的に行為主体〔agency：自分の意図を意識して行為を行なうこと〕と自律〔autonomy：自分が立てた規範に従って行動すること〕に関したものだ。中絶する権利は、障がい者の命の価値を軽んじて議論すべきではない。障がいを持つ人々は、もちろん存在に値するからだ。ひとりでは生き延びられない胎児は、子宮の外でも自力で生きられる人間と同じではない。彼らの可能性ある命は、そういう枠組みで語られるべきなのだ。

低所得層のコミュニティーでは中絶率が高い。その事実もアンチチョイス（中絶反対派）グループは優生学に結びつける。だが環境レイシズム〔環境汚染を引き起こす施設や物質がマイノリティーのコミュニティーに集中すること〕、妊婦健診にアクセスしにくいこと、標準以下の栄養摂取、劣悪な住環境のせいで、周縁化されたコミュニティーの女性が重い障がいを持つ子どもを出産する危険因子は平均より高い。障がい児だけでなく、障がいを持つ大人たちも入手できるお金やチャンスは限られている。中絶率が高いのもうなずける。

リプロダクティブ・ジャスティスについて話す時、わたしたちはお金やチャンスの欠如を訴えなければならない。メインストリームのリプロダクティブ・ライト〔性と生殖に関する権利〕・ムーブメントは、障がい者を関心事ととらえているが、まだ十分な声を上げていない。プロライフ〔受精卵も含めて胎児には命があるとする一派〕・ムーブメントは、障がい児にも生まれる権利があるというムーブメントの中心に収まり、会話を牛耳ってきた。だがプロチョイス〔女性の選択の権利を最優先する一派〕の活動家たちは、障がいのある**大人たち**のリプロダクティブ・オプションについては見て見ないふりをし、障がい者は標準的な医療を受けるべきだという議論を避けている。自律と自己決定を中心に据えたリプロダクティブ・ライトの枠組みの中では、障がい者権利運動とのつながりが不可欠だ。

その代わり、中絶禁止法支持者の仮面をかぶった女性嫌悪者（ミソジニスト）、人種差別主義者、暴力的なテロリストたちは、障がい者を含もうと見え透いた行動をとる。そういう彼らの支持者は、自分は中絶禁止の信奉者だと主張する。実際そういう人たちが口にする言葉は、アンチチョイスを支持することで直接的な影響を受ける人々を、まったく考慮していないのだ。人は誰でも偽善者になれる。養子縁組で子どもたちを救えると主張する人たちも例外ではない。では、障がい児を養子にする人は誰でも、そういう皮肉な考えの持ち主なのか？　もちろん違う。

しかしアンチチョイスのグループが子どもたちをキャンペーンの広告塔にするやり方は問題がある。彼女たちは障がい児を養子にして、自分の主張を強調する。美辞麗句を駆使して、そういう子どもたちを〝救って〟気づいた奇跡的な愛の物語を語る。そして障がいのある人々がコミュニティーで受けているサービスを廃止するような候補者に投票する。実際の改革より、世間にアピールするメッセージを気にかけ、障がいを持つ人々が自立して満足感のある人生が送れるように、医療へアクセスできる機会は軽視する。障がいのある胎児の物語（ナラティブ）はプロライフ派の主張の中心であり、プロライフ派のフェミニストたちは、障がいのある胎児の中絶は優生学の表れだと批判する。しかし彼女たちの気遣いはそこで途絶える。

リプロダクティブ・ジャスティスを心から支持する人たちは、ムーブメントの対象を広げ、障がい者の権利という枠組みを含めている。しかし彼女たちも、障がい者と彼らの関心事を含めることにはためらいがある。コミュニティーの境界を越えて会話をするのは難しい。ミーティングの場所設定や、聴覚障がい者がアクセスできるサービスの欠如といった壁があるからだ。その原因は、活動家たちがコミュニティーの代弁者を演じることに慣れ、彼らの声を聞かないことにある。

プロライフ派との対話を考えると、居心地が悪く、時に怒りを感じる。しかし対話がなければ、彼女たちは障がい者の権利という枠組みを、結局は誰のためにもならないムーブメントに当てはめ続けることになる。リプロダクティブ・ジャスティスの支持者は、決して優生学を奉じていない。それはプロライフ・ムーブメントが中絶賛成派に貼るニセのレッテルだからだ。プロライフ派は優生学を都合のいい理由にするべきではない。それは結局、リプロダクティブ・ジャスティスの活動を攻撃することになるからだ。

ダウン症と診断された胎児を中絶する女性たちがいる。プロライフ・ムーブメントが彼女たちを非難したら、リプロダクティブ・ジャスティスはそれを無視してはならない。人的・物的資源、サポート、身障者差別対策のナラティブを中心に、会話をする必要がある。プロライフ派が統計値を持ち出して、優生学の証拠だ、中絶する権利のムーブメントは障がい者を考慮していない、と主張したら、リプロダクティブ・ジャスティス派のフェミニストは、障がい者には子どもや胎児だけでなく大人も含まれるという枠組みを示さなければならない。選択する権利についての会話は、障がいのある人たちの権利も含まなければならない。彼らが必要とするインフラとアクセスについて話さなければならない。障がい者が生殖能力とセクシュアリティーを自分でコントロールする権利について話さなければならない。

メインストリームのフェミニストは、障がいのある胎児を中絶する女性たちに貢献するインフラについて語ろうとしない。その空いたスペースに、選択する権利を侵害する人々が入り込む。先天性異常がある胎児の中絶を選択した人たちの多くは、すでに養うべき子どもがあり、生活は貧しく、構造的な抑圧にさらされているため、障がい児の世話に専念できない。リプロダクティブ・ライトとリプロダクティブ・ジャスティスの枠組みは、出産するか中絶するかの選択は階級や人種など、周縁化されたことによるさまざまな障壁から大きな影響を受けると気づくことが重要だ。障がいのある親は、どれだけ多くの子育てに成功しても、子どもの世話をちゃんとできないというレッテルを貼られる。そのせいで断種される人もいる。障がい者の子どもは障がい児だろう、だから最小限の人的・物的資源に依存する世代間連鎖が生まれる、として同意なしに不妊手術をされる人もいる。

子どもを持つとお金がかかる。低収入の親は家賃、子育て費用、医療費ですでにいっぱいいっぱいだ。アメリカには充実したソーシャル・セーフティーネットがないことが、障がい児の親たちに追い打ちを掛ける。障がいのある子どもには、高額な専門治療、教育サポート、特別な食事療法、セラピーが必要かもしれない。だからこそリプロダクティブ・ジャスティスは、子どもが生まれたあとに何が起こるか訴えなければならない。ほとんどの親は家の外で働かなければ生活費を稼げない。お金を払って子どもの世話を誰かに頼むか、仕事のスケジュールを何とかやり繰りして自分で在宅ケアをするしかない。そうして悲惨な選択肢がテーブルの上に並ぶ。家族で過ごす時間がなくなるか、介護士によるサポートか、収入の激減か。特別な支援が必要な子どもの親をサポートする制度や機関がないため、資金やチャンスの欠如を指摘する代わりに、障がい児は避けるべき重荷だと主張する方が簡単になる。

障がい児とその親たちへの共感も足りない。特に親が〝伝統的〟な中流階級、健常者、シス、白人家族という枠に当てはまらない有色人種やＬＧＢＴＱＩＡなどの場合、この傾向は著しい。彼らが家族を持つ権利について議論する時、彼らの障がい、人種、移民という立場、ジェンダー・アイデンティティー、性的指向、収入レベルが議論の中心になり、そういう家族のサポート計画は話題にならない。人種と同じく、障がいは強制避妊制度の言い訳になってきた。リプロダクティブ・ジャスティスは、あらゆるコンセプトにその歴史への理解を含まなければならない。

真のリプロダクティブ・ジャスティスの枠組みは、障がい者の保護者が、本人の承諾なしに不妊手術を請求する権利に対し、異議を申し立てなければならない。ヒューマン・ライツ・ウォッチ〔世界各国の人権状況を調査し、人権と正義のためにロビー活動を行なう非営利の国際人権組織〕の調査によれば、同意あるいは理解しないまま不妊手術を受ける障がい者は、特に虐待の対象になりやすい。

わたしたちは障がい者を傷つけるナラティブに貢献しないよう、注意を払わなくてはならない。障がい者支援は資金の無駄遣いであり、彼らは生きる価値がない、という考えをフェミニズムはそのまま繰り返してはならない。障がい者はコミュニティーの重荷であり、公的資金を使うのに値しない、という優生学の神話を支持する代わりに、ニーズが満たされない社会で障がい児を育てるのは費用がかかり過ぎるという事実を、わたしたちは訴えなければならない。障がいがあっても存在し、意見を述べ、選択肢を持つはずだという考えを押し通さなければならない。優生学は、多くのコミュニティーのメンバーは自分でリプロダクティブ・チョイスをする価値がない、あるいは選択する能力がない、だから親になる資格はないと決めつける。その理屈がポップ・カルチャーから医療分野まで広く普及しているのだ。

アメリカにおける妊産婦死亡調査の主な対象は黒人女性だ。死亡率が最も高いからである（妊娠が原因で命を落とす黒人女性は、白人女性に比べると2.5倍）。アメリカ以外の多くの（人種混合）コミュニティーでも同じ現象は見られるが、死亡率はわずかに低い。そこに住む女性たちが尊敬や医療に値しないという考え方がそれほど強くないからだ。アメリカの黒人コミュニティーは、身体的な健康、妊婦健診へのアクセス、収入レベル、教育、社会経済的地位といった要素をコントロールできるかもしれない。だが黒人女性の妊産婦死亡率は、黒人に子どもを生ませないために断種を施していた頃と同じくらい高いのだ。

妊産婦の健康を損なう社会的・環境的な危険因子は、周縁化されたコミュニティーに大きな影響を与える。安定しない住宅、劣悪な住環境のせいで有害物質を摂取すること、暴力にさらされるリスク。こういった貧困に基づく危険因子のせいで、ストレスのレベルは高くなり、包括的で質の高い医療へのアクセスがしにくくなる。さらに、職場に存在する障壁と食料不安が、アメリカの妊婦の心をむしばむ環境に追いやるのだ。

わたしたちは同様に、妊娠は母体が白人の場合だけ祝福するものだという〝〇〇差別（イズム）〟に立ち向かわなければならない。セリーナ・ウィリアムズ、ビヨンセ、メーガン・マークルといった黒人の母親たちの記事に寄せられたコメントを読むと、そこに人種差別のテーマがあることに気づく。黒人の母親は、妊娠して膨らんだお腹をなでれば品がないと言われるが、白人女性が同じことをすれば称賛のコメントがネットに投稿される。これは受動的な人種差別であり、ほとんど精査も議論もされない。確かにネットのコメント欄は肥溜めに違いないが、医療スタッフもそういうフォーラムでコメントしている。だからTwitterやInstagramやFacebookで、黒人女性が生むベビーは〔養育費を前夫からむしり取るための〕収入源（ミール・チケット）だ、あるいは猿だ、というコメントを目にした時、またはヘイトが趣味のような医療関係者の特集記事が組まれた時、あなたは自問しなければならない。彼らは、ベビーたちを操り人形のように扱い〔キリスト教における〕悪魔（サタン）と呼んで、スマホ用アプリのSnapchatで写真や動画を共有した医療専門家〔2017年、海軍病院の白人女性看護師ふたりが黒人の新生児にお面を付け、〝ミニ・サタン〟と呼んでラップ音楽に合わせて踊るふりをさせた。彼女たちが投稿した写真は大炎上した〕の同類ではないのか？

セリーナ・ウィリアムズやビヨンセのような人物が妊娠に伴う合併症や心配事について語ると、黒人妊産婦死亡の問題がわずかながら前に押し出され、メインストリームのフェミニストのメディアに取り上げられる。だが世界で最も有名な黒人女性のひとりが情熱的に語らなくても、誰もが気づかなければならない。アメリカは黒人の母親たちの健康をもはや見ないふりできないのだ。この問題に徹底的に取り組むためには、医療システムの明らかな欠陥を指摘した上で、周縁化された人々の医療へのアクセスにさまざまな面で影響を与える制度の不備も問いたださなければならない。この国のシステムと制度は、奴隷化、インディアン寄宿学校〔19世紀後半から20世紀初頭、同化政策のために先住民の子どもたちを保留地から離し、西洋式の生活様式とキリスト教を学ばせて、職業訓練を行なった〕、優生学プログラムを長い間見逃してきた。その同じシステムと制度が、その構造に基づく偏見に向き合わないまま、主導権を握っている。妊産婦死亡に真剣に取り組むには、医療システムの中と外に存在し、議論を免れてきた偏見が、妊娠は祝福ではなく罪だとみなされるコミュニティーでケアが不足している原因だと知る必要がある。

メディアは白人の妊婦像を基準とし、ホワイト・フェミニストたちが母親になれば人生が変わるとお決まりの美辞麗句でその記事を飾る。だがそこには、手伝いのために雇うヘルパーの記述がさりげなくまぎれ込んでいる。よく読めば、有色人種のコミュニティーに労働を頼らざるを得ないものの、それが何を意味するか理解しようとしない人々が垣間見える。ある意味、その反応をあおっているのはわたしたちの周りの世界だ。わたしたちはテレビや広告看板やポスターで白人の母親たちを目にする。それが六つ子の話だろうが19人家族の物語だろうが、テレビ局は嬉々としてわたしたちをそういう家族の人生の中に誘う。そして彼らの選択を、人間味あふれる美談だと褒めそやす。実際には昔から黒人、アジア系、先住民、ラティンクスのヘルパーがそういう白人家族の子どもたちを世話してきたのに、ポップ・カルチャーのメディアは、白人以外のグループはすべて、自分たちの子どもの世話をし育てる資格がないと人々に信じさせる。

非白人の母親たちと子どもたちは、アメリカの社会で長い間無価値な存在として扱われてきた。先住民の家族たちを丸ごと虐殺して作られたのが今のアメリカだ。奴隷制時代、黒人女性は動産として扱われ、生まれた子どもは人的資本（ヒューマン・キャピタル）として白人の富を築くために使われた。大農場（プランテーション）のロマンチックなイメージは、黒人の親は感情が乏しいから自分の子どもたちの世話をしない、という考えの上に成り立っている。その神話は今もウェルフェア・クイーン〔福祉の女王の意。公的援助を受けつつ、ぜいたくで怠惰な暮らしをする黒人女性というプロトタイプ〕のナラティブの中に生き残っている。そのナラティブは、子どもたちを愛され望まれる家族の一員ではなく、小切手になぞらえる。中傷が〝アンカー・ベビー〔不法移民がアメリカで出産した子ども。自動的に米国籍になるため、その子を船のいかり（アンカー）のように頼って、両親がアメリカに住み着く〕〟だろうが何だろうが、白人の両親だけが子どもたちを欲しがる豊かな感情を持っている、という人種差別主義者の嘘から、誰も逃れることはできない。

周縁化された人々と彼女たちの生殖の自由に対する攻撃は、しっかり記録に残っている。だがメインストリームのフェミニストのナラティブは、そういった構造的な問題を受けて、カルチャーや政策に見られるメッセージに触れようとしない。

アメリカの公共の場ではあからさまな従属を強いられることはなくなったが、偏見の残り火は現在もシステム全体に見られる。周縁化された家族は、大量投獄や貧困層に対する懲罰的な政策という国家の暴力によって引き離される。

投獄された女性たちは今も同意なしで断種される。移民の労働者は懲罰的な政策のせいで医療へのアクセスが阻まれる。こういう低収入層は、何とか医療にアクセスできても、良質な治療を受けるのは極めて困難だ。

メディアで報道されるステレオタイプの周縁化された人々は、保守派の政策の根拠になるだけではない――低収入層のコミュニティーのために中絶へのアクセスを議論する場合でも、アクセスが必要なのは性的に放縦で無責任だからだ、とほのめかす方法で枠づけされる。メインストリームは最近になってようやく、貧困者は自分の家族のサイズを選ぶ権利があるという考えを支持するようになった。貧困家庭は資金を無駄遣いしている、だから存在する価値は低い、という社会の見方を変えるためには、家族のサイズを限定すればいいとよく提案される。その波及効果で、メインストリームのフェミニスト組織は、周縁化されたコミュニティーの健康をほとんど考慮しない政策やプログラムがあるのに、見て見ぬふりをする。有色人種の家族の価値は低いという考えは、構造的な人種差別を好き勝手に行なうシステムに浸透している。政策、組織的な行為、メディアでの報道の仕方。それらが一致団結して、妊産婦死亡率の黒人と白人のギャップを拡大し、ほかの周縁化されたコミュニティーの妊産婦死亡率を抹消しているのだ。

周縁化されたコミュニティーが率いる組織は、問題を解決しようと活動しているが、こういうスペースで白人至上主義に闘いを挑むのは、最も影響を受ける人々の仕事であってはならない。人種差別がリプロダクティブ・ヘルスのスペースで演じている役に立ち向かうことで、フェミニズムは妊産婦死亡率を減らし、多くのコミュニティーの未来を救うことができるのだ。

フェミニストのプログラムは、良質な医療へのアクセスを増やし、医療提供者の間にはびこる人種的偏見を指摘し、妊産婦死亡率減少の包括的なアプローチが必要だと主張できる。健康保険援助〔Essential Health Benefits：オバマ政権が2014年から実施した医療保険制度改革（オバマケア）の一策で、10項目につき最低限の健康保険給付を保証〕のリストから妊産婦ケアを外すという案を阻止すれば、大きな一歩となる。またメディケイド〔低所得者・障がい者のための医療保険制度〕を守り、就業をメディケイドの加入条件とする方針〔トランプ政権が2018年に発表。就業・職業訓練を加入条件にすることを、各州政府に認めた〕に立ち向かうことができる。

リプロダクティブ・ジャスティスは、Planned Parenthood〔家族計画連盟。妊娠中絶や避妊薬を提供して女性の権利を守る民間団体〕やTitle X家族計画プログラム〔低所得者の男女を対象にした公的助成金に基づく生殖医療ケア〕を守るために闘うだけではない。女性、乳幼児及び子どものための特別補足栄養プログラム（WIC）や補充的栄養支援プログラム（SNAP）といった栄養支援プログラムを守るためにも立ち上がるのだ。政治家たちは家族を必死に養おうとしている低所得層の人々をこぞってしらんぷりする。フェミニズムは一歩踏み出して、すべてのコミュニティーを支持しなければならない。自分のコミュニティーで多くの障壁に直面している人たちには、良質の医療を得るために闘うエネルギーはほとんど残されていない。より多くの資金やチャンスを持つ人々のサポートが必要なのだ。

第17章

周縁化された親たちの子育て

すべての子どもたちに安全と安定を——
特権を持つ人々は支援とアクセスを提供せよ

わたしが8歳の時、当時住んでいた祖父母の家に酔っ払ったおじが現れて、銃を振り回しながら数時間、わたしたちを脅迫した。お金絡みの口論で、今となっては誰も理由を思い出せない。だがわたしは覚えていることがある。おじがその暴挙に出たのは、祖父が家にいないとわかっていたからだ。おじの妻（金銭トラブルの相手）は別の家に住み、自宅に銃を置いていた。そしてそれまでに何度か、おじの暴力にナイフや銃で対抗していた。だからおじは彼女との直接対決を避けたのだ。

祖父さえ不在なら、家にいる女性たちなどたやすく標的にできる、とおじは考えた。だが彼は間違っていた。同居していたもうひとりのおばは、攻撃を巧みに受け流し、瓶を振りかざして、いつでも彼の頭に叩きつけられることを示した。その夜の出来事でいちばんよく覚えているのは、銃でも酔っ払いの暴言でもない。彼が立ち去ったあと、おばが机に向かって宿題に取り掛かり、わたしもその隣で椅子に座って宿題をやったことだ。わたしは彼女の実子ではなかったが、おばは祖父母と一緒にわたしを育ててくれた。彼女にはやるべきことがあった。わたしの人生に刻み付けられた不安定さとは無縁の未来を手に入れるために、何をしなければいけないか、わたしにしっかり教え込んだのだ。

わたしはハイスクールを卒業後、軍隊に入った。機会が約束された物語（ナラティブ）の向こう側に何があるのか、深く考えもしなかった。そこで最初の夫に会い、子どもを産んだ。こうしてわたしは伝統とはかけ離れた人生を一歩一歩、歩いていった。夫と結婚したのは、そうすれば同じ場所に配属されたからだ。妊娠したのは、ふたりとも子どもが欲しかったからだ。子どもを持とうと思った時、家族のためにどんな人生を望むか考えた。子どもたちには、銃を振り回す酔っ払った男のことを心配させたくなかった。

そういう夜を経験したせいで、わたしはマミー・ウォーズ〔親業・子育てにまつわる母親たちの論争。主に専業主婦と外で働く母親との方針の食い違いが原因〕に本格的に参加したことはない。幼い頃に人生から学んだし、その食品はちゃんとした場所で作られたのかと騒ぎ立てるよりも、食料を確保することの方がはるかに重要だったからだ。大切なのは安全で安定した家庭であり、その家の郵便番号がちゃんとした地区のものかどうかは問題ではなかった。長男の小さな目の焦点が合う前に、気づいたらわたしは人々の思い込みに直面していた。息子のために適切な決定ができるか、彼らに疑われていた。わたしが貧しくて、黒人だからという理由で。

わたしはシングル・マザーではなかったが、当時の夫が同席していなければ、医師たちにそう扱われた。家にいてベビーの面倒を見ているのはわたしだとはっきり説明しても、医師たちは夫に向かって話し始めた。夫は白人だから、決定権は彼にあると思っているかのようだった。最高に笑えて、同時に気が滅入るのは、こういう思い込みは自称フェミニストの白人女性たちによく見られることだ。彼女たちは、わたしのような社会経済的地位の人間がいちばん必要としているのは、自分たちが親業の何たるかを教えることだ、と自分を納得させる。彼女たちの〝お情け深い〟人種差別的な思い込みが、わたしの人生で価値があるとでもいうように。

どうやって息子にげっぷをさせるか（息子は片ひざの上に寝かせるのがお気に入りだった）、というようなありふれた会話が、白人の監督者が上から目線で語る、げっぷの〝正しいやり方〟の説教になる。ラティンクスの看護師のひとりが口を挟み、わたしのやり方は正しいと言うけれど、白人の医師は間違っていると言い張る。彼女の頭の中では、わたしは童顔で黒人だから、自分で産んだ子どものげっぷの仕方を教えなければならず、誰かが子育ての方法をレクチャーする必要があったのだ。息子が幼稚園に入った時は、女性の園長に牛乳アレルギーを疑われた。医師の診断書がなかったせいではない。わたしが息子をわざわざ掛かりつけの小児科医へ連れていくこともないと思い、栄養士の友人に相談していたからだ。園長は自分の思い込みに基づいて息子の食事療法を変えた。息子が何を必要としているかは考慮しなかった。そしてわたしが彼女のサポートを歓迎しないとわかると、ひどく気分を害した。彼女が変えようとした食事療法は、息子を救急医療室送りにするような内容だった。

母乳対粉ミルク、いつワクチン接種を受けるかなんてことは簡単な問題だった。だが、人種差別的な思い込みを持つ人々からすると、家族のためにまっとうな生活を維持しようとするわたしの努力は無意味なのだ、とわたし自身が認めることこそ難しかった。わたしは無一文で、破局した結婚の後始末に対処し、子どもをひとり抱えてカレッジへ行き、ささいなことから重要な問題まで、すべて解決して、息子と自分のために前へ進む道を作らなければならなかった。

親業に関するマミー・ウォーズで、わたしがオーガニックな食事を提供できないのは、子どもの世話が足りないからだと言われた。現実には、時々ビスケットのオレオの包みを渡すのは、わたしがカフェインと安いファスト・フードで生きている間、息子は〔無料の給食で〕アーモンド・ミルクと新鮮な野菜を食べることができたからだ。アパートを出て公営住宅に引っ越すのは、外から見れば失敗に思えただろう。だが当事者から見れば、それはわたしも1日3回食事ができることを意味した。何年にもわたって難しい選択をし、そのたびに失敗してきた経験から、わたしは親業で本当に重要なことは何かを学んだ。

息子たちが大きくなるにつれ、わたしは外部の人間が最優先することへの関心を失っていった。多くの黒人の親のように、わたしは息子たちに人種とは何か、それが人々の受け止め方にどう影響を与えるか、教えなければならなかったからだ。わたしたち夫婦は、息子たちの通う学校の校庭にきちんとした遊具があるかどうかはあまり気にしなかった。その代わり、次回の閉校リストに入らず、存続するかどうかを心配した。教師たちが給料をもらえるか、警官が校内に常駐するかを気にかけた。子どもを常に監視・監督するヘリコプター・ペアレントや、子どものために障害を取り除いてレールを敷くブルドーザー・ペアレントとは違う。生き延びるためのサバイバル・ペアレントだ。

周縁化されたコミュニティーの親にとって、ギャング、銃撃戦、刑務所から子どもたちを遠ざけることは、最大の関心事だ。一部のコミュニティーでは、そうすれば両親や子どもたちの本国送還を避けることができる。子どもたちの人生のあらゆる面を導き楽にする、という考えはない。資金やチャンスが豊富で、困難から立ち直り、まだ夢を見られるような人生を用意するのが親業なのだ。

わたしたちは性差別が問題であると知っている。女性嫌悪（ミソジニー）が問題だと知っている。しかし人種差別が女性のグループ同士の間に現れることは口にしない。富の莫大な格差が人種と密接に関係する国で、よい親業とは高収入にアクセスできる選択肢を持つ者だけだ、と枠づけするのはどういう意味だろう？　貧しい非白人は親になれないと決めつけるのはどういう意味だろう？　白人女性が有色人種の女性とその子どもたちを支配する力を持っているというのに？

人種差別主義者が抱くステレオタイプに迎合するのは罪がないお遊びだと主張する、あるいは、有色人種の親たちが自分のコミュニティー特有の障壁を心配する理由に気づかないふりをするのは、すべての子どもたちにとって危険だ。わたしたちが児童労働法を作ったのは、それがいいアイデアだと考えたからではない。子どもたちには大人と異なる保護が必要だからだ。周縁化された親たちにとっては、決断のひとつひとつに、子どもを他者の偏見にさらす危険が含まれている。

常習的な遅刻、といった問題で子どもが退学になる恐怖はまだ存在する。よりよい学校に子どもを通わせるため友人の住所を使ったり、仕事をしているため育児の時間がないからだ。しかし、子どもの衣食住を確保したかったら、その恐怖に自分の決断を左右されてはならない。周縁化された親でいるということは、感情的にも社会的にも、安全ネットのない硬い床の上で綱渡りするようなものだ。

わたしは先住民保留地で子どもを育てるとはどういうことか、知っているふりをするつもりはない。強制送還を恐れ、教育へのアクセスを心配する移民労働者の事情も知っているわけではない。わたしが知っているのは、そういう立場の女性たちの声に耳を傾け、何が最も多くの人を助け、何が害をもたらすかだ。彼女たちは自分のニーズを誰よりもわかっている。そしてわたしは、彼女たちのニーズが自分と違っているからといって、彼女たちが劣っているわけではないと気づくことができる。

警官による暴力について話す人が多くなってきた。しかし残念ながら、それは人種問題という枠にはめられ、黒人男性に焦点が当てられて、黒人女性への影響は抹消されている。トランスやジェンダークィア、そして黒人ではない、ほかの有色人種のコミュニティーの女性たちへの影響も。危険因子が違っても、危険が存在することに変わりはない。警官による過剰取り締まりや暴行はフェミニストの問題として話されないが、有色人種の女性にとって、警察の取り締まりは構造的な抑圧の大きな原因になり得る。実際、警官に対する苦情で2番目に多いのは、性的不正行為だ。これは大人になってからの問題ではない。ティーンエイジャーも危険にさらされている。しかも、安全とされる場所で。警官を増やせば問題が解決するという思い込みのせいだ。

警官の暴力の犠牲になった黒人女性、シス、トランスの名前は、ほかのグループの犠牲者に比べて、あまり知られていない。性暴力、逮捕、死の危険にさらされていることについて、話し合われることはほとんどない。確かに、警官の暴力によって亡くなるシスの黒人女性は、黒人男性に比べて少ない。その事実が、だから抑圧も少ないという思い込みを助長する。さらに、警察による性暴力をただの身体的暴力と枠づけして抹消することで、周縁化されたコミュニティーの女性たちが直面するリスクは高くなる。若年者の場合、官憲の暴力にさらされる危険はさらに高い。有色人種の子どもだけではない。警官の暴力と不祥事を黙殺することは、特権を持つ子どもたちも社会から孤立した子どもたちも、同じように危険にさらすのだ。

白人の子どもたちに恵みを見せるというなら、すべての子どもたちに見せるべきだ。わたしたちの少女は5歳で成熟しないし、少年は生まれながらの武器ではない。わたしは警官たちからハラスメントを受けた物語を語れる。思春期を通じて捕食者の大人たちと渡り合った物語を語れる。いずれも話すのも聴くのもつらい話だ。だがもし、それらの物語が語れるからこそ、あなたが——わたしのコミュニティーでもほかのコミュニティーでもなく——**わたし**を人間にとして見るなら、あなたのフェミニズムに何の意味がある？　キーキーわめいて頭を振るだけで、人種差別主義者の枠組みに挑戦しないのは、何の意味がある？

ではわたしたちはなぜ、周縁化されたコミュニティーの親業をフェミニストの問題として論じないのか？　なぜこれは白人女性との競争ではなく、人種的偏見であり、わたしたちの社会が白人女性の直接的な介入を必要とする課題だと見ないのか？　学校から刑務所へのパイプラインが存在するせいで、常駐警官は意識的・無意識的に黒人の生徒に偏見を持ち、彼らを標的にする。教師の大半は白人女性だ。どうやって警官の横暴と差別をフェミニストの課題として議論できる？　メインストリームのフェミニストの大半が、特定の抑圧に加担しているというのに？

答えは、もちろん、問題と向き合うことだ——学校の運営陣が、白人の少女たちが破壊行為をすれば、ただのいたずらだから元どおりにしなさいと言い、黒人の少女たちが同じことをすれば、司法介入が必要な犯罪だとみなす偏見を、精査することだ。確かに、性の抑圧に対して、女性たちがともに立ち向かうのは重要である。だがどの女性たちが？　どの形の性の抑圧に？　結局のところ、シスの女性はトランスの女性を抑圧でき、白人女性は有色人種の女性を抑圧する組織化された社会的権利を持ち、健常者の女性は障がい者の女性を抑圧できる。女性に対する抑圧は、外からだけではない。女性のグループ同士の間でも起こるのだ。抑圧された人々はその抑圧と闘えるが、同志（アライ）であるはずの人々が、実は抑圧する側だったら？

あなたが学校に通う黒人の子どもだとしよう。白人のクラスメイトが問題を起こし、カウンセリングが必要だと言われた。同じことを自分がした時、根拠のない人種差別主義に染まった教師が、あなたを脅威とみなしたら、あなたはどこに教育資源を求めればいい？ あなたに付与された権利が、現状維持を脅かすとされたら？ 皮膚の色と髪質のせいで〝いい子〟の仲間入りができなかったら、どうやってそのコミュニティーの一員になればいい？ これらの質問は、簡単に答えが出ない。だが答えを出すのは子どもたちではない。また、正直に言えば、白人のフェミニストたちに人間らしさを求め、黒人の子どもたちにも、そこにいてみんなと同じ機会にアクセスする権利がある、と説得するのは、大人の黒人女性の責務でもない。

メインストリームの白人フェミニストは、白人男性に責任転嫁せず、白人女性が抱く人種差別とそれが及ぼす危害に向き合わねばならない。白人の女性教師が有色人種の生徒に組織的な権利を行使している。ニューヨーク州スタテンアイランドの教師たちが、エリック・ガーナー〔2014年、同島の路上で煙草を違法販売した疑いで逮捕された黒人男性。警官に押さえ込まれ、腕で首を絞められて「息ができない」と訴えたが、病院で死亡が確認された。警官は5年後にニューヨーク市警察から解雇〕を殺した警官を支持するシャツを着ている。だが誰も議論しようとしない。団結やシスターフッドを求めるなら、すべての女性に価値があること、すべての家族に価値があることから始めなければならない。そして子育てにまつわる問題は、誰が家事を担当するかだけでなく、子どもたちが社会からどう扱われるかも含むと認識しなければならない。黒人の少女は無垢であり、悪いこともするが未来に値するという考えを受け入れられないなら、あなたは学校のクラスにもフェミニストのムーブメントにも属していない。黒人の少女たちにも白人の少女たちと同じ可能性がある、と認められるまでは。

その責務の対象は黒人の少女たちにとどまらない。あらゆる人種のあらゆる少女が、機会にアクセスして、尊敬されるカルチャーとコミュニティーを持つに値するのだ。黒人ではない有色人種の親たちにとって、問題は少し違うかもしれない。だが底辺に流れる影響は同じだ。大統領候補がメキシコ移民はレイピストだと決めつけ〔2015年6月、大統領選中のトランプ氏の発言〕、白人フェミニストのコメディアンが同じ内容のジョークを言う〔トランプ氏の発言の1週間後、MTV映画賞授賞式のホストを務めたエイミー・シューマーが、同内容の発言をした。なお彼女は2018年、カバノー判事承認反対のデモに参加している〕。その社会的影響の違いは何か？　そう、その大統領候補は数々の法律と国境を閉ざす壁を作ると約束したが、白人フェミニストは人種差別をジョークにして、その深刻さを軽く見せたことだ。

黒人の男性、少年、ティーンエイジのジェンダークィアに対する恐怖は、実際の脅威ではない。内面化された人種差別とアンチ・ブラックネスが、わたしたちのカルチャーに充満し、周縁化されたコミュニティーへの暴力を正当化しているのだ。

黒人、先住民、移民の子どもたちに共通しているのは、里子に出される可能性が高いことである。わたしたちは特権という保護を持たない親たちを生む貧困について、議論を避けている。確かに国は、虐待とネグレクトに介入している。しかしそのほとんどは白人のサバイバーに関するナラティブであり、有色人種の子どもは裕福な親に里子に出した方がいいという考えをあおる。里親が民族的・人種的バックグラウンドを共有していなくてもいい、と思わせる。経済的に安定していなければ、親である資格がないとわたしたちは決めつける。貧富の格差が子どもの感情的・社会的な幸福にほとんど関係がないと知っていても。

貧困のせいで、親は子どもたちを危険にさらさざるを得ない。ひとりで留守番させる。信用できないヘルパーに預ける。そのストレスは親をむしばみ、子どもの感情的なニーズに鈍感になる。これは重大な問題だ。子どもたちが里子に出される理由の大半は、虐待ではなくネグレクトだからだ。貧しい親がベストを尽くしても、貧困はネグレクトに見えてしまう。子育てできるほどの収入が得られず、たとえ違法でもほかに経済的な解決法がなかったら、どうしたらいい？

子育ての費用が自分の時給より高く、助成金プログラムが資金不足かそもそも存在せず、それでも働かなければならないとしたら――ＴＡＮＦやフード・スタンプにアクセスするには就労が義務づけられていたら、できる範囲で何とかするしかないが、選択肢は限られている。今の状況で最善を尽くし、法に触れないように祈るしかない。これはヘリコプター・ペアレントがはびこる今の時代には特に難しい。彼女たちは経済的に恵まれ、社会的な特権があり、そのどちらも持っていない人のライフスタイルを見ないようにする。子どもにひとりで歩いて家に帰らせるのはネグレクトだと言って、学校の運営陣に訴える。

もちろん、あなたたちは子どもの利益を最優先しているだけだと反論することもできるだろう。だが子どもの最優先事項が大事なら、低収入の親たちの貧困を緩和することが、フェミニストの最重要課題になるはずだ。その代わり、メインストリームのフェミニズムは、流行に敏感な（ヒップスター）マミー・ウォーズにかまけている。彼女たちがもっぱら議論するのは、子守に子どもを預けて仕事に行かなければならない罪悪感だ。専業主婦を選んだからフェミニスト失格だとうじうじ考えるのは自己満足だが、周縁化された親たちはどうすればいい？

フェミニストにとって、親業という問題に取り組むのに最も簡単な方法は、ほかの人々が直面している問題を学ぶことだろう。わたしが先住民の子どもたちや里親制度について学んだのは偶然ではない。一連の裁判のニュース〔おそらく２０１３年のケース。先住民の実父が、養子に出した子どもの親権回復を求めて訴訟を起こし、いったんは認められたが最高裁が審理を差し戻した〕を見て、先住民児童福祉法〔Indian Child Welfare Act、ＩＣＷＡ。１９７８年制定。部族のカルチャーと人口を守るため、先住民の子どもを養子に出す際、同じ部族のメンバーが里親になることを奨励〕に関する情報を積極的に求めたのだ。ではわたしはＩＣＷＡの専門家か？　もちろん違う。だが先住民の子どもたちが強制的に入れられた寄宿学校のおぞましい歴史を理解することは、その重大さを知る助けになった――そして完璧な家族でなくても、子どもたちをコミュニティーから離すまいと必死で闘う活動家たちの声を聞く大切さも知った。そのカルチャーは無価値で、子どもをそこから引き離しても害はないと思い込み、「愛があればいい」というのは簡単だ。

内部化された偏見を抱いていれば、恵まれないコミュニティーの親たちは人間扱いしなくていい、という人種差別の神話を簡単に信じられる。だが特権階級の責務は、フェミニストとしても親としても、自分の子どもにまったく縁のない人生を与えるとしたら、自分は進んで何をするか自問することだ。命を賭けて国境を越え、法を犯すだろうか？　ドラッグを売るだろうか？　経済的な特権階級は、親なら誰でも難問に直面するが、すべての親が同じリソースを持っているとはかぎらないことを簡単に忘れる。

最近、長男はわたしの母校であるカレッジに通っている。次男はミドル・スクール〔ジュニア・ハイスクールに代わり1970年代から普及した中等教育機関。人種的不均衡の緩和、教育機会均等の推進といった問題解決を目指す〕の生徒だ。わたしは中流階級もどきになったが、どこの出身か忘れていないし、どうやって〝アットリスク〟の若者からふたつの学位を持つ編集者になったかも忘れていない。だからといって、わたしのコミュニティーに貢献することにも、子どもたちのよきお手本になることにも、自分に恥じない生き方をすることにもならない。高い教育を受け、プロのライターとして生計を立てられることから得られる、上っ面だけのリスペクタビリティーはいいものだ。わたしが言うべきことに人々が耳を傾けると知っているのはいい気分だ。しかし、わたしのような黒人の、少女たちの話なら、人々は大抵聞かないと気づいている。今でさえ、メインストリームのフェミニストたちはわたしを異端視し、遠巻きにして見ていることも。なぜならあなたたちは、わたしなら少女たちの努力が足りずに到達できなかった場所へ行けると決めつけるからだ。事実、彼女たちは全力を尽くしているが、わたしと同じ幸運、同じ親族、同じコミュニティーを持っていなかった。質問は「なぜあなたができたことを彼女たちはできなかったのか？」ではない。「なぜわたしたちは、ほかのみんなに支援とアクセスを与えられないのか?」であるべきだ。フェミニズムはその闘いをするべきだ。人種差別と階級差別がなければ、わたしのような人々がもっと成功するはずだ。それが自由主義の国があるべき姿なのだ。

第18章

アライ、怒り、共犯者

ホワイト・フェミニズムは、プラットフォームと
人的・物的資源を差し出して、真の支援を

わたしは以前、トランスやジェンダー・ノンコンフォーミングの問題に鈍感だった。特にトイレに関しては。男女別々のトイレがあるということも、特に気を留めなかった。やがてある友人から、公共の場にあるトイレを使えないのは、毎日ノーマルという枠から押し出されているようなものだと指摘された。わたしはトランスとノンバイナリーのよきアライ〔ally：マイノリティーを理解、援護する人〕を自認していたし、彼らに存在する権利はないとか、職場での成功から排除したいとか、考えたことは一度もなかった。

トランス女性が女性用トイレに入っても気にしなかったし、それで十分だと思っていた。わたしは自分のジェンダー・アイデンティティーに適合するトイレを使えたから、シスジェンダーではない人が女性用トイレを使うのは、どれだけ困難で危険なことか、思い至らなかった。だがわたしはよい共犯者ではなかった。アライでいることは、いちばん簡単な第一歩に過ぎない。そのスペースを利用して、特権階級は欠陥のあるダイナミクスを受け入れ、そこから不平等が発生する。よきアライであることは簡単ではない。身を捧げるのは難しいが、突然自分が全知全能のスーパーヒーローになったように思える。特権を持つ人は抑圧に気づかない。気づいていたとしても知らないふりをする。

アライになるのは、なぜそんなに困難なのか？　アライ志願者たちは、誰かに助言や意図に対して異議を唱えられ、中心にいたいという望みを否定されると、即座に攻撃態勢を取る。その瞬間こそ、彼女たちは立ち止まり、一歩下がって、自分は問題の一部にすぎないと気づくべきなのだ。よきアライになるかどうかを決めるのは、特権を持つ外部者ではない。特に、彼女たちがアライという地位を利用して、自ら援護していると主張するグループの誰かの気分を害している場合は。

アライは攻撃されると、自分はその問題にかかわれないと主張する。「あなたたちのためにやった」のだと繰り返す。周縁化された人物が説明しようとしている関心事には耳を貸さず、「わたしはキング牧師と行進した、ほかに誰もいなくてもわたしだけはアライだ、わたしはこういうことを言う権利を過去に獲得した」と言い立てる。それは現在の問題にかかわっていないことの言い訳だ。特権階級が作った外の世界の真ん中に立つのは難しい。特権階級を権力者として、ほかの人たちの経験を軽んじる〝あちら側の人たち〟の物語（ナラティブ）を野放しにするのは難しい。

自分はアライだと認識するのは、特権や権力を持たない人々の言葉や経験を退ける便利な方法だ。彼女たちに寄り添い、支援ができる。しかしやがて居心地が悪くなる。彼女たちは過剰反応している、この問題は〝人種とはまったく関係ない〟と思う。自分は助けようとした、問題の真の原因は〝あちら側の人たち〟だと自分に言い聞かせる。アライであることをやめ、あるいはよきアライになる努力をしなかったら、罪悪感を軽くできる。かつて自分は何かをしたんだ、という思い出にすがって。自己満足さえできれば、何が求められていたかは関係ない。

アライたちはスペースから怒りを追い出し、自分にとって心地いい要求で満たす。彼女たちは教育を受けたい。努力しなくても誰かに親切にされたい。アライになる過程には、感情的な投資がたくさん必要だ。そしてその感情的な重労働は、特権階級ではなく周辺化された人々によって行なわれる。しかしアライ候補からアライになり、さらに共犯者になるには、怒りが必要だ。

怒りに知識は必要ない。声を上げるために人当たりのよさも冷静さも不要だ。だがわたしは、黒人女性の怒りを表現するのは危険だ、公共の場で怒りを表せば周縁化された人々の声を消す言い訳になる、というナラティブにもかかわらず、声を上げ続けてきた。その怒りの表出がコミュニティーを救っている。礼儀正しく問い掛けて、抑圧から解放された人は誰もいない。その代わり、彼らは言葉や銃弾で闘わざるを得なかった。一度だけ問い掛けたあと、社会が与えるのを拒んだもの――リスペクタビリティー、平和、権利――を手に入れるため真剣に取り組み、そのムーブメントは無作法だと冷笑されてきた。わたしはそういう人々から生まれた。声は大き過ぎ、怒りは激し過ぎ、何もかもが過剰だった。しかしそれが効果をもたらし、怒りを常に必要としなくてもいい土台を築いた。

怒りはカタルシス効果にも、モチベーションにもなる。そして何より、あらゆるコミュニティーが本来持つヒューマニティーの表現方法になる。抑圧された人々は冷静で礼儀正しくあれ、許しが何より大切だ、と主張するのは本質的に人間性を奪うことだ。もしあなたの子どもが警官に殺され、あなたのコミュニティーの水が毒に汚され、あなたの哀しみが模倣されたら、どんな気持ちになる？　冷静で静かにしていたいと思うだろうか？　ほかのみんなの気分をよくするために、許したいと思うだろうか？　あるいは、これは間違っていると大声で叫び、正義を要求したいと願うだろうか？

怒りはその切実な願いを吐き出させ、行進を促し、人々を投票所へと導く。怒りは長く悲惨な1日、1週間、1か月、1世代の終わりに残る唯一の燃料だ。パワフルな力だ。抑圧者たちが被抑圧者を悪魔とみなす時、彼らがまず指摘するのは怒りだ。「どうしてそんなに敵意をむき出しにするのか？」「わたしは助けようとしているのに」

アライを自認する時、救済者という意味が入り込んでくる。机上の論理として、アライというのは素晴らしい言葉だ。仲間になって、特権を利用して、周縁化された人やグループを助ける。しかしインターセクショナルなアプローチでフェミニズムを語る時、わたしたちは理解しなければならない。黒人女性と正義を中心にしたインターセクショナリティーにおいて、黒人女性は正義にアクセスできる特権を最も持たない階級であることを。こんにちでさえ、カメラ付き携帯電話やボディ・カメラが不正行為を録画し、大衆のサポートを得て、正義は選択肢ではないと訴えることに大きく貢献している。

一連のハッシュタグ・ムーブメントやオンライン上の議論のあと、わたしは怒りの代弁者として知られるようになった。怒りを振りかざし、危険過ぎると枠づけされた。わたしの激しい怒りは、時に説得力があり、時に有効で、時にあまりの激しさゆえに空回りした。わたしは激しい怒りを信じている。狙いをつけてそれを解き放った時、とても強力だと信じている。わたしの標的は、今座っている場所の上にいる。下でも横でもない。

ソーシャル・メディアのおかげで、誰もが激しい感情を簡単に表現できるようになった。周縁化された人々は、Facebook や Twitter では黙っていない。解決法が見いだせない社会問題に人々の注意を引き付ける格好の場所だ。ソーシャル・メディアでは、大衆の怒りをめぐるナラティブは、別の社会規範によってゆがめられる。だがジェームズ・ボールドウィン〔1924～87年。60年代公民権運動の中心的人物であり、黒人文学の代表的作家〕の言葉を借りるなら、この世界で何が起きているか気づくことは、激しい怒りを常に感じることとほぼ同じだ。誰もが不公平に対して怒りを覚えるべきだ。不公平を味わっている当事者だけではなく。

そして、わたしたちは怒りから尻込みする余裕はない。怒りを政治の道具やモチベーションや暴力の誘因として使う差別主義者たちも、大きなプラットフォームにアクセスしているからだ。彼らは抑圧を組織化するという点において、優位な立場にある。わたしたちがフェミニズムに関する問題に対峙（たいじ）しようとすると、正直であるな、争うなと言われる。白人男性の政治家や評論家は、怒りの行商人だ。女性嫌悪（ミソジニー）と人種差別は、周縁化された人々の怒りの解釈に忍び込んでいる。怒りのルーツを表し、問題を解決できるはずのパワーは、個人の気持ちを安全より優先したいという欲求に費やされる。

白人の脆弱性と白人至上主義のフィルターを通された礼儀正しさは、礼節ではない。会話をコントロールする手段だ。リスペクタビリティーと人間らしい扱いを求める声に応える礼儀正しい白人たちは、抵抗にも分断にも興味がない。関心があるのはコントロールだけだ。彼女たち白人はジム・クロウ法時代のアメリカを模倣し、服従だけを求める。分断の代わりに見せかけだけの礼儀正しさを求める。偏見と闘う時何をするべきか、自分たちがいちばんよく知っていると主張する。だが実際にはただの役立たずだ。誰でも悔恨を感じる権利があり、誰でも価値ある洞察を提供できるはずなのに、その自由の前に立ちはだかる障壁だ。彼女たちは邪魔することで満足感を感じている。彼女たちは抑圧する旅行者であり、バーチュー・シグナリング〔virtue-signaling :

道徳的な活動を支援しつつ、それを誇示しないこと」のボランティアだ。その場にいて、できることだけをして、邪魔をする。彼女たちが勝手に作り上げた基準をクリアしなければ、誰も先に進むことはできない。ある点でクリアしても、彼女たちが白人至上主義とウォークから利益を受けている間は、実際には先に進めない。彼女たちは、自分や他者が考えているより権力を持っていない。しかし小さな捕食者のように十分目立っている。

一般的に、フェミニズムは特権を持つ人々のジャンルだ。美容院で働きながら、あるいは日々飢えないために肉体的にも精神的にも厳しい仕事をしながら、フェミニスト論の本を山ほど読むのは難しい。わたしのような実体験を通じてフェミニズムの世界に入った人間にとって、コミュニティーでフェミニストたちが取り組んでいる活動は、どんな教科書よりも役に立つ。

わたしたちは、公の場で行なわれるフェミニストの活動はすべて、介護者、セックス・ワーカー、店員、清掃員といった、目に見えないフェミニストたちの労働に支えられていると理解しなければならない。わたしたちは、サバイバルに成功して上流階級化したフェミニストとして振る舞わないよう気をつけなければならない。わたしたちは支援する力と傷つけない力を持っている。そしてコミュニティーが作り上げてきたものをないものとする危険も手にしている。その結果とともに生きていかなければならない人たちより、自分たちの方がうまくできると思っている。それは無視するべきではない。

アライではなく共犯者になることについて話すのは、わたしが最初ではない。ほかのコミュニティーについて推測を話すつもりも当然ない。だがわたしたちの関心事が重複するジャンルはあると思っている。ずかずかと乗り込んできて、主導権を握り、問題を解決するいちばんいいアプローチを決めるような救世主は、誰も必要としていない。共犯者候補のアライの感情的な介護士を演じる時間は、誰も持ち合わせていない。その活動が、自分の利益を優先してものを奪うためであり、力になるためでなければ、すでにそこから間違っている。

この活動では、確執のあとにじっくりと会話ができなければならない。政治は時に個人的なものだからだ。よき共犯者であるというのは、現実の活動ができるということだ。つまり、リスクを冒して特権を活用し、それを持たないコミュニティーを守ることだ。誰かにマイクを渡すだけではなく、ステージから降りて、その人が仕事を成すために注目されるようにすることだ。わたしたちはその仕事をいわゆるフェミニストの課題という枠に押し込めてはいけない。ひとつのコミュニティーが直面している問題は、ほかのコミュニティーの問題にもなり得ると理解しなければいけない。食べて、医者にかかって、仕事をして、人種差別の危険が及ばない場所で眠ることが重要だと理解しなければならない。

ホワイト・フェミニズムは自分たちに嘘をついている。意図と影響についてごまかしている。女性たちを守ることより、ホワイトネスを守ることに投資する。しかもその嘘は有害だ。周縁化されたコミュニティーに直接危害を与える。有害であることは権力の源であり、一部のホワイト・フェミニストは、実際に仕事をする代わりに、その権力にしがみつく。彼女たちは権力を享受し、それを行使する誘惑に勝てない。これはFOXニュースに出演したキルステン・ニールセン〔トランプ政権で国土安全保障長官を務めた白人女性。メキシコ国境の壁建設や、移民の子どもの強制収容など、強硬な国境政策を実行〕が、7歳の少女が死亡したのは家族が避難所を求めた〝罪〟のせいだと発言したような、頑迷な偏見の問題だけではない〔2018年、メキシコから父親に連れられて不法入国した少女が、国境警備隊の施設で拘束中に死亡。ニールセンは不法入国を試みた家族のせいだと発言した〕。一部の白人女性が警察を呼ぶことでささやかな権力を誇示することでもない。フェミニズムは人種差別や女性嫌悪の政策との闘いより、ホワイトネスのサポートを優先すべきではない。なぜならこういった差別は、結局すべての人を傷つけるからだ。

　ホワイト・フェミニズムの本質的な問題は、第一目標は権力を白人女性のみに移すことである、という事実を認めるのを拒んできたことだ。ホワイト・フェミニズムは、すべての白人女性――その人が倫理的（エシカル）かどうかはともかく――に権利が付与されるサポートをしていると言う。ホワイト・フェミニズムにとっては、時々正しいことをする人は誰でもアライを名乗る権利があるのだ。しかし現実には、アライシップ〔社会的に虐げられているグループを理解、支援すること〕とは、信頼できず役に立たないものだ。ホワイト・フェミニズムに謝罪付きの悪評対策（ダメージ・コントロール）をとる隙を与える。大騒ぎを起こしたフェミニストで作家のローリー・ペニーは、自分をアライと呼ぶかもしれない〔2014年、生物学者のリチャード・ドーキンスが、推論の例として〝あるレイプは別種のレイプより悪い〟という旨の書き込みをTwitterに投稿し炎上。ペニーも糾弾した〕。だが彼女はカルチャーと人種をめぐる白人至上主義のナラティブに加担している。2017年に執筆した記事「A Letter to my Liberal Friends（リベラルな友人たちへの手紙）」の中で、過去の記事でマイロ・ヤノプルス〔トランプ大統領を支持したオルタナ極右の論客、ゲイを公表。2017年、小児性愛を容認するような発言をして失脚〕の活躍を支持したことを謝罪した。たった数語で、すでに行なわれた危害が消せるという好例だ。彼女はアライだが、よきアライではない。彼女は決して共犯者にはならないだろう。特権のおかげで、実際の仕事を期待せずにパフォーマンスを受け入れてくれる人々を見つけられるからだ。

ある意味、ホワイト・フェミニズムが自分たちの活動の影響から反射的に白人女性を守るのは筋が通っている。男女平等を求めるムーブメントは、家の掃除をしないための既得権である。しかし他者を虐待する白人至上主義の本質がホワイト・フェミニズムを形作り、すべての女性とともに平等を求めるより、白人至上主義に投資する方が簡単だと見せている。ホワイト・フェミニズムは、意味のある存在になるために、アライであるという考えを脱却し、共犯者にならなければならない。

共犯者のフェミニストは、積極的かつ直接的に白人至上主義の人々、政策、組織、カルチャーの規範に挑戦する。周縁化されたコミュニティーとの共闘で、同じ危険を担う必要はないと知る。彼女たちは自分のエゴとニーズを脇に置き、わたしたちの指示に従って闘いに身を投じる。自分たちは特権を持っているが、だからといってわたしたちの抑圧のエキスパートではないという現実を学ぶからだ。このスタイルのフェミニズムは実際の行動を伴う。平等を求めて積極的に活動する人々を口先だけで応援するだけではない。共犯者のフェミニストになるというのは、名義だけではない。共犯者は偏見について語るだけではない。偏見に対して行動を起こす。

共犯者のフェミニストは、白人至上主義者の極端な見方を正常化するのは危険だと指摘するだけでなく、彼らの見方を支持するカルチャーの基準の正当性を問い、闘いを挑む。周縁化された人々が抗議してひどい扱いを受けた時、彼女たちはサイドラインに立ってただ見ているだけではない。（自分たちをあまり傷つけない）白人至上主義のシステムと、そのシステムが傷つけようとしている人々の間に割って入る。これは1日で終わる闘いではない。ほかの周縁化されたコミュニティーと同じ方法で、白人至上主義に闘いを挑む宣告だ。

これはホワイト・フェミニスト救世主説のナラティヴを越えて、女性の権利を推進するよりも兵器化した偏見に興味がある人々に挑戦する物語である。わたしたちはホワイト・フェミニズムを通り過ぎ、本物のフェミニズムにたどり着かなければならない。彼女たちは周縁化されたコミュニティーの問題を主張するべきではない、と言っているわけではない。しかし彼女たちはもう、共犯者としての責任と仕事から逃れるわけにはいかない。周縁化されたコミュニティーは、すでに内部で戦略と解決法を打ち立てている。今こそメインストリームのフェミニズムが一歩踏み出し、自分たちの権利を認めよと叫ぶ時間を減らして、その労力を物的・人的資源の提供に当てる時だ。共犯者であるということは、ホワイト・フェミニズムはそのプラットフォームと資源を差し出して、周縁化されたコミュニティーの人々がフェミニストの仕事ができるようにサポートすることなのである。

謝辞

本書をわたしの先祖たち、コミュニティー、家族、友人たちに捧げる。ハスビースト、ラグラット、カーンディラ……ありがとう。愛している。有能なエージェントのジル・グリンバーグ、編集に心血を注いでくれたジョージア・ボドナーにも感謝を。この本をマリアに捧げる。彼女は法律により読み書きは禁じられたが、自分ができなかったことを娘たちはできるように心を砕いた。そして成すべきことを成したペニー・ローズに。またドロシー、デニス、カライス、ペニー、マリアに。リサ、ピント、ジェイミー、チェシャ、ジャッキー、ジュリア、ゲイターフェイス、CJ、ジャスティン、ノラ、テンペスト、キャット、ヘザー、シデット、デ・アナ、キャロル、エリン、ベス、クリスタ、エリカ、そしてわたしが助けを必要とした時、手を差し伸べてくれた多くの人たちに。時には急所に強烈な一発を食らったけれど。力を貸してくれた司書と先生たちに。シカゴ、あなたがわたしを形作った。あなたがわたしを誇りに思っていることを願う。

障がいを持つ胎児の中絶：Lawrence B. Finer, Lori F. Frohwirth, Lindsay A. Dauphinee, Susheela Singh, and Ann M. Moore, "Reasons U.S. Women Have Abortions: Quantitative and Qualitative Perspectives," *Perspectives on Sexual and Reproductive Health* 37, no. 3 (2005): 110-18, https://www.guttmacher.org/journals/psrh/2005/reasons-us-women-have-abortions-quantitative-and-qualitative-perspectives.

障がい者の強制断種：S. E. Smith, "Disabled People Are Still Being Forcibly Sterilized—So Why Isn't Anyone Talking About It?" *Rewire.News*, November 17, 2014, https://rewire.news/article/2014/11/17/disabled-people-still-forcibly-sterilized-isnt-anyone-talking/.

ソーシャル・メディアにおける人種差別：Vic Micolucci, "Baby Posts at Jacksonville Hospital Prompt Global Response from Navy," *News4Jax*, September 20, 2017, https://www.news4jax.com/news/baby-posts-at-jacksonville-hospital-prompt-global-response-from-navy.

ビヨンセの妊娠：Derecka Purnell, "If Even Beyoncé Had a Rough Pregnancy, What Hope Do Other Black Women Have?" *Guardian*, April 23, 2019, https://www.theguardian.com/commentisfree/2019/apr/23/beyonce-pregnancy-black-women.

第18章　アライ、怒り、共犯者

ローリー・ペニー「A Letter to my Liberal Friends（リベラルな友人たちへの手紙）」：*The Baffler*, August 15, 2017, https://thebaffler.com/war-of-letter-to-my-liberal-friends.

DC: Justice Policy Institute, 2014), http://www.justicepolicy.org/uploads/justicepolicy/documents/sticker_shock_final_v2.pdf.

シカゴの学校閉校：Linda Lutton, Becky Vevea, Sarah Karp, Adriana Cardona-Maguidad, and Kate McGee, "A Generation of School Closings," WBEZ, December 3, 2018, https://interactive.wbez.org/generation-school-closings/.

黒人の生徒に対する罰のデータ：a fact sheet published by the National Education Policy Center, Annenberg Institute for School Reform, and Dignity in Schools Campaign, "School Discipline Myths and Facts," Dignity in Schools, https://dignityinschools.org/resources/school-discipline-myths-and-facts-3/.

黒人生徒の逮捕のデータ：Evie Blad and Corey Mitchell, "Black Students Bear Uneven Brunt of Discipline, Data Show," *Education Week*, May 1, 2018, https://www.edweek.org/ew/articles/2018/05/02/black-students-bear-uneven-brunt-of-discipline.html.

第15章　黒人女性の住宅危機

2016年に退去させられたケースとマシュー・デズモンドの強制退去研究所：Terry Gross, "First-Ever Evictions Database Shows: 'We're in the Middle of a Housing Crisis,'" NPR, April 12, 2018, https://www.npr.org/2018/04/12/601783346/first-ever-evictions-database-shows-were-in-the-middle-of-a-housing-crisis.

第16章　生殖の正義、優生学、妊産婦死亡

妊産婦死亡率：Nina Martin, ProPublica, Renee Montagne, and NPR News, "Nothing Protects Black Women from Dying in Pregnancy and Childbirth," ProPublica, December 7, 2017, https://www.propublica.org/article/nothing-protects-black-women-from-dying-in-pregnancy-and-childbirth.

先住民族の女性に対する強制断種：Erin Blakemore, "The Little-Known History of the Forced Sterilization of Native American Women," *JSTOR Daily*, August 25, 2016, https://daily.jstor.org/the-little-known-history-of-the-forced-sterilization-of-native-merican- women/.

ラティーナの女性に対する強制断種：Katherine Andrews, "The Dark History of Forced Sterilization of Latina Women," Panoramas, October 30, 2017, https://www.panoramas.pitt.edu/health-and-society/dark-history-forced-sterilization-latina-women.

受刑者に対する強制断種：Reuters, "California Bans Sterilization of Female Inmates Without Consent," *NBC News*, September 26, 2014, https://www.nbcnews.com/health/womens-health/california-bans-sterilization-female-inmates-without-consent-n212256.

先住民族の女性が殺される率：David K. Espey, Melissa A.Jim, Nathaniel Cobb, Michael Bartholomew, Tom Becker, Don Haverkamp, and Marcus Plescia, "Leading Causes of Death and All-Cause Mortality in American Indians and Alaska Natives," *American Journal of Public Health* 104, suppl. S3 (2014): S303-11, https://www.ncbi.nlm.nih.gov/pmc/articles/PMC4035872/.

保護施設を求めるラティニクスの女性たち：Chiara Cardoletti-Carroll, Alice Farmer, and Leslie E. Vélez, eds., *Women on the Run* (Washington, DC: United Nations High Commissioner for Refugees, 2015), https://www.unhcr.org/5630f24c6.html.

アメリカのトランスの人々が暴力の被害に遭う率：a report from Mark Lee, *A National Epidemic: Fatal Anti-Transgender Violence in America in 2018* (Washington, DC: Human Rights Campaign, 2018), https://www.hrc.org/resources/a-national-epidemic-fatal-anti-transgender-violence-in-america-in-2018.

第13章　人種と貧困と政治

ビル・クリントンはたばこを吸わない：Olivia B. Waxman, "Bill Clinton Said He 'Didn't Inhale' 25 Years Ago-But the History of U.S. Presidents and Drugs Is Much Older," *Time*, March 29, 2017, http://time.com/4711887/bill-clinton-didnt-inhale-marijuana-anniversary/.

ダイアナ・マッツの発言：Tom Jacobs, "Research Finds That Racism, Sexism, and Status Fears Drove Trump Voters," *Pacific Standard*, April 24, 2018, https://psmag.com/news/research-finds-that-racism-sexism-and-status-fears-drove-trump-voters.

バーニー・ブロズ：Dara Lind, "Bernie Bros, Explained," *Vox*, February 5, 2016, https://www.vox.com/2016/2/4/10918710/berniebro- bernie- bro.

The Sentence Project（センテンス・プロジェクト）が2018年5月に行った調査："Incarcerated Women and Girls," Sentencing Project, June 6, 2019, https://www.sentencingproject.org/publications/incarcerated-women-and-girls.

第14章　価値のある教育を誰もが受けられる権利を

オルタナティブ・ハイスクールの調査：Kathryn S. Whitted and David R. Dupper, "Do Teachers Bully Students? Findings from a Survey of Students in an Alternative Education Setting," *Education and Urban Society* 40, no. 3 (2007): 329-41, https://journals.sagepub.com/doi/abs/10.1177/0013124507304487.

年間 57 億ドルを少年司法制度に投入：Amanda Petteruti, Marc Schindler, and Jason Ziedenberg, *Sticker Shock: Calculating the Full Price Tag for Youth Incarceration* (Washington,

第8章　黒人の女の子は摂食障害にならない？

医療提供者：Angela Garbes, "America Is Utterly Failing People of Color with Disorders," *Splinter*, May 7, 2017, https://splinternews.com/how-america-fails-people-of-color-with-eating-disorders-1793858224.

体重過剰でも死亡率は上昇しない：K. M. Flegal, B. I. Graubard, D. F. Williamson, and M. H. Gail, "Excess Deaths Associated with Underweight, Overweight, and Obesity," *JAMA* 293, no. 15 (2005): 1861-7, https://www.ncbi.nlm.nih.gov/pubmed/15840860.

摂食障害は白人女性しか発症しないという思い込み：K. H. Gordon, M. Perez, and T. E. Joiner Jr., "The Impact of Racial Stereotypes on Eating Disorder Recognition," *International Journal of Eating Disorders* 32, no. 2 (2002): 219-24, https://www.ncbi.nlm.nih.gov/pubmed/12210665/.

カルチャー別の摂食障害の治療能力：Debra L. Franko, "Race, Ethnicity, and Eating Disorders: Considerations for DSMV," *International Journal of Eating Disorders* 40 (2007): S31-4, https://onlinelibrary.wiley.com/doi/pdf/10.1002/ eat.20455.

第11章　行方不明と殺人

シカゴの殺人率：Aamer Madhani, "Unsolved Murders: Chicago, Other Big Cities Struggle; Murder Rate a 'National Disaster,'" *USA Today*, August 10, 2018, https://www.usatoday.com/story/news/2018/08/10/u-s-homicide-clearance-rate-crisis/951681002/.

シカゴのシリアル・キラー：Kelly Bauer, "Is There a Serial Killer Targeting Black Women in Chicago? After 50 Women Slain, FBI and CPD Form Task Force to Investigate," Block Club Chicago, April 12, 2019, https://blockclubchicago.org/2019/04/12/police-fbi-task-force-investigating-if-slayings-of-50-women-mostly-black-are-work-of-serial-killer/.

行方不明になった先住民族の女性たち：Camila Domonoske, "Police in Many U.S. Cities Fail to Track Murdered, Missing Indigenous Women," NPR, November 15, 2018, https://www.npr.org/2018/11/15/667335392/police-in-many-u-s-cities-fail-to-track-murdered-missing-indigenous-women.

Urban Indian Health Institute（アーバン・インディアン衛生研究所）の調査：Annita Lucchesi and Abigail Echo-Hawk, *Missing and Murdered Indigenous Women and Girls: A Snapshot of Data from 71 Urban Cities in the United States* (Seattle: Urban Indian Health Institute, 2019), http://www.uihi.org/wp-content/uploads/2018/Missing-and-Murdered-Indigenous-Women-and-Girls-Report.pdf.

510, https://www.ncbi.nlm.nih.gov/pubmed/19025298.

白人女性の傍観者：Jennifer Katz, Christine Merrilees, Jill C. Hoxmeier, and Marisa Motisi, "White Female Bystanders' Responses to a Black Woman at Risk for Incapacitated Sexual Assault," *Psychology of Women Quarterly* 41, no. 2 2017): 273-85, https://journals.sagepub.com/doi/10.1177/0361684316689367.

レナ・ダナムの謝罪："Lena Dunham: My Apology to Aurora," *Hollywood Reporter*, December 5, 2018, https://www.hollywoodreporter.com/news/lena-dunham-my-apology-aurora-perrineau-1165614.

第5章　降り注ぐ家父長制

殺人発生率の調査：Natalia E. Pane, "Data Point: Gun Violence Is the Most Common Cause of Death for Young Men," Child Trends, February 22, 2018, https://www.childtrends.org/gun-violence-common-cause-death-young-men.

Georgetown Law's Center on Poverty and Inequality（貧困と不平等に関するジョージタウン法律センター）の調査：Rebecca Epstein, Jamilia J. Blake, and Thalia González, *Girlhood Interrupted: The Erasure of Black Girls' Childhood* (Washington, DC: Georgetown Law's Center on Poverty and Inequality, 2017), https://www.law.georgetown.edu/poverty-inequality-center/wp-content/uploads/sites/14/2017/08/girlhood-interrupted.pdf.

黒人の子どもたちの非人間化：Phillip Atiba Goff, Matthew Christian Jackson, Brooke Allison, Lewis Di Leone, Carmen Marie Culotta, and Natalie Ann DiTomasso, "The Essence of Innocence: Consequences of Dehumanizing Black Children," *Journal of Personality and Social Psychology* 106, no. 4 (2014): 526-45, https:// www.apa.org/pubs/journals/releases/psp-a0035663.pdf.

コリアー・メイヤーソン「A Hollaback Response Video: Women of Color on Street Harassment」：*Jezebel*（ブログ）：November 6, 2014, https://jezebel.com/a-hollaback-response-video-women-of-color-on-street-ha-1655494647.

第7章　「ブラック」にしては、かわいい

縮れ毛の人々に対する差別：Lee Peifer, "Eleventh Circuit Declines to Revisit Dreadlocks Discrimination Case Banc," *11thCircuitBusinessBlog.com*, December 18, 2017, https://www.11thcircuitbusinessblog.com/2017/12/eleventh-circuit-declines-to-revisit-dreadlocks-discrimination-case-en-banc/.

参考文献

第2章　銃による暴力

ドメスティック・バイオレンスにおける銃被害の統計：J. C. Campbell, D. Webster, J. Koziol-McLain, C. Block, D. Campbell, M. A. Curry, F. Gary et al., "Risk Factors for Femicide in Abusive Relationships: Results from a Multisite Case Control Study," *American Journal of Public Health 93*, no. 7 (2003): 1089-97.

公立学校における中退率：R. L. Moore, "The Effects of Exposure to Community Gun-Violence on the High School Dropout Rates of California Public School Students" (PhD diss., University of California, Los Angeles, 2018), https://escholarship.org/uc/item/4gf4v5c7.

銃に関連するアメリカの子どもたちの死亡統計："The Impact of Gun Violence on Children and Teens," Everytown, May 29, 2019, https://everytownresearch.org/impact-gun-violence-american-children-teens/.

マーティー・ラングレーとジョシュ・シュガーマンの証言：Violence Policy Center, appears in *Black Homicide Victimization in the United States: An Analysis of 2015 Homicide Data* (Washington, DC: Violence Policy Center, 2018), http://vpc.org/studies/blackhomicide18.pdf.

第3章　飢え

ＣＤＣ（アメリカ疾病予防管理センター）の研究：Emily Dollar, Margit Berman, and Anna M. Adachi-Mejia, "Do No Harm: Moving Beyond Weight Loss to Emphasize Physical Activity at Every Size," *Preventing Chronic Disease* 14 (2017), https://www.cdc.gov/pcd/issues/2017/17_0006.htm.

第4章　#FASTTAILEDGIRLSと自由

エミリー・ヨッフェ「女子大生へ：酔っ払うのはやめなさい（College Women: Stop Getting Drunk）」：*Slate*, October 15, 2013, https://slate.com/human-interest/2013/10/sexual-assault-and-drinking-teach-women-the-connection.html.

アマンダ・マーコット「検察官が事件への協力を要請するためレイプ被害を主張する女性を逮捕。検察側の判断は正しい（Prosecutors Arrest Alleged Rape Victim to Make Her Cooperate in Their Case. They Made the Right Call）」：*Slate*, February 25, 2014, https://slate.com/human-interest/2014/02/alleged-rape-victim-arrested-to-force-her-to-cooperate-in-the-case-against-her-abusers.html.

白人の傍観者による助け：J. W. Kunstman and E. A. Plant, "Racing to Help: Racial Bias in High Emergency Helping Situations," *Journal of Personality and Social Psychology* 95, no. 6 (2008): 1499-

日本版解説　目を逸らさずに読み進めてほしい

治部れんげ

原題は〝Hood Feminism（フッド・フェミニズム）〟。〝Hood〟は治安の悪い低所得層地域や「地元」を意味する。いわば「あたしたちのフェミニズム」だ。著者のミッキ・ケンダルは1976年生まれのアフリカ系女性作家だ。本書は「白人高学歴女性による主流派のフェミニズム」の偽善を鋭く指摘するエッセイ集である。

フェミニズムはそもそも「すべての女性を代表する運動のはずなのに、すでにニーズのほとんどが満たされている人々が中核になっている場合が多過ぎる」（P13）と著者は言う。批判の矛先は、女性が経営幹部など高いポジションを積極的に取りに行くべき、と主張するシェリル・サンドバーグなど白人女性リーダーたちに向かう。それはこんな具合だ。

「白人女性の優先順位によって定義されたフェミニズムは、有色人種の女性を安い賃金で雇い、家事をさせることで成り立っていた」（P10）

著者は、ジェンダー・人種・社会経済階層など複数要素が「交差」して生み出す問題を提起している。

家事労働者の賃金は総じて低い。対照的に家事を外注する女性たちは大企業の管理職や役員、大学の研究者として男性と同等の社会的地位と高賃金を得ていることが多い。著者に言わせれば「白人女性たちのフェミニズム」は、自分たちが「男性並み」になることを優先するばかりで、貧しく教育を受けておらず肌の色が違う女性たちの生活改善には目を向けていない、ということになる。

全編にあふれる著者のストレートな怒りにひるむ読者もいるだろう。強い主張を理解する補助線となるのが、地域特性に関する情報だ。ケンダルが住むのはシカゴ市中心部の南にある街ハイドパーク、世界最高峰の研究機関のひとつであるシカゴ大学がある地域だ。同大学はミルトン・フリードマンを始め、数多くのノーベル賞受賞者を輩出してきた。

物理的な距離は近いが、シカゴ大学の教授陣、学生たちと地元住民の間に「ほとんど交流はなかった」(P17)とケンダルは書く。「その象牙の塔は月ほど遠く感じられた。手っ取り早いのは、大学の管理人または用務員になるか、食堂で働くことだ」という一文は、アメリカ社会の格差を表している。同じ問題はシカゴ以外でも起きている。

著者自身は貧困地域の複雑な家庭で育った、本好きで勤勉な少女だった。実の親と折り合いが悪い時は、親戚や友達の家で過ごした。つまり、セーフティネットがあった。学費を稼ぐために軍隊に入る計画性もあった。イリノイ大学アーバナ・シャンペーン校などで学び、今や名の通った作家で、かつて「月ほど遠い」と感じていたシカゴ大学に講演で呼ばれることもある。教育を通じた階層上昇を果たした今も、著者は自分が育った地域と友人たちを忘れることはない。

むしろ、高等教育を受けフェミニズムを学んだことで、著者の違和感は募っていく。大学の図書館で出会ったフェミニズムの研究書は、ケンダルらのような困難な状況に置かれた女性について書かれているが、著者はほとんどが恵まれた社会経済階層の人々だった。主体性を奪われ、単に憐みの客体とされるのはごめんだ。最も困難な人を救うはずのフェミニズムは、現実を変えることにもっと注力すべきではないか。こうした問題意識が様々な事例を通じて示される。

アメリカでは既に多くの読者がケンダルの苛立ちを共有しており、原作は20万部も売れている。本書は2020年7月5日の週から10週間、ニューヨークタイムズのプリントハードカバーの、そして2021年3月14日の週から10週間、ペーパーバックのベストセラーリストに入った。ワシントン・ポスト、BBC、「TIME」など主要メディアから「読むべき本」「注目すべきノンフィクション」に選ばれてもいる。

背景には、ブラック・ライブズ・マター（BLM）運動や人種差別問題の是正が議論される社会状況がある。著者が繰り返し書くように、2016年のアメリカ大統領選挙では、投票した白人女性の53%がドナルド・トランプを選んだ。人種とジェンダーの「交差性」をテーマにした本書は、根深い問題に新たな角度から強烈な光を当てた。

ケンダルが問題視するのは、白人女性たちが「女性の権利」より「白人の権利」を優先してきたことだ。「1920年、女性は投票権を勝ち取ったものの、実質的には1965年に投票権法が成立するまで（中略）黒人やネイティブ・アメリカンの投票を妨害していた」（P234）事実を踏まえ、婦人参政権論者が白人至上主義者でもあった歴史を振り返る。彼女たちは白人女性に参政権を与えれば、白人支配を強化永続できると主張した。

すべての女性の地位向上より「白人であること」を優先するフェミニストたちは、今も同じ問題を引き起こしている、というのが著者の主張の核心である。BLM運動に関心を寄せる日本の読者は、アメリカに根強く残る白人フェミニストたちの無責任や、女性解放と人種差別の結びつきに驚くかもしれない。

強烈な批判の言葉は、黒人女性であるがゆえに命の危険にさらされた経験が生み出したものだ。著者は6歳の時、近所で見知らぬ男性同士の銃撃戦に巻き込まれた。流れ弾が前髪をかすめて、髪が焼け焦げてハラハラと落ちたという。自らの経験を踏まえ、銃の問題はフェミニズムの問題だ、と述べる。ドメスティック・バイオレンスの加害者が銃を持っていると、女性が殺される確率が跳ね上がるからだ。著者は最初の結婚相手から暴力を受けた経験がある。住んでいたイリノイ州がDV加害者の銃所持を認めなかったことは幸運だった。もし元夫が銃を所持していたら、自分自身が殺されていた可能性もあるからだ。

黒人の若者や子どもに関するエピソードを読むと、とりわけ悲しく絶望的な気分になる。著者の友人にはドラッグ密売人が何人かいた。いずれも保護者に経済力がなく、子どもが働いてお金を稼ぎ、家賃や光熱費、食費を払わなくてはいけなかった。若者や子どもが家計を支えるくらい稼げるのは、薬物取引以外にない。その結果、ギャングの抗争に巻き込まれ若くして命を落としたり、投獄されたりする。

福祉の欠如により、貧しい黒人の子どもたちが犯罪者にならざるを得ない不条理に、多くの読者が憤りを覚えることだろう。これは著者が繰り返し指摘する「学校と刑務所を結ぶパイプライン」だ。世界で最も豊かなはずのアメリカで、人種と生育環境ゆえに子どもがこうむっている困難は、まさしくフェミニストの課題であろう。

ところで、本書が描く制度化された人種差別は、以前から続く問題であり、多くの有識者が様々な角度で論じてきた。中でも最近、注目を集めたのが、アフリカ系女性ジャーナリスト・リンダ・ヴィラロサが「The New York Times Magazine（ニューヨーク・タイムズ・マガジン）」に寄稿した記事〝Black Lives Are Shorter in Chicago, My Family's History Shows Why（シカゴで黒人の寿命が短い。私の家族の歴史はその理由を語る）〟である。ヴィラロサもケンダルと同様、シカゴにゆかりがある。

ヴィラロサの調べによれば、同じシカゴ郊外でも、白人が73％を占める街では寿命が90歳であり、約14㎞離れた黒人が95％を占める街では60歳だ。30歳もの差を説明するのは、人種差別的な住宅政策だという。南部の人種隔離政策やリンチから逃れたヴィラロサの祖父の世代は、北部でも差別に遭った。著しく不利な条件でしか住宅を取得できなかったのである。

また、ナショナル・パブリック・ラジオのインタビューで、ヴィラロサは、現代も残る人種と身体的な違いに関する「神話」の問題を語った。多くの人が黒人は痛みに強いと今も信じている。この神話は、かつて奴隷制の時代に黒人をむち打ち、朝から晩まで働かせ、親子を引き離すことを是とする根拠になった。現代では、黒人をモノ扱いする白人の罪悪感をなくしている。その結果、ケンダルが記したように、黒人女性を含む有色人種の家事労働を低賃金で買い叩くことが正当化される。

こうした事実を知った時、本書の全編で示される著者の強い怒りを理解しやすくなるかもしれない。要するにアメリカで人種差別も性差別も終わってはいない。そんな中で「男性と同等」の地位と賃金を求める白人女性のフェミニズムは自己中心的と映るのだろう。

本書が提示するジェンダーと社会経済格差の問題は日本にも共通して見られるものが多々ある。1年以上続く新型コロナウイルス対応で、もともと脆弱だった女性たちの暮らしが打撃を受けている。ひとり親支援のNPOは、空腹を我慢する母子が少なくない実状を踏まえ、お米など食料を送って支援している。九州では職を失った女性が強盗未遂で逮捕された。都内では職と家を失った女性が、都内のバス停で深夜に寝ていたら、通りがかりの男性に暴行されて命を落とした。

アメリカでも日本でも「女性」は一枚岩ではない。配偶者や親密な関係の相手から暴力を受けている女性にとって、外出自粛要請は命に関わる。もともと低い収入で不安定な仕事に就いていた女性たちは、販売や飲食など対面での接客仕事を失った。

一方、外出自粛の影響をほとんど受けない女性もいる。リモートワークが可能な職に就く高学歴の女性たちだ。わたしも含めそういう女性たちは、自宅のパソコンで書いたり会議に出たりといった仕事ができる。人によっては通勤や移動の時間がなくなってワークライフバランスが改善している。こうして、新型コロナウイルスのパンデミックは、もとからあった女性同士の埋めがたい格差を露わにし、さらに拡大している。

ところで、家事・育児といった無償ケア労働が女性に偏っているのは世界共通のジェンダー課題である。欧米先進国で、女性は男性の約2倍の時間を家事育児に費やしている。日本ではその差が5倍以上と大きい（「男女共同参画白書　令和2年版　6歳未満の子供を持つ夫婦の家事・育児関連時間（週全体平均）（1日当たり、国際比較）」より）。

この問題は、男性が家庭内の労働をシェアしない限り根本的には解決しない。けれども高学歴高収入異性愛の女性たちは、自らのパートナーに「あなたも家事をやって」と突きつけて衝突するより、弱い立場の女性に負担を付け回すことを選びがちだ。

日本にも「女性の活躍」のために家事外注を推進したがる人は少なくない。問題は外注そのものではなく、想定賃金が低すぎることだ。想定する「外注先」は外国人であることも多い。言葉や見た目が違うと、相手の負担感に想像力が及ばず、搾取の構造に気づきにくいのだ。「男女」の枠組みで、自分が差別されることには敏感でも「経済格差」の枠組みで自分が差別する側になりうることには鈍感な女性が少なくない。被害者意識は持ちやすくても加害者意識を持ちにくいことは、日本とアメリカで共通している。

ちなみに、著者とわたしは共通点が多い。性別、家族構成（わたしも2児の母親だ）、高等教育を受け、年齢も2歳しか変わらない。わたしも有色人種だ。自分の利益のために女性性を利用する女性たちへの苛立ちや憤りも共有する。

一方で、わたしは暴力にさらされたり、命の危険を感じたりした経験はない。衣食住に困ったこともない。そんなわたしが、ケンダルの記す怒りと苛立ちを「わかる」と簡単に言ってしまうのは偽善になるだろう。

ケンダルから見れば、わたしは「すでにニーズのほとんどが満たされた人」である。両親が健在の中流家庭で生まれ育ち、裕福ではなかったがお金に困ったことはない。親に学費を払ってもらい大学に進学し、卒業後は男性と同じ賃金を得られる安定した職に就いた。出産後に働き続けることや、保育園などの育児支援を使うことにも躊躇はなかった。

わたしは、より多くの女性が企業幹部や政治家になるべきだと思っている。ケアの論理が社会に浸透し、ひとり親や子どもの貧困問題が改善されるからだ。実際、日本で女性政治家の尽力でシングルマザーに関する税制が改善され、性暴力被害者支援が進むのを見てきた。こうした主張は本書で批判される「主流派フェミニスト」と重なるかもしれない。

教育を受け、安定した職業に就く日本のフェミニストが本書を読むと居心地の悪さを感じる記述が少なくないだろう。ただし、目を逸らさずに「白人女性」「主流派のフェミニスト」への批判を自分に置き換えながら読み進めてほしい。

MeToo運動以降、日本にもフェミニズムやジェンダー問題に関心を持つ人が増えている。そういう時期だからこそ「主流派のフェミニスト」は自らの言動を顧みるべきだ。その主張は、一体、誰に利益をもたらすのか。自分の言動は、より困難な状況にいる女性たち――その多くは大学を出ておらず、安定した職に就いていない――の生活は改善されるのか、と。著者の鋭い批判は海を越えて日本にも適用できることが少なくない。

治部れんげ（じぶ）
東京工業大学リベラルアーツ研究教育院准教授。
1974年生まれ。1997年、一橋大学法学部卒。2018年、一橋大学経営学修士課程修了。1997年から16年間、日経BP社にて経済誌記者。2006～07年、ミシガン大学フルブライト客員研究員。2014年4月～2021年3月までフリージャーナリストとして、メディア・経営・教育とジェンダーやダイバーシティについて執筆。2021年4月より現職。

著書
『「男女格差後進国」の衝撃：無意識のジェンダーバイアスを克服する』（小学館）
『炎上しない企業情報発信：ジェンダーはビジネスの新教養である』（日本経済新聞出版）
『稼ぐ妻　育てる夫：夫婦の戦略的役割交換』（勁草書房）
『ジェンダーで見るヒットドラマ～韓国、アメリカ、欧州、日本』（光文社新書）など。

©Patrick Thicklin

ミッキ・ケンダル　Mikki Kendall

ライター、講演家、ブロガー。ワシントン・ポスト、英ガーディアン各紙、米「Time」「Ebony」各誌をはじめ、さまざまなメディアに寄稿。人種、フェミニズム、シカゴで発生する暴力、科学技術、ポップ・カルチャー、ソーシャル・メディアについて自論を展開し、全米各地の大学でも講演を行なっている。SF・ファンタジー作品が対象のローカス賞候補となったアンソロジー『Hidden Youth（隠された青春）』を共同編集。ヒューゴー賞編集者部門候補の「Fireside Magazine」の一員でもある。軍を退役したあと、家族とともにシカゴ在住。

川村まゆみ

お茶の水女子大学文教育学部音楽教育科卒業。主な訳書に『世界で一番美しいアメリカン・ギター大名鑑』『真空管ギター・アンプ実用バイブル』『ザ・ローリング・ストーンズ楽器大名鑑』『ジミ・ヘンドリックス機材名鑑』『スティーヴ・ルカサー自伝』『誰がボン・スコットを殺したか？』『ロブ・ハルフォード 回想録』（以上、DU BOOKS）など。

二重(にじゅう)に差別(さべつ)される女(おんな)たち

ないことにされているブラック・ウーマンのフェミニズム

2021年9月15日　初版発行

著　ミッキ・ケンダル

訳　川村まゆみ
デザイン　川畑あずさ
日本版制作　筒井奈々（DU BOOKS）

発行者　広畑雅彦
発行元　DU BOOKS
発売元　株式会社ディスクユニオン
東京都千代田区九段南3-9-14
編集　tel 03-3511-9970／fax 03-3511-9938
営業　tel 03-3511-2722／fax 03-3511-9941
https://diskunion.net/dubooks/

印刷・製本　大日本印刷

ISBN 978-4-86647-150-1
Printed in Japan

本書の感想をメールにて
お聞かせください。
dubooks@diskunion.co.jp